국제물류론

INTERNATIONAL LOGISTICS

오용식 · 김태균 저

publishing and culture
피앤씨미디어

머리말

우리나라에서 지난 세기말부터 쓰이기 시작한 물류라는 개념은 현재 우리에게 매우 친숙한 생활용어가 되었다. 국제물류는 물류 개념의 지리적 확장판이며, 지금과 같은 세계화 시대에 있어서 물류는 곧 국제물류와 다름이 없을 것이다.

세계사적 측면에서 생각해보면, 제2차 세계대전 이후의 국제무역과 세계 경제는 기업들이 이끌어 왔고, 기업들은 국가의 틀을 뛰어넘어 범세계적으로 가치사슬(value chain) 활동을 전개했다. 이처럼 초국적 기업들에 의한 세계적 분업체제의 형성이 지금 세계 경제의 참모습에 가까울 것이다.

이러한 세계적 분업체제 형성에는 해운을 비롯한 국제물류 산업이 단단한 기반을 제공하고 있다. 재화의 국제적 이동에는 사실 막대한 에너지가 소요되며, 그 물류 코스트는 세계 경제에 가장 큰 장애요인이라 할 수 있다. 국제물류 시장에서 결정되는 물류 코스트가 재화의 국제적 이동량과 속도를 조정하는데, 시장이 효율적일수록 세계화가 더욱 진전된다고 할 수 있다. 즉, 지금과 같은 세계 경제의 형성에는 국제물류 산업의 높은 생산성이 큰 기여를 해 온 것이다. 이 책은 이와 같은 국제물류 현상에 대한 전반적이고 개괄적인 이해를 위해 집필한 것이다.

이 책은 대학의 학부 수준에서 한 학기 강의를 위한 분량으로 편집했으며, 총 12개 장으로 구성했다. 전체적으로 먼저 물류와 국제물류를 개괄하고, 기업의 국제적 경영활동에 수반되는 국제물류의 관리 원칙과 실무에 관한 토픽, 국제물류 산업의 조직에 대한 이해와 더불어 국가사회의 정책적 측면까지, 학부의 관련 전공자들에게 기초적 지식을 제공하려 했다.

각 장의 주요 내용은 다음과 같다.

제1장, '물류와 국제화'에서는 먼저 물류라는 개념을 논한다. 물류라는 개념은 역사적으로 진화해왔고, 또한 사회의 여러 측면에서 각각 서로 다른 의미와 영향을 가지고 있다.

우리는 이것을 기업 경영의 측면, 물류 산업의 측면, 그리고 사회 정책적 측면에서 개략할 것이다.

제2장, '국제물류에 대한 세 가지 접근법'에서는 본서의 주제인 국제물류에 대한 접근법을 소개한다. 물류가 국제적으로 확장될 때, 어떤 측면에서 변화가 있는지, 그리고 국제물류에 대해서도 국제물류 관리의 측면, 국제물류 산업의 측면, 국가 정책적 측면에서 어떻게 접근해야 하는지 이야기한다.

제3장, '무역과 국제물류'에서는 무역과 국제물류의 상호 관계를 다룬다. 세계 무역의 지리적 패턴과 국제물류와의 관계, 국제물류시장의 형성 및 최근 무역구조의 변화와 국제물류시장에의 영향이 주요한 토픽이다.

제4장, '수출입 물류활동'에서는 기업 국제화의 초기 단계인 수출입에서 발생하는 국제물류 활동의 주요 이슈를 학습한다. 기업의 해외 활동 전개의 패턴, 수출입 물류의 프로세스와 정형거래조건, 국내운송과 통관의 문제가 주요한 이슈이다.

제5장, '기업의 국제물류 관리'는 국제화된 기업이 어떻게 물류를 관리할 것인가에 초점을 두고 있다. 글로벌 로지스틱스의 개념, 국제물류 시스템의 구축과 관리, 물류의 아웃소싱과 제3자물류의 활용이 주요한 이슈이다.

제6장, '국제물류 네트워크 구축'은 국제물류산업의 조직에 대한 이해가 주요한 포인트이다. 물류 네트워크를 노드와 링크로 분해하고, 이를 통해 국제물류 거점과 국제운송시장의 구조 및 국제운송업의 진화를 다루었다.

제7장, '해운의 산업조직'에서는 국제운송에서 가장 중요한 해운산업의 구조를 설명하려 했다. 최근 세계 해운시장의 수요와 공급의 구성과 변화의 동향을 살펴보고, 이것이 시장에 끼치고 있는 영향을 논한다.

제8장, '해운실무'에서는 기업이 해운산업을 어떻게 활용해야 하는지 살펴본다. 해운시장을 정기선 시장과 부정기선 시장으로 나누어 각각의 시장의 특성을 이해하고 실무적 지식에 대한 설명을 덧붙였다.

제9장, '항만과 국제물류'에서는 가장 중요한 국제물류 거점인 항만의 주요 이슈를 다루었다. 해상운송은 항만을 통해 육상운송과 결합한다. 해운산업의 변화에 따라 항만도 변화하고 있으며, 경쟁의 발생과 자동화라는 경제적, 기술적 변화가 주요 토픽이다.

제10장, '항공운송과 공항'에서는 최근에 가장 뜨거운 항공운송과 공항에 대한 이슈를 다룬다. 항공운송은 여객 이외에 화물의 운송에서도 이미 큰 시장을 형성하고 있다. 시장의 구조와 운송의 실무 및 공항에 관련된 토픽도 풍부하다.

제11장, '국제복합운송'에서는 국제물류라는 개념과 가장 가까운 운송수단 간의 연계와 협력의 문제를 다룬다. 물류의 발전으로 수요자들이 문전 운송을 요구하는 상황에서 국제물류 산업도 링크와 노드간, 또 모드간의 협력 또는 통합을 추구해왔다.

제12장, '국제물류거점'에서는 주로 국제물류거점의 제도적 문제에 집중하고 있다. 국제물류거점을 정의하고 다양한 형태를 소개하며, 그 제도적 변천으로 보세구역과 자유무역지역, 경제자유구역을 차례로 다루고 있다.

저자가 2002년 박사학위를 받고 우리나라의 여러 대학에서 국제물류론을 강의해온 지 20년이 넘었다. 첫 강의를 시작할 때부터 교재의 집필을 염두에 두고 있었으나, 부족한 재능과 나태한 천성 탓으로 이제야 탈고하게 된 것이다. 팬데믹 시 온라인 강의를 위해 작성한 스크립트가 기초자료가 되었고, 재능과 열정이 넘치는 공동저자의 자극 덕분이다.

이 책의 집필에는 너무나 많은 선후배 교수님, 연구자들의 문헌에 큰 도움을 받은 것을 고백해두지 않을 수 없다. 본문에 인용되거나 참고문헌에 나열된 저작물들이 모두 저자와 본서의 스승들이며, 그 선한 영향에 마음 깊이 감사드릴 따름이다. 이 책이 세상에 나오도록 도움을 주신 피앤씨미디어의 박노일 사장님과 편집진들에게도 감사드린다.

이 책의 집필에 온 정성을 기울였음에도, 없을 수 없는 내용상의 오류에 관한 것은 모두 저자들의 책임이다. 그럼에도 모쪼록 이 책이 독자들로 하여금 '국제물류'의 제 현상을 이해하는 데 도움이 될 수 있기를 바랄 따름이다.

2023년 6월
저자를 대표하여
오용식

차 례

제 1 장 물류와 국제화

제 2 장 국제물류에 대한 세 가지 접근법

제 3 장 무역과 국제물류

제 4 장 수출입 물류활동

제 5 장 기업의 국제물류관리

제 6 장 국제물류 네트워크 구축

제 7 장 해운의 산업조직

제 8 장 해운실무

제 9 장 항만과 국제물류

제 10 장 항공운송과 공항

제 11 장 국제복합운송

제 12 장 국제물류거점

도표차례

1 물류와 국제화

1.1 물류의 개념

저자의 기억에 90년대 초기만 해도 우리나라에서 물류라는 말은 생소한 개념이었다. 사실 물류라는 개념 자체가 오래되지 않은 신조어로, 우리나라에 소개되기 시작한 것이 80년대 중후반이고, 주로 일본의 영향을 강하게 받은 것으로 보인다. 일본에서는 보편적으로 한자를 쓰는데, 물류는 한자로 物流로 쓰며, 문자 그대로 물자의 흐름이라는 뜻이다.[1)]

일본에서 물류라는 신조어를 수입했다 하더라도, 물류라는 개념은 원래 일본에서 나온 것도 아니고, 100여년 전 미국에서 논의되기 시작한 것으로 보인다. 미국의 경제학자들은 기업 경영과 사회적 유통에서 물적 공급기능에 주목하고, 물류의 중요성을 강조했다.[2)] 이때 탄생한 개념이 'Physical Distribution'이다. Distribution은 유통(流通)이라는 뜻이고, Physical은 물적(物的)이라는 뜻이다. 이 두가지를 합하여 일본에서 물적유통(物的流通)이라고 표현했는데, 이것을 축약해서 물류(物流)라고 했고, 우리나라에서도 같은 한자권이어서 물류라는 말을 그대로 받아 쓰게 된 것으로 보인다.

그런데 한번 탄생한 물류의 개념은 그 자리에 머무른 것이 아니라 사회경제환경의 변화에 따라 진화해왔다. 지금 물류라 하면 'Physical Distribution', 즉 물적유통을 떠올리는 것이 아니라 전쟁용어에서 출발한 로지스틱스(Logistics)의 한자적 표현으로 더 많이 생각한다. 기업경영에 필수적인 영역으로 자리잡은 로지스틱스라는 개념 역시 기업 전략적 영역에서는 공급사슬(Supply chain)로 진화했고, 경제 지리적 영역으로는 글로벌 로지스틱스, 또는 글로벌 공급사슬로 확장되었다. 최근 지구온난화와 환경재해의 문제가 글로벌 이슈로 등장하면서 녹색물류(Green Logistics)라는 사회정책적 개념이 등장하고 있다.

이처럼 물류는 진화해온 개념이고, 본서의 첫번째 절에서 진화해온 물류의 개념을 정리해두고자 한다.

---

1) 일본에서는 물류를 '물적유통'의 약어로 "상품의 공급자로부터 수요자, 소비자로의 공급에 관한 조직과 그 관리방법 및 그것에 필요한 포장, 보관, 하역, 수배송과 유통가공 및 관련 정보의 제 기능을 통합한 기능"으로 정의하고 있다. (사)일본로지스틱스시스템협회, 「기본로지스틱스용어사전」, 백도서방, 1997. 192쪽, 표제어 物流(physical distribution).

2) 물류 개념의 기원에 대해서는 A.W.Shaw(1912), F.E.Clark(1922) 등이 선구자로 소개되고 있다. 윤문구, 「물류총론」 개정3판, 도서출판범한, 2006.

[도표 1-1] 물류개념의 진화

◇ 유통 측면에서의 물류 : Physical Distribution (물적유통)
◇ 기업 측면에서의 물류 : Business Logistics (기업물류)
◇ 기업간 물류 : Supply Chain Management (공급사슬관리)
◇ 물류의 사회적 측면 : Green Logistics (녹색물류)
◇ 물류의 국제화 : Global Logistics (국제물류)

1.1.1 유통 측면에서의 물류

전술한 바와 같이, 물류의 출발점은 '물적유통'이고, 물류를 이해하기 위해서는 'Physical Distribution'의 개념을 이해하는 데에서 출발해야 한다. 이 가운데 Distribution(유통)은 어떤 활동인가?

경제(經濟)는 여러 측면에서 이해하고 정의할 수 있으나, 가장 손쉬운 것은 경제활동의 사례를 활용하는 것이다. 경제활동의 큰 두 축을 생산과 소비로 볼 수 있다. 생산과 소비를 사회적으로 조정하고 최적화시키는 활동을 경제라고도 할 수 있다. 먼 옛날, 자급자족의 시대에는 생산과 소비는 한 몸이었다. 그때에는 경제의 문제도 없었을 것이다. 그러다가 어느 순간부터 생산과 소비가 분리되어갔다. 분업의 효용을 알게 된 것이다. 어떻게 보면 자연스러운 현상일 수도 있다. 분업은 생산의 효율성을 증가시킨다. 동일한 노동을 투입해서 사회적으로 더 많은 산출을 가질 수 있다. 그래서 사회적 분업은 필연적일 수 있다.

우리가 일상생활을 영위하는 데에는 수많은 재화가 필요하다. 식료품으로부터 옷가지, 주택 등 필수적으로 필요한 재화로부터 자동차, 교육, 의료서비스 등 현대적 사치품까지 너무도 다양하다. 우리가 소비하는 모든 재화를 우리 스스로 생산한다면 그것이 자급자족의 사회일 터인데, 우리는 지금 대부분 특정 재화의 생산에만 특화되어 있다. 그리고 교환을 통해 우리에게 필요한 다양한 재화를 손에 넣고 소비한다. 이것이 사회적 분업인 것이다.

사회적 분업의 결과 생산과 소비가 분리되었다. 이것은 3가지 측면에서 이해할 수 있다. 먼저 생산자와 소비자가 분리된다. 쌀을 생산하는 사람과 소비하는 사람은 대개 다르다. 그리고 공간적으로 생산하는 장소와 소비하는 장소가 분리된다. 쌀을 생산하는 곳은 농촌이나 소비되는 곳은 대개 도시가 된다. 마지막으로 시간적으로도 생산과 소비가 분리된다. 우리나라에서 쌀은 가을에 수확되지만, 우리는 일 년 내내 밥을 먹어야 한다.

이처럼 생산과 소비가 분리되면, 분리된 생산과 소비를 연결하는 기능이 필요해진다.

생산자와 소비자를 연결해야 하고, 생산장소와 소비장소를 연결해야 하며, 생산과 소비의 시기도 조정되어야 한다. 이렇게 생산과 소비를 연결하는 활동을 유통이라고 한다. 유통은 그러한 측면에서 생산과 소비에 이어 경제활동의 매우 중요한 기능이라고 할 수 있다. 유통활동이 사회적으로 중요해지면서, 유통활동에 전문화된 사람들이 나타나게 되었다. 그러한 사람들은 유통업자라고 할 수 있지만, 우리는 전통적으로 상인(商人)이라 불러왔다. 그들의 유통활동도 상업(商業)이라 부르기도 했다.

미국은 18세기 건국 이후 급속히 성장했고, 거기에는 영토의 팽창도 포함된다. 건국 당시 동부 13주만 포함되어있었지만, 지금은 세계에서 4번째로 광대한 면적의 영토를 보유하고 있다. 또한 미국의 영토는 다른 영토 대국과는 달리, 거의 대부분의 장소에서 사람들이 농업활동을 영위할 수 있는 곳으로 구성되어 있다. 이처럼 넓은 공간에 사람들이 흩어져 살게 되면서 미국은 유통활동의 중요성을 다른 어떤 곳보다 알게 된다. 곳곳에서 나오는 산물들이 서로 다르고, 그것들이 미국 전역으로 재분배되어야 하는 것이다. 그런 측면에서 미국의 경제학자들이 유통에 관심을 가지게 되는 것은 자연스러운 일일 것이다.

특정한 것을 분석하는데 가장 유력한 수단은 먼저 분류해보는 것이다. 유통활동을 나누어 분석해보면 유통활동은 크게 2가지 측면으로 구성됨을 알 수 있다. 첫 번째는 소유권의 이전(ownership transfer) 활동이다. 소유권의 이전이라는 것은 생산자와 소비자를 연결하는 활동이다. 두 번째는 실제로 재화를 공간적, 시간적으로 연결하는 활동이다.

[도표 1-2] 유통의 2가지 측면

◇ Ownership transfer : 상적유통, 생산자와 소비자를 연결
◇ Physical distribution : 물적유통, 생산과 소비의 장소, 시간을 연결

소유권의 이전이 제도적, 금융적인 문제라면, 두 번째는 물리적인 문제라 할 수 있다. 그래서 유통의 물리적 활동을 미국에서 'Physical Distribution'이라 정의하고, 일본에서 그것을 한자어로 그대로 표현한 것이 물적유통(物的流通)인 것이다. 즉, 물적 유통은 미국 경제사회의 발전에 수반하여 나타난 유통의 물적 측면의 문제를 해결하기 위해 만들어진 개념이라 할 수 있다.

일본에서는 물적유통에 대비해서 소유권 이전의 문제를 상적유통(商的流通)이라고 한다. 이는 유통행위의 상업적 측면이라는 뜻이고, '물류'처럼 이를 줄여서 '상류(商流)'라고 하는데, 우리말에서 '상류'는 여러 가지 뜻을 가지고 있어서 주의가 필요하기도 하다.

이상과 같이 물류라는 개념의 출발은 미국에서의 유통이라는 사회적 문제의 해결을 위한 것이었고, 그래서 물류라는 개념에는 사회적 기능의 측면을 포함하고 있다고 볼 수 있을 것이다. 예를 들어 우리나라에서 고속도로를 만들거나, 항만을 건설하거나 하는 부분은 물류 활동을 돕기 위한 측면이 강하다고 볼 수 있다.

1.1.2 기업 측면에서의 물류

물류의 두 번째 개념으로는 로지스틱스(Logistics)이다. 로지스틱스는 원래 군사용어로 군수(軍需), 즉, 군대에 필요한 여러 가지 물자의 보급활동을 의미한다. 과거에는 병참(兵站)이라고도 했으며, 병참활동은 역사적으로 많은 전쟁의 승패를 결정하는 중요한 활동이었다. 제2차 세계대전때 미국의 승리는 미군의 탁월한 로지스틱스 활동에 있었다는 분석이 많다.[3)]

제2차 세계대전이 끝나고 미국 기업들이 로지스틱스에 본격적으로 관심을 가지게 된다. 그 이유는 공급과잉 현상과 관련이 있다. 공급과잉은 수요보다 공급이 많은 현상을 의미한다. 현대의 경제사회는 공급과잉이 만연하게 되었는데, 이것은 우리 인류사에 최초의 현상이라 할 수 있다. 그리고 그것은 산업혁명 이후 기업 활동에 있어서 생산성의 급격한 향상에 의한 것이기도 하다.

제2차 세계대전 이후 그러한 현상이 현저해지자, 기업들에게는 새로운 문제가 발생했다. 그 이전에는 생산의 효율화가 기업들의 주요 관심사였다고 볼 수 있으나, 공급과잉의 시대에는 생산한 제품의 판매가 더욱 중요해진 것이다. 팔리지 않은 제품은 재고로 창고에 쌓이게 되는데, 앞으로도 팔릴 기약이 없는 재고를 불량재고라고 한다. 불량재고가 쌓이면 기업들의 목줄을 쥐게 되고, 불량재고의 처리가 큰 골칫거리가 된 것이다.

이 불량재고의 문제를 해결하기 위해 미국 기업들은 2차대전 당시 미군의 병참활동을 참고하기 시작했다. 효율적인 병참 업무, 즉, 필요한 재화를 적시에, 적재적소에 배치하는 활동이 전쟁의 승리를 이끌었다고 본 것이다. 그러한 미군의 로지스틱스 활동을 기업들이 벤치마킹하여 운영하기 시작했으므로, 이것을 기업의 병참활동, 즉 Business Logistics라 칭하게 된 것이다.

모든 기업들은 비즈니스 활동을 수행하기 위한 물자를 보유한다. 제조업을 기준으로 보면, 원자재, 중간재, 부품, 완제품까지 다양한 물자가 기업 내부에서 흐르고 있고, 그런 물자들의 흐름을 효과적으로 통제할 필요가 있다. Business Logistics란 그러한 활동을 의미한다.[4)]

---

3) 데보라 코웬 저, 권범철 역, 「로지스틱스」, 갈무리, 2017 등.

'Business Logistics'라는 개념은 사실 이전의 'Physical Distribution'의 개념과 매우 다른 성격을 가진 활동이라 볼 수 있다. 그럼에도 불구하고, 따지고 보면 물자의 흐름을 통제하는 활동이라는 점에서 공통점을 가지기 때문에, 일본에서는 이 활동 역시 '물류(物流)'로 통칭하게 된다. 두 개념을 구별하기 위해 Business Logistics를 의미할 때는 '기업물류'로 칭하기도 한다. 기업물류는 경영학적인 개념이어서, 사회경제적 개념을 내포하는 물적유통과는 다르다는 것을 기억해두자.

1.1.3 기업간 물류와 공급사슬

60년대 이후 기업물류의 개념이 도입되고, 한 기업 내에서 모든 물자의 흐름과 관련된 활동이 통합되고 효율화되기 시작한다. 그러나 기업들은 그것에 한계가 있다는 것을 금방 깨닫게 되었다. 어떤 기업도 외부와의 조정 없이는 물류의 최적화를 달성하기 어렵기 때문이다.

예를 들면, 자동차 메이커들은 대개 조립업자들이다. 수만가지 부품을 공급자에게서 제공받아 그것을 자기 공장 안에서 조립하고, 고객들에게 완성차를 전달하는 것이 그들의 비즈니스이다. 그러니까 자동차 기업이 자사 내의 물류를 최적화한다고 하더라도, 그들의 공급자들, 고객들과 그 흐름이 동조되지 않으면 전체 최적을 달성하는 것은 불가능하다. 기업물류의 최적화를 추구하는 과정에서 공급사슬(Supply Chain)의 존재를 발견하게 된 것이다.

궁극적인 공급사슬은 공급자의 공급자의 공급자들과 고객의 고객의 고객들까지 확장되어야 한다. 즉, 원자재에서 출발해서 최종소비자에 이르기까지가 모든 제품들의 공급사슬의 전모가 된다. 이 공급사슬에는 무수히 많은 사람들이 서로 연결되어 있다. 서로 연결된 사람들이 협력해서 최종 제품을 소비자에게 전달할 수 있는 것이다.

이것을 공급사슬이라고 하고, 지금 기업들은 로지스틱스를 넘어 공급사슬 전반을 관리해야 한다는 생각이 상당히 강해졌다.

---

4) 로지스틱스는 physical distribution에 비해 더 확대된 개념으로 미국물류관리협회(CLM)는 조달과 기업내 이전, 고객으로의 전달까지를 포함해 정의하고 있다. "Logistics is the process of planning, implementing and controlling the efficient, cost-effective flow and stock of raw materials, in-process inventory, finished goods and related information from point of origin to point of consumption for the purpose of confirming to customer requirement." CLM, 1984.

[도표 1-3] 로지스틱스와 공급사슬

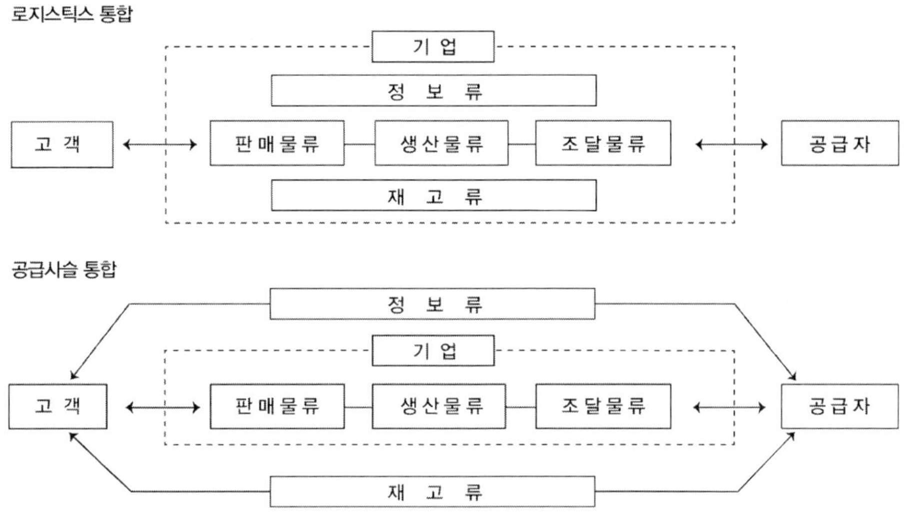

출처 : 宮下国生, [日本物流業のグローバル競争], 千倉書房, 2002. 등 참조.

1.1.4 물류의 사회적 측면

애초 사회적 문제에 직면해 그 해결책으로 제시된 물류의 개념이 기업 중심의 개념으로 바뀌었다가, 최근 다시 사회적인 문제가 되고 있다. 범지구적 환경문제가 대두되면서, 지속가능성(sustainability)이라는 개념이 나왔고, 이것이 녹색물류(Green Logistics)를 요구하게 된 것이다.

18~19세기 산업혁명 이후 형성된 자본주의 경제체제는 대량생산, 대량소비의 경제체제로 발전했다. 대량생산과 대량소비를 통해서 우리는 효율성을 달성함과 동시에 인류 역사상 처음으로 대중이 풍요를 누리는 시대를 맛보게 되었다. 그러나 대량생산과 대량소비는 당해 세대에게는 이로움을 줄 지라도 지속가능성 측면에서는 상당히 의심스럽다. 대량생산은 대량의 자원 채굴로부터 가능해지고, 대량소비는 대량 폐기를 낳는다. 이 과정 중에 천연자원은 고갈되고, 자연환경의 오염은 심각해져 왔다. 이런 문제를 발견하고 지속 가능한 사회를 만들어가기 위해 국제사회가 발 벗고 나서게 된 것은 다행스러운 점이기도 하다.

그러면 지속 가능한 사회를 만들기 위해서는 어떻게 해야 하는가? 물류 측면에서는 어떤가?

물류는 대량의 에너지 소비활동이기도 하다. 그린 로지스틱스라는 개념은 그래서 중요하다. 물류를 녹색화한다는 것은 물류 과정 중의 에너지 소비와 폐기물을 줄이는 것 뿐만이 아니고 지속가능한 사회를 염두에 둔 모든 물류관련 활동을 의미한다.

1.1.5 물류의 국제화

우리는 글로벌화된 세계에서 살고 있다. 우리는 지리적으로 한 국가 안에서 생활하고 있지만, 언제부터인가 우리는 늘 외국여행을 꿈꿀 수 있게 되었다. 또한 우리는 외국에서 생산된 제품을 항상 소비하고, 국내에서 생산된 제품도 외국에서 자주 소비된다. 국내의 일들이 외국에서 일어난 일들의 영향을 강하게 받게 되었고, 그래서 우리는 세계의 일까지 걱정하는 지경에 이르렀다. 중국의 한 내륙도시에서 발생한 바이러스가 순식간에 전 세계로 확산되는 것을 보면, 우리는 세계화(globalization)된 세상을 다시 한번 실감하게 된다.

주로 기업활동의 국제화에서 촉발된 현대 세계에서의 글로벌화는, 이처럼 개개인의 차원으로까지 확산되었다. 즉, 지금 전 세계의 모든 사람이 전 세계적인 분업의 네트워크에 소속되어 생산활동에 임하고 있으며, 소비활동 역시도 글로벌화되었다.

그런 만큼, 기업의 물류활동 역시도 특정한 국가, 지역 내에서만의 활동이 아니고, 활동지역의 확장에 따라 외국을 시야에 넣지 않을 수 없다. 글로벌 기업들은 조달, 생산, 판매 등 그들의 주요한 경영활동을 세계적으로 확장하려 하고 있으며, 로지스틱스와 공급사슬 활동을 통해 세계적 수준의 최적화를 도모한다. 이러한 현상에 대한 탐구가 이 책의 중심적 내용이기도 하다.

1.2 물류에 관한 세 가지 시각

앞서 이야기한 대로 물류는 재화의 흐름과 관련된 활동이다. 지금부터 백여 년 전 미국에서 물류의 개념이 시작되었고, 기업적인 측면, 사회적인 측면에서 발전, 진화해왔다고 볼 수 있다. 이 시점에서 우리는 이러한 물류에 대해 어떻게 접근해야 하는가?

1.2.1 경영학적 시각

첫 번째는 경영학으로부터의 시각이다. 모든 기업, 특히 제조업과 유통업에서는 물류활동의 관리가 매우 중요하다. 공급과잉의 시대에 들어서 기업들은 생산과 판매체제의 효율성을 증가시키기 위해 물류관리를 중시하고 있고, 그 개념은 공급사슬의 관리로 확장, 진화된 상태라 할 수 있다. 기업에서 어떻게 재화의 흐름을 통제할 것인가? 그것이 물류의 관리이고, 현대사회에서 '물류'를 바라보는 첫 번째 시각이라 할 수 있겠다.

1.2.2 물류산업적 시각

두 번째는 물류산업이다. 과거의 전통사회에서 유통기능을 담당하던 상인들은 상류(商流)활동과 물류(物流)활동을 구분하지 않았다. 그들이 상류와 물류가 구분되지 않은 상태에서 유통기능의 전부를 감당한 것이다. 그런데 산업혁명 이후 상인 가운데 상류활동에 주력하는 사람들과 물류활동에 집중하는 사람들이 분리되기 시작했다. 즉, 물류업자가 나타나고, 상업으로부터 물류산업이라는 새로운 산업이 탄생한 것이다.

운송 부문에서 최초로 나타난 물류업자는 해운업자일 테고, 운송기술의 발전과 더불어 철도 운송업자, 자동차 운송업자, 항공 운송업자가 차례로 나타났다. 운송의 영역뿐 아니라 보관의 영역에서도 전문적 기업들이 나타났다. 부동산을 기반으로 하는 창고업자와 터미널, 항만사업자 등이 대표적이라고 할 수 있다.

또한 화주와 같이 운송수요를 가진 사람과 운송서비스 공급자를 연결하는 브로커(broker), 포워더(forwarder) 등 중개업자들이 나타났고, 통관업무에 전문화된 서비스업자도 나타났다. 그런 사람들이 하는 일들을 통틀어 물류산업이라고 할 수 있으며, 물류산업에 속한 서비스 공급자와 수요자는 시장을 통해 물류 서비스를 거래하게 되었다.

이러한 물류산업, 그리고 물류시장을 분석해서 서비스 공급자의 행동특성을 이해하려는 노력이 물류를 바라보는 두 번째 시각이라 볼 수 있겠다.

1.2.3 물류정책적 시각

세 번째는 물류정책이다. 물류시장이 형성되고 거래가 활성화되면, 자원의 효율적 배분이 가능해진다. 효율적인 시장에서는 거래되는 서비스의 품질은 올라가고 가격이 내려가는 경향이 있다. 그래서 물류시장을 형성하고 통제하여 시장을 활성화시키는 것은 국가사회에 있어서 매우 중요한 부분이라고 볼 수 있다. 물류시장이 효율적으로 작동해야 국민경제의 후생이 증가할 수 있는 것이기 때문이다.

다만, 정부와 국가사회의 역할은 물류시장의 조성에만 국한된 것이 아니다. 물류산업의 기초를 닦고, 외부효과를 통제하며, 국제적 물류질서의 확립에도 참여해야 한다. 국가 간의 물류경쟁력의 차이가 국민경제에도 큰 영향을 줄 수 있기 때문이다.

1.3 물류의 관리

먼저 기업에서 물류를 어떻게 관리하는지 간단히 살펴보자.

경영활동을 영위하기 위해 기업은 많은 물적자원을 보유한다. 원자재, 중간재, 완제품 등이 물적 자원들은 기업 내외부로 흘러 다니며 효율적으로 활용되어야 한다. 이러한 물적 자원들의 흐름에 관련된 활동이 물류이며, 보다 세부적으로 운송, 보관, 하역, 포장, 유통가공, 물류정보의 제 활동을 일반적으로 물류의 6가지 기능이라 칭한다.

이러한 여러 가지 활동들은 서로 밀접하게 관련되어 있다. 다만, 물류라는 개념이 등장하기 전에는 각각의 활동을 통합, 조정하는 것이 쉽지 않았다. 또한 여러 공장, 지점, 창고를 가진 기업에서는 공장별로 또는 창고별로 부분적 최적을 꾀하기 십상이었다. 거기서 많은 비효율이 발생한다고 인식하는 것이 물류관리의 출발점이다. 통합과 조정이 기업 물류관리의 핵심이다.

그것을 위해 조직된 물류관리 부서 또는 물류관리자는 기업 내 물류의 효율화, 즉 물류서비스를 확대하고 물류코스트를 절감하는 것을 목표로 한다. 그런데 그것이 쉬운 일은 아니다. 서비스를 확대하는 데에는 추가적인 비용이 들어가기 마련이기 때문이다. 불가능해 보이지만, 추가 비용 없이 서비스를 확대하거나, 서비스 수준을 유지하며 코스트를 절감하거나, 서비스를 확대하면서도 코스트를 절감하는 것이 기업 물류관리의 미션이라 할 수 있겠다.

마지막으로 물류기능의 아웃소싱에 관해 알아두자. 전술한 바와 같이 물류산업이 형성되고, 물류서비스는 물류시장에서 활발히 거래되고 있다. 제조업자나 유통업자는 스스로 트럭을 보유하고 드라이버를 고용하여 물류서비스를 스스로 생산할 수도 있지만, 물류업자의 서비스를 구입하여 필요한 물류기능을 수행케 할 수도 있다.

현대의 기업들은 대개 자신에게 필요한 물류서비스를 모두 내부에서 생산하기는 불가능하고, 바람직하지도 않다. 이러한 상황에서 기업들은 어느 정도까지 내부생산하고 얼마만큼 외부의 서비스를 구입할 것인지 선택해야 한다. 통상 물류시장이 활성화되면 물류의 아웃소싱이 진전되는 경향이 있다.

1.4 물류산업의 형성

두 번째로 물류산업의 형성이라는 시각이다. 기업과 개인, 즉 수요자들이 물류서비스를 아웃소싱할 때 비로소 물류산업이 형성된다.

모든 경제주체는 물류서비스에 대한 수요를 가진다. 그것을 자체적으로 생산하여 해결할 수도 있고, 혹은 외부로부터 서비스를 구입할 수도 있다. 물류서비스를 구입하려면 그것을 제공하는 사람이 나타나야 하고, 그러한 서비스의 거래는 시장을 형성한다. 또한 시장에서의 거래가 활성화되면, 서비스의 가격이 내려가고 품질이 향상되는 경향이 있어 물류의 아웃소싱이 더 진전되고, 물류산업은 더욱 큰 산업이 될 것이다.

전술한 바와 같이 물류는 유통의 한 부분이고, 물류산업은 상업으로부터 분리, 독립되어 형성되었다. 그런데 물류산업이 형성되는 패턴을 보면, 크게 두 가지로 분리되어 만들어져왔다. 운송과 보관이 그것이다. 즉, 운송기능을 제공하는 사람은 운송기능만 제공하는 경향이 역사적으로 강하게 관찰되고, 보관기능을 제공하는 사람은 보관기능만 제공하는 것이 기본적 패턴이었다.

모든 재화의 흐름을 물류 네트워크의 측면에서 살펴보면, 네트워크는 점과 선으로 구성되어 있다. 물류 네트워크에서 점(node)은 재화의 흐름이 멈추는 곳이고, 선(link)은 재화가 이동하는 경로를 의미한다. node는 재화의 보관기능을 중심으로 하고, link는 운송기능을 가리킨다. 즉, 물류산업은 네트워크상의 기능에 따라 분화되어 온 것이다.

덧붙이자면, 물류 네트워크에서 link는 경로뿐 아니라 운송의 방법을 의미하기도 한다. 지금까지 우리가 발명해온 운송의 방법, 즉 운송수단은 자동차, 철도, 선박, 항공기, 파이프라인 등 다양하게 존재한다. 운송산업은 이러한 운송의 방법(mode) 별로 분화되어 발전해오기도 한 것이다.

Node 분야도 마찬가지라고 볼 수 있다. 보관을 주로 담당하는 창고업, 국경에서 활동하는 통관업, 운송수단을 연결하는 터미널과 항만, 공항 등으로 분화되어 발전해왔고, 따로따로 시장을 형성해왔다.

이처럼 서로 분화되어 각각의 시장을 형성해왔던 물류산업에 최근 변화의 물결이 일고 있다. 그 핵심적 변화는 통합이다. 컴퓨터와 인터넷 등 정보기술로 무장한 새로운 물류업자들이 물류시장을 분리하던 장벽을 허물고 있다. 그런 현상, 또는 사람들을 제3자물류(3PL, 3rd Party Logistics), 또는 통합적 물류업자라는 의미에서 인티그레이터(integrator)라고 부르기도 한다.

또 하나의 중요한 변화는 소비자물류이다. 지금까지 물류시장에서의 주요 고객은 생산자(기업)였다. 큰 기업들은 큰 물류서비스 수요를 가지고 있어서, 그 수요를 기반으로 지금까지 물류산업이 형성되어왔다고 볼 수 있다. 그에 비해 가계와 개인은 물류서비스를 직접 생산하는 경향이 보편적이었고, 근대 이후 정부가 운영하는 우체국이 우편서비스를 통해 가계와 개인의 물류서비스 일부를 제공해왔다.

그런데 최근 택배업이라는 새로운 형태의 물류업자가 우체국의 물류서비스를 흡수하고 있을 뿐 아니라, 전자상거래의 확산이라는 흐름을 타고 일대 산업으로 성장하고 있다.

1.5 물류정책

마지막으로 '물류'에 대해 우리 국가사회는 어떻게 바라보고, 무엇을 해야 하는지 살펴보자.

첫째는 시장정책이다. 즉, 물류시장을 어떻게 만들고 활성화해가야 할 것인가 하는 것이다. 앞서 우체국의 사례에서와 같이, 물류서비스는 과거 국가가 대표적으로 중요하게 생각하는 영역이었고, 정부가 직접 네트워크를 만들고, 운영하는 경우가 많았다. 우체국 이외에도 많은 link와 node 서비스를 국·공영 기업들을 통해 제공해왔고, 지금도 물류 네트워크의 운영에 국가가 관여하는 경우가 많다. 그런데 최근에는 국가가 더욱 많은 부분을 민간에 맡기고 있으며, 그만큼 시장 영역이 확대되고 있다고 볼 수 있다. 어떠한 영역을 얼마만큼 시장에 맡기고, 정부는 어떠한 시장규칙을 만들어갈 것인지가 중요한 정책이라고 볼 수 있다.

둘째는 물류 인프라의 제공이다. 물류서비스의 제공을 위해서는 사회적 자본이 필요하고, 사회적 자본의 제공은 정부의 대표적 책무라 볼 수 있다. 거기에는 도로, 항만, 공항 등 눈에 보이는 하드웨어적인 것이 있고, 교육, 연구 등 눈에 잘 띄지 않는 소프트웨어적인 것도 있다. 그러한 물류 인프라를 얼마나, 어떻게 만들어갈 것인가가 중요한 물류정책의 하나라 볼 수 있다.

셋째는 환경과 안전의 문제이다. '그린 로지스틱스'의 사례에서와 같이, 물류시장은 많은 부(−)의 외부효과가 존재하는 시장이다. 즉, 시장거래에 직접 참여하지 않는 제3자에 대한 효과가 크다는 것이고, 그 대표적인 것이 안전과 환경의 문제이다. 국가사회는 정(+)의 외부효과는 부양해야 하지만, 부(−)의 외부효과는 억제해야 한다. 그 방법을 찾는 일 또한 물류정책의 중요한 부분이다.

마지막으로 국가 경쟁력의 문제도 있다. 물류산업이 발전하고 물류시장이 활성화되면 시장에서 형성되는 가격이 내려가는 경향이 있기 때문에, 소비자는 경제적 후생을 확대할 수 있고, 기업은 그것을 바탕으로 가격경쟁력을 획득할 수 있다. 특히 무역에 의존하고 있는 우리나라의 경우 기업들의 국제경쟁력은 매우 중요하고, 그래서 '동북아 물류중심국가'를 정책의 중요한 부분으로 삼고 인천국제공항과 부산신항 등 거대한 물류 프로젝트를 진행한 바 있다.

이처럼 물류에 대해서는 세 가지 시각이 존재한다. 첫째가 기업에서의 물류관리, 두 번째가 물류산업에 대한 분석, 세 번째는 국가사회의 물류정책에 관한 것이다. 본서에서는 이 세 가지를 기본적 시각으로 물류의 이야기를 전개한다.

생각해봅시다

1. 소비자물류(생활물류) 시장의 동향을 조사하고 향후를 전망해보자.

2. 우리나라의 국가물류비를 조사하고 국제적으로 비교해보자.

3. 물류산업에서 최근의 기술적 혁신사례를 조사해보자.

참고문헌

데보라 코웬 저, 권범철 역, [로지스틱스], 갈무리, 2017

(사)일본로지스틱스시스템협회, [기본로지스틱스용어사전], 백도서방, 1997.

윤문규, [물류총론] 개정3판, 도서출판범한, 2006.

한국로지스틱스학회, [로지스틱스 21세기], 2002.

宮下国生, [日本物流業のグローバル競争]､千倉書房､2002.

D.J.Bowersox, DJ.Closs, M.B.Cooper, Supply Chain Logistics Management, 3rd edition, Mcgrawhill, 2010.

국제물류론 2

국제물류에 대한 세 가지 접근법

2.1 국제물류에의 접근법

2.1.1 물류와 국제물류

제1장에서 간략히 다룬 바와 같이, 기업활동의 국제화로 인해 국제물류가 등장했다. 유통활동이 상품의 소유권 이전과 관련된 상류(商流) 및 이의 공간적, 시간적 실현을 위한 물류(物流)로 구성되는 것과 같이, 무역활동은 소유권이 이전되는 국제거래와 이를 물리적으로 완성하는 국제물류로 구성된다.

국제물류에 새로 나타나는 문제들은 기본적으로 기업활동의 국제화에 기인한다. 전 세계의 기업들이 조달, 생산, 판매 등 경영활동의 전 영역에서 국제화를 진전시키고 있다. 글로벌 기업들은 경영활동의 모든 영역에서 국제화를 크게 진전시켰고, 그들의 물류활동은 기본적으로 전 세계를 염두에 둔 국제물류 활동으로 인식되고 있다.

2.1.2 국제물류에의 접근

이러한 국제물류에 대해 어떻게 생각하고 접근해야 하는가?

물류에서와 마찬가지로 국제물류에서도 경영학적인 기업의 국제물류 관리, 경제학적인 국제물류의 산업조직, 그리고 국가사회의 국제물류 정책 측면에서 접근할 수 있다. 이 장에서는 국제물류의 세 가지 접근법에 대해 핵심적 내용을 정리하고자 한다.

세 가지 측면에서 접근하는 방법이 유사하다 하더라도 물류의 문제가 국제적으로 확대되었을 때 나타나는 새롭고 더 복잡한 문제들이 존재한다. 기업의 물류관리 측면에서는 통관의 문제, 현지화의 문제 등이 등장하고, 산업조직 측면에서도 해운산업과 항공운송 및 복합운송이 부각된다. 정책의 측면에서도 상대국 및 국제적인 질서를 고려하지 않을 수 없게 된다.

2.1.3 국내물류와 국제물류

즉, 기본적으로 한 국가영역 내부에서의 물류 문제가 국경을 넘나들게 되었을 때 다양한 측면에서 새로운 과제들이 등장하게 된다. 거리와 시간 및 비용이 늘어나는 것 이외에도 정치, 제도, 사회, 문화의 측면에서까지 다양한 요소들을 고려해야 하는 것이다.

먼저 물류코스트 측면에서 국제물류에서는 국내에 비해 더 심각해질 수밖에 없다. 우리나라의 국가물류비용은 전체 GDP 대비 최근 10% 내외에서 추이하고 있다. 이것은 최종재의 가격에 물류관련 비용이 10% 정도 포함된 것으로 생각할 수 있다.[1] 국제적 거래에서는 최종재의 가격에 물류관련 비용이 차지하는 비중이 2배 이상 확대될 수 있다.

운송방법의 측면에서도 차이가 있다. 국토면적이 넓지 않고, 반도에 국한된 우리나라에서는 도로운송이 차지하는 비중이 압도적이다.[2] 그러나 국제물류에서는 대륙간 운송이 필요한 경우가 많고, 따라서 해상운송의 비중이 매우 커진다. 또한 내륙지역과의 교역에서는 항공운송이나, 해상운송과 도로, 철도운송이 결합된 복합운송이 중요해질 수 있다.

운송거리가 멀어짐에 따라 운송시간도 늘어난다. 이 확대되는 거리와 시간은 리스크를 의미하며, 운송의 물리적 리스크와 함께 시간의 지체에 따른 재고의 리스크도 확대될 수 있다.

국제적 활동을 수행하려는 제조업자, 유통업자 등의 화주기업은 국제적 운송 업무를 추진하기 위해 주로 해상운송시장, 항공운송시장에서 운송서비스를 구매해야 한다. 다만, 국제적으로 해상운송시장과 항공운송시장은 세계적 네트워크를 가진 해운기업, 항공기업들이 주도하고 있다. 국제운송업무에 익숙하지 않은 서비스 수요자들은 전문적인 지식과 정보를 가진 대리인을 통해 운송서비스 시장거래를 수행하는 것이 일반적이다.

또한 국내의 물류시장은 다른 서비스 분야와 마찬가지로 외국인에 대해 폐쇄적인 경우가 많다. 따라서 외국에서 물류업무를 원활히 추진하기 위해서는 외국의 물류업자를 활용할 필요가 많고, 이는 서로 다른 제도, 관습 등 이문화에 대한 적응의 문제가 대두된다. 여기에도 대리인이 활동할 영역이 존재한다.

마지막으로, 국경을 넘는 상거래는 국가에 의해 통제되기 마련이다. 국가는 주요 항만, 공항, 국경의 철도역에 세관을 설치하고, 이것을 통해 외국상품의 출입을 관리한다. 이 세관을 통과하는 문제를 통관(通關)이라 하고, 이는 국내물류와 국제물류의 결정적 차이로 볼 수 있다. 세관이 설치된 항만, 공항, 국경의 역 등은 물류의 주요 거점이고, 또한 국제물류의 가장 중요한 병목지점이기도 하다.

국제무역의 활성화를 도모하는 국가들은 신규로 컨테이너 항만과 국제공항을 설치할 때 거대한 배후지를 함께 개발하여 국제물류의 거점화를 꾀하기도 한다. 이러한 국제물류의 거점을 활용하여 글로벌 로지스틱스의 최적화를 도모하려는 글로벌 기업들을 유치하기 위함이다. 즉, 국제물류 거점을 중심으로 세계적인 산업입지가 재편되는 움직임이 있는 것이다.

1) 한국교통연구원에 따르면, 우리나라의 국가물류비는 2011년~2020년 평균 10% 내외에서 추이하고 있다. 한국교통연구원(2023), 「2022년 국가 교통정책 평가지표 조사사업」, 제4권 국가물류비(2020).

2) 국토교통부에 따르면, 우리나라에서 도로운송의 비중은 최근 10년 91.4%에 이르고 있다. 국토교통부, 「교통부문 수송실적보고」, 2011~2020.

[도표 2-1] 국내물류와 국제물류의 비교

항목	국내물류	국제물류
물류 비용	- 재화 가격의 약 10%	- 크게 확대(~30%)
운송 방법	- 도로운송이 주됨 - 단일운송	- 해상/항공운송 - 복합운송 활용
운송거리/시간	- 상대적으로 짧음 - 운송/재고 리스크 작음	- 크게 늘어남 - 운송/재고 리스크 확대
대리인의 개입	- 적음	- 많음
물류 파트너	- 국내 물류업자	- 현지/글로벌 물류업자
국가의 개입	- 적음	- 세관을 통해 통제
물류 거점	- 트럭터미널, 철도역	- 항만, 공항

2.2 기업의 국제물류 관리

그럼 국제물류에 대한 각각의 접근법에 대해 그 핵심적 내용을 정리해보자. 가장 먼저 다룰 부분은 기업의 국제물류 관리의 문제다.

국제화된 기업의 국제물류업무는 국제물류산업의 수요를 구성한다. 수요와 공급은 서로 영향을 주고 받지만, 지금까지의 역사를 보면 수요가 먼저 움직이고 공급이 그에 반응하는 것이 일반적인 패턴이었다. 그러므로 수요 측면을 먼저 다루는 것이 순서일 것이다.

여기에는 5가지 키워드가 있다. 세계화의 속도, 기업의 국제화, 국제물류환경, 국제물류관리, 글로벌 로지스틱스가 그것이다.

2.2.1 세계화의 속도 증가

16세기에서 17세기에 걸쳐 유럽인들은 돛단배를 타고 세계의 바다 구석구석을 누비며 전세계를 발견해냈다. 그 이후 세계는 나날이 세계화되어왔다. 세계화는 어떤 때는 더 빠르게 진전되었고, 어떤 때는 늦어지며 가끔 반동의 움직임도 있었다.

지금은 어떠한가? 저자의 생각에 특히 2차대전 이후 그 속도는 점점 더 빨라지고 있는 것이 아닌가 생각된다. 그 근거는 다음과 같다.

먼저 주변지역의 경제성장이다. 세계화는 초기에 유럽과 그 식민지를 중심으로 진행되었다. 그 이후 교역의 상대방이 지속적으로 나타났다. 미국, 일본, 동아시아의 NIES(Newly industrializing economies; 신흥공업경제지역), 그리고 지금 BRICS(Brazil, Russia, India, China and South Africa; 브릭스)까지 세계경제의 틀 속에 들어왔다. 더 많은 지역과 더 많은 사람들이 가속적으로 세계화의 틀 속에 포함되고 있다.

세계경제의 틀 안으로 들어오는 주요한 방법은 경제의 개방과 무역의 자유화다. 2차대전 이후 GATT와 WTO 및 FTA를 통해 전 세계는 조금씩 더 자유무역을 확산시켜왔다고 볼 수 있겠다. 선박과 항공기, 컴퓨터와 인터넷 등 교통통신과 정보기술의 발달은 세계화의 기관차에 기름을 부어온 것들이다.

그러면서 전 세계 사람들은 고유한 지역의 전통을 버리고 유럽, 또는 미국의 문화를 점점 더 추종하게 되었고, 그것들이 세계의 표준을 제공하며 문화적 동질성을 증가시켜왔다. 그러한 동질성은 세계화를 되돌릴 수 없는 것으로 만든다. 그러면서 정치적인 독립체인 국가들은 독자적인 정책을 갖기 어렵게 되었고, 그것이 사회제도에 있어서 규제완화의 큰 흐름을 형성해왔다.

어떠한가? 세계화는 되돌아갈 수 없는 거대한 흐름이 되었지 않은가? 때로 브레이크가 걸리거나 반동도 있겠지만, 점점 더 빨라지지 않겠는가?

2.2.2 기업의 국제화

이윤추구를 지상의 목표로 삼는 기업은 이윤의 기회를 찾아 성장해야만 하는 운명을 타고 났다. 그들은 이윤의 기회가 있다면 외국인과의 거래나 투자를 통한 해외로의 진출을 망설이지 않을 것이고, 그것이 글로벌화의 원동력이 되어 왔다. 챈들러는 '기업의 성장은 지리적 수평선의 확대과정이다'고 기술한 바 있다. 그에 따르면 한 기업은 자신들의 시야를 지역에서 전국으로, 이웃국가로 그리고 세계로 확대하며 성장한다.[3)]

기업들은 그들의 활동을 국제화하는 방법 역시 다양하다. 기업은 무역과 국제계약, 해외직접투자 등 여러 가지 방법을 통해 국제화를 추진할 수 있다. 그러면서 조달, 생산과 판매활동 등을 범세계적으로 전개하는 글로벌기업들이 탄생해왔고, 지금은 그들이 세계화를 주도하고 있다. 그러한 과정에서 그들의 시야, 즉 지리적 수평선은 는 국내지향에서 해외지

3) A.D.Chandler.Jr., Strategy and Structure – Chapters in the history of the industrial enterprise, The MIT Press. 1962.

향으로, 현지지향에서 세계지향으로 확대된다. 그 시야의 확대에 따라 기업들은 국내기업에서 국제화된 기업으로, 다국적 기업에서 글로벌 기업으로 진화해왔다. 또한 국제화, 다국적화, 글로벌화된 그들이 국제무역과 해외투자, 글로벌화를 이끌어 왔다.

어떤 기업들이 그러한가? 여러분 주변에 글로벌 커뮤니케이션의 중심언어인 영어로 된 브랜드나 로고를 가진 기업들은 대부분 그러하거나, 그러하기를 바라는 기업들일 것이다.

2.2.3 국제물류환경의 변화

기업들의 활동이 세계화되면서 무역이 확대되고, 무역의 구조가 변화하고 있다. 전 세계가 국제적인 분업활동에 거의 빠짐없이 동참하고 있다.

그런 기업들의 국제적 활동은 국제물류의 수요를 발생시키고 증가시킨다. 대개 국제화에 수반되는 국제물류 기능을 내부화하는 기업은 거의 없다. 그들의 증가한 국제물류 수요는 거대한 국제물류산업을 만들어왔으며, 국제물류의 기술적 발전을 또한 자극해왔다.

1980년대 이후 세계적인 규제완화의 추세와 맞물려 국제물류산업도 민영화의 길을 걸어왔으며, 서비스의 거래는 점점 더 시장을 통해 확장되어왔다. 그러면서 물류산업계 내부에서도 벽이 무너지며 통합적인 국제물류서비스의 공급자들이 속속 등장하고 있다.

반면, 최근 '지속가능성'이 세계적 이슈가 되면서, 국제기구를 중심으로 환경과 안전에 대한 규제는 강화되는 추세를 보이고 있다. 지구적 환경 문제는 향후에도 더욱 강조될 것이 분명해보여, 각별한 주의가 필요하다.

2.2.4 국제물류 관리체제의 변화

세계화, 기업의 국제화, 그리고 국제물류 환경의 변화에 따라 기업의 국제물류체제도 변화하고 있다.

기업의 국제화가 수출 중심에서 직접투자로, 그리고 글로벌 경영으로 진전됨에 따라 국제물류 관리의 중심도 수출입 물류에서 현지물류에 대한 관심의 증대로, 그리고 글로벌 로지스틱스의 관리로 중심을 옮겨가고 있다. 또한 기업들은 사내에 국제물류 관리체제를 구축하기 시작했으며, 진출지역이나 글로벌화의 정도에 따라 다양한 국제물류시스템을 설계, 변경하고 있다.

한편 이러한 관리체제의 구축과 변화로 인해 기업들의 물류파트너도 국내의 물류업자에 더해 현지의 물류업자와의 협력이 중시되고 있으며, 글로벌 기업은 역시 글로벌 물류서비스 공급자와 제휴관계를 강화하고 있다.

2.2.5 글로벌 로지스틱스

글로벌 자동차메이커인 토요타는 2018년 기준으로 해외고용의 비율이 45%, 해외생산비중이 55%, 해외매출비중이 75%를 상회하고 있다. 일본 외에 50개 해외생산거점을 운영하고 있으며, 이들 생산거점에서는 150개국으로부터 부품을 조달받고, 200여개 국가에 생산된 제품을 판매하고 있다.[4)]

여기서 발생하는 거대하고 복잡한 국제물류 업무를 어떻게 조직하고 운영할 것인가? 글로벌한 관점에서 네트워크를 조직하고, 그러한 관점에서 로지스틱스를 펼쳐나갈 수 밖에 없는 것이다. 그것이 글로벌 로지스틱스이다.

이와 관련해 네덜란드, 싱가포르와 같은 지역이 관심을 받고 있다. 네덜란드의 로테르담항과 스키폴공항은 거대한 물류처리능력을 보유해 네덜란드가 아닌 유럽의 유통센터로 주목받고 있는 것이다. 싱가포르 역시 싱가포르항과 창이공항을 중심으로 동남아시아의 지역거점 역할을 수행하고 있다.

2.3 국제물류의 산업조직

전술한 바와 같이, 글로벌 기업들은 스스로 국제물류서비스를 생산하는 것이 아니라 국제물류산업으로부터 관련 서비스를 공급받는다.

국제물류산업은 방대한 국제물류 네트워크를 형성해왔으며, 그것을 통해 서비스를 제공한다. 그러나 하나의 기업이 모든 네트워크를 제공하는 것은 가능하지도, 바람직하지도 않고, 국제물류산업에 속한 기업들이 가진 네트워크가 결합된 형태로 서비스가 제공된다. 즉 각 기업들은 산업 내에서 경쟁하면서도 분업과 협업체제를 구축해왔다.

네트워크는 링크(link, 선)와 노드(node, 결절점)으로 구성된다. 국제물류의 링크는 재화의

4) Toyota Annual Report 2018, https://www.toyota.co.jp/pages/contents/jpn/investors/library/annual/pdf/2018/ar2018_4.pdf

흐름, 즉 운송을 의미하고, 노드는 재화의 멈춤, 즉 보관을 의미한다. 국제물류산업은 크게 링크계와 노드계로 분화되어있다.

링크계는 또한 해운, 항공운송, 철도, 트럭 등 각기 특성이 다른 운송수단별로 분화되어 왔다. 이러한 운송업자들은 수요의 증가에 따라 규모를 확대해왔으며, 단독으로 또는 협업을 통해 네트워크를 운영, 제공한다.

노드계는 항만, 공항, 터미널, 창고 등 운송수단들이 상호 연계를 위해 멈추는 곳에서 서비스를 제공해온 산업군이다. 국제물류의 주요 거점들은 국민경제에 미치는 영향이 커서 정부에서 직접 운영하거나 민간에서 서비스를 제공하더라도 전통적으로 규제가 많은 곳이다.

최근에는 규제의 완화와 더불어, 분화된 서비스를 통합적으로 제공하는 복합운송업자들이 나타나고 있으며, 그들은 기존의 물류업자들이 네트워크 제공에 주력한 것에 비해 시스템 통합자로 기능하고 있다고 볼 수 있다.

2.3.1 해운산업

이처럼 링크계, 노드계, 그리고 운송모드 별로 분화된 국제물류산업 속에서도, 해운산업은 가장 역사가 오래고 규모가 크며, 가장 큰 비중을 차지하고 있다. 전세계 물동량의 70~80%가 선박을 통해 처리되고 있다는 보고가 많다.

해운산업은 또 내부에서 정기선업과 부정기선업으로 분화되어 있다. 부정기선은 화주와의 계약 여부와 조건에 따라 석유, 석탄, 철광석과 같은 원자재의 운송을 담당하며, 상대적으로 경쟁적 시장을 형성하고 있다. 이에 비해 정기선은 컨테이너선처럼 화주와의 계약에 관계없이 시간과 항로를 미리 정하고 운항하는 선대를 의미하고, 주로 중간재와 완제품의 운송을 담당한다. 산업의 특성은 부정기선에 비해 과점적 구조를 이루고 있다.

해상물동량의 증가에 따라 해운산업도 지속적으로 확대되어 왔으며, 가장 성공적인 기업은 수백척의 선대를 운영하며, 메가 캐리어(Mega Carrier)로 불릴 만큼 거대해지기도 했다. 또한 국제물류 환경의 변화에 따라 정기선과 부정기선을 겸하는 해운업자도 나타나고 있으며, 일부 정기선사를 중심으로 육상으로 진출하여 물류업자로 변신하려는 사례도 나타나고 있다.

2.3.2 항공운송산업

항공기는 가장 최근에 나타난 운송수단이고, 빠른 속도를 자랑하는 만큼 비용이 소요되어, 여객의 운송을 주로 담당하고 있다. 다만, 화물의 경우 높은 운임을 지불할 수 있는 것에 한정적으로 활용되고 있다. 그럼에도 그 발전속도는 매우 빠르며, 화물전용기 이외에 여객기에도 대개 화물장치공간이 설치되어 있어 차세대의 국제운송의 주역으로 기대되고 있다.

현대의 국가에 있어서 항공산업은 매우 전략적으로 접근되고 있어서 시장은 기본적으로 매우 폐쇄적이다. 국적항공사(Flag Carrier)와 그들의 집합체인 국제항공운송협회(IATA)의 영향력이 큰 시장이었다. 그럼에도 규제완화의 추이가 매우 급하여 곳곳에서 기존의 폐쇄적인 체제가 무너지고 있다. 최근에는 LCC라 불리는 저비용항공사(Low-Cost Carrier)들의 약진과 항공물류에 기반을 둔 Fedex와 같은 글로벌 인티그레이터(global integrator)의 등장은 이 산업의 미래를 엿볼 수 있게 하는 것들이다.

2.3.3 포워더와 복합운송업

포워더(Freight Forwarder)는 중개인이며 주선인이다. 그들은 실제로 운송서비스를 제공하는 것이 아니라 화주와 운송업자를 연결하는 역할을 담당한다. 그러한 그들이 규제완화와 더불어 국제복합운송업자로 탈바꿈하고 있다. 미국에서부터 운송수단을 보유하지 않은 일부 포워더들을 운송계약 체결의 주체로 인정했기 때문이다.

그들은 화주들과 운송계약을 체결하고, 운송수단을 보유한 실제 운송인들을 엮어내어 운송서비스를 제공한다. 운송수단을 보유하지 않으므로 NVOCC(무선박운송인, Non Vessel Operating Common Carrier)라고 불리며, 정보 외에 자산이 없으므로 최적의 운송경로를 조직하는데 유리할 수 있다. 그들이 복합일관운송을 통해 문전운송(Door to Door) 서비스를 완성해내는 것이다.

그런 이들을 최근에 제3자물류(3PL, 3rd Party Logistics)라고 부르기도 하고, 복합일관운송 서비스를 통해 기존의 링크와 노드, 모드간의 벽을 허물어가고 있는 제3자물류는 물류업계의 혁신으로 받아들여지고도 있다.

2.4 국가의 국제물류정책

이 장의 마지막 초점으로 국가는 국제물류에 대해 어떤 정책을 가져야 하는가를 살펴보자.

크게 국가의 산업정책은 공공인프라의 공급, 시장정책과 지원정책을 꼽을 수 있다.

국내에서 물류의 주요 인프라는 도로와 철도에 집중된다. 국제물류에서는 항만과 공항이 중요한 인프라가 되며, 국가는 적절한 곳에, 적절한 타이밍으로, 적절한 양을 공급해야 한다. 이것은 우리나라 곳곳에서 항만과 공항의 건설에 논란이 있을 만큼 쉽지 않은 과제이기도 하다.

두 번째로 시장정책을 들 수 있다. 시장거래의 자유를 얼마나 허용할 것인가가 주안점이다. 경제개발의 초기 단계에 민간의 역량이 부족할 때나 국가의 정책적 필요에 따라 국제물류와 관련된 서비스는 국가가 직접 제공하기도 했으나 지금은 민영화와 민간의 참여 허용을 통해 시장의 활성화를 꾀하는 것이 기본적인 방향이다. 규제의 완화를 통해 시장진입의 자유를 확대하고 가격설정 등에 대한 제약도 제거해가는 것이 세계적 추세이다.

또한 국제운송은 최소 두 개의 국가 간의 연결이므로, 한 국가 내부의 문제가 아니다. 따라서, 항로의 설정 등 시장 구성에 대한 당사국 간의 협의, 또는 다국간 국제적인 시장질서의 합의가 중요하다.

세 번째, 산업에 대한 지원 역시 쉽지 않은 문제이다. 물류산업은 타 산업에 대한 파급력이 커서 국가의 국제경쟁력과도 직결된다. 그런 측면에서 산업에 대한 지원이 필요하나, 늘 유치산업과 관련된 논란, 자유무역에 대한 상대국과의 충돌을 야기할 수 있다. 다만 팬데믹과 같은 비상시에는 필요에 따라 국가가 시장에 적극 개입하기도 한다.

마지막으로 환경과 안전에 대한 이슈가 있다. 이것은 물류산업의 주요한 외부불경제에 해당하며, 국가는 외부불경제를 감소시키는 노력을 하는 것이 지극히 당연하다. 다만, 국제물류는 국제적인 문제이므로, IMO, ICAO 등 국제물류 관련 국제기구에서 합의된 질서와도 관련이 깊다.

2.4.1 항만

선박이 드나드는 항만은 국제물류와 관련된 국가의 가장 중요한 인프라에 해당한다. 선박의 대형화, 컨테이너화, 복합일관운송의 진전이라는 환경의 변화에 영향을 받아 항만에서는 커다란 변화가 관찰되고 있다.

국제물류의 양적 팽창에 따라 항만개발에 민간이 참여하고 항만운영이 민영화되면서 특히 컨테이너 항만을 중심으로 경쟁이 발생하고 있다. 컨테이너 선사들이 대형화된 선박을 중심항만에 선택적으로 기항시키는 운영방법을 취함에 따라 중심항만의 입지를 강화하려는 항만간 국제적 경쟁도 치열해지고 있다. 항만에 투자하는 민간기업이 투하자본을 확대하고 글로벌하게 투자함에 따라 세계적 항만기업(GTO, Global Terminal Operator)이 등장하고 있는 것도 현대의 항만 문제에 있어서 주요한 이슈 중의 하나이다.

2.4.2 공항

항만과 마찬가지로 공항 역시 국가의 주요 인프라에 해당한다. 저비용 항공사(LCC)의 등장과 더불어 항공교통은 급격히 증가하고 있어 공항시설의 증대는 국가의 주요 과제가 되고 있으며, 국제물류에 있어서도 공항의 중요성은 크게 증가하고 있다.

항만에서와 마찬가지로 중심공항을 둘러싼 공항간 경쟁의 발생, 공항개발과 운영에 민간의 참여 증대, 이로 인한 기업적 운영방식의 도입 등이 공항 문제의 주요 이슈가 되고 있다.

2.4.3 동북아 물류중심국가

우리나라는 국민의 정부 집권 시기(1998~2003)에 네덜란드 모델에 기반하여 동북아 물류중심국가를 국가의 중요한 정책으로 내세운 바 있다. 그 정책에 기반하여 광양항과 부산신항, 인천국제공항이 개발되었다. 그 정책은 아직도 유효한가?

국제물류산업의 발전이 아직 국민경제의 발전과 국제경쟁력에 직결된다면 유효할 수 있겠다. 다만 지금까지는 물리적 산업인프라의 개발에 경도된 경향이 없지 않다. 부산항과 인천국제공항의 경쟁력은 향상되었으나, 우리나라 국제물류산업의 국제경쟁력에는 아직 의문이 많다. 한진해운은 파산했고, 대한항공은 혼란스러우며, 미국의 UPS, FEDEX, 독일의 DHL과 같은 기업은 아직 자라나고 있지 않다.

무엇이 문제일까?

생각해봅시다

이번 장에서 우리는 국제물류를 바라보는 세 가지 접근법에 관해 이야기했다. 기업의 국제물류관리, 국제물류산업의 조직, 국가의 국제물류정책이 그것이다. 그것들이 본서를 통해 이해를 심화해 나갈 주제들이기도 하다.

이 장과 관련해서 세 가지 토의과제가 있다. 모두 함께 생각해보자.

1. 국내에서만 활동하던 제조업자가 국제화를 개시할 때 물류 측면에서 핵심적 이슈는 어떤 것들일까?

2. 국내에서만 활동하던 물류업자가 해외진출을 노릴 때 어떤 방법들이 있을까?

3. 우리나라의 동북아 물류중심지화 전략은 아직 유효한가?

참고문헌

국토교통부, 「교통부문수송실적보고」, 2011~2020.

한국교통연구원(2023), 「2022년 국가 교통정책 평가지표 조사사업」, 제4권 국가물류비(2020).

宮下国生, [日本の国際物流システム]､千倉書房､1994.

A.D.Chandler.Jr., Strategy and Structure – Chapters in the history of the industrial enterprise, The MIT Press. 1962.

Toyota Motor co., (https://www.toyota.co.jp/)

3

무역과 국제물류

3.1 무역과 세계 경제

제2장에서 기술한 바와 같이 유통을 상류와 물류로 나누어 볼 수 있듯 무역은 국제거래와 국제물류로 나누어 생각해볼 수 있다. 따라서 제3장에서는 무역과 국제물류에 대하여 그 현황을 파악하고 국제물류의 실체에 접근해보고자 한다.

제3장의 핵심 내용은 국제물류의 실체에 대한 접근이며, 무역과 세계 경제, 무역과 국제물류, 무역구조의 변화, 재화별 무역의 특성, Global Value Chain, 국제물류시장으로 구성한다.

[도표 3－1]은 최근 10여 년간 세계 무역의 추이를 증감률로 보여주고 있다. 일반적으로 전년 대비 증가가 많지만, 종종 다음과 같은 큰 변화가 발생하곤 한다. 2008~2009년이 첫 번째이고, 최근의 2020~2021년이 두 번째 사례이다. 무슨 일이 있었던 것인가? 전자는 미국발 금융위기의 결과이고, 후자는 COVID－19의 영향이다. 그러한 위기 상황으로 무역은 큰 쇼크를 받지만, 최근에 발생한 2차례 위기는 1년 만에 큰 반등을 보이고 있다.

[도표 3-1] 상품 및 상업 서비스의 분기별 세계 무역 변화 (2008~2021)

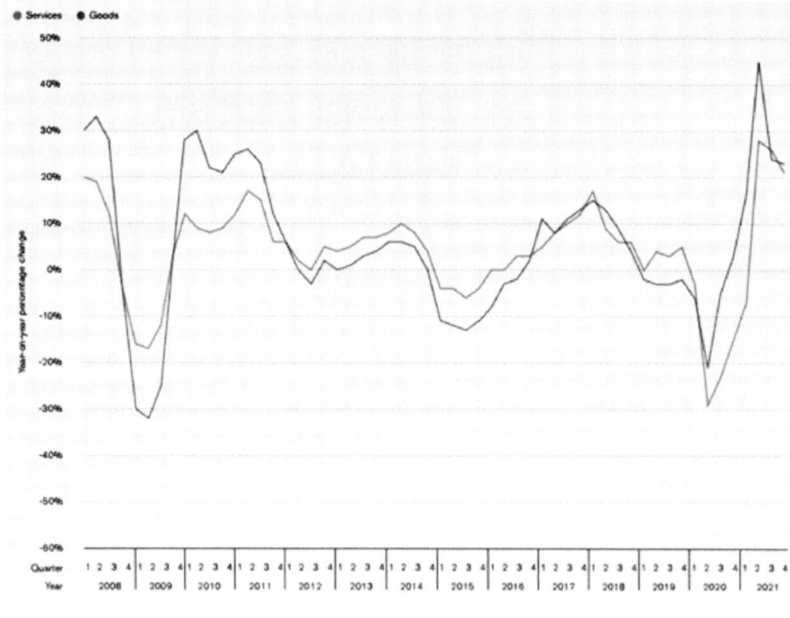

출처 : World Trade Statistical Review 2022, WTO.

3.1.1 World Trade 2017~2021

[도표 3-2]는 2017~2021의 5년간의 무역 추세를 상품(Goods) 무역과 서비스(Commercial service) 무역으로 나누어 보여주고 있다. 2018년 약 25조 달러로 역대 최대의 무역을 실현했는데, 특히 감염병의 영향으로 2020년 큰 폭의 감소가 있어 22조 달러대를 기록했다. 그것이 2021년 27.5조 달러로 급증했다. 상품무역은 그 가운데 21.6조 달러로 전체 무역의 약 80%를 점하고 있다.

다만, 코로나 쇼크 이전까지의 장기추세로는 서비스 무역의 증가가 상품무역의 증가를 앞질러 2019년에는 전체 무역의 약 25% 정도가 서비스 부문이었다. 즉, 코로나 쇼크가 무역의 구조에 영향을 주고 있다.

[도표 3-2] 최근 상품 및 서비스의 무역 현황

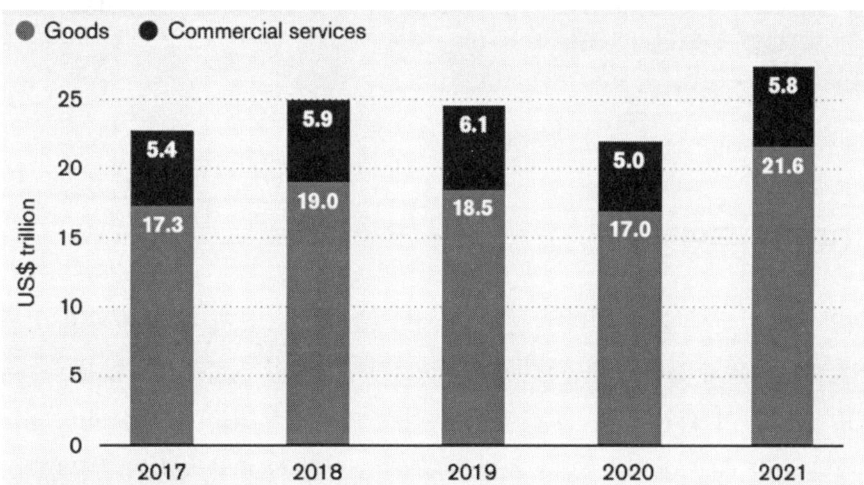

주: Average of exports and imports.
출처 : World Trade Statistical Review 2022, WTO.

3.1.2 상품무역의 변동성

[도표 3-3]에서는 최근 5년간의 상품무역의 변동을 농산품(agriculture), 광산품(Fuel and mining), 제조품(manufactured goods)의 세 가지로 나누어 보여주고 있다. 전체적으로 총 상품무역의 2/3는 제조품이지만, 농업과 광업 등 1차산품도 1/3을 차지하고 있는 점, 연료와

광물 부문의 변동성이 큰 점을 주목할 만하다. 이것은 주로 석유로 대표되는 연료의 가격변동성에 기인한다.

[도표 3-3] 세계 주요 상품무역 현황

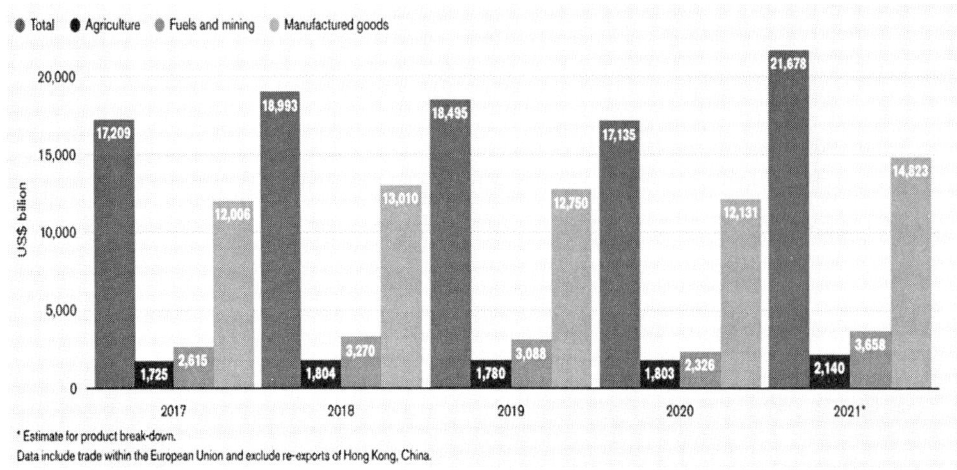

출처 : World Trade Statistical Review 2022, WTO.

3.1.3 GDP와 무역량

무역의 추이는 금액 기준 이외에 물량면에서도 확인할 수 있고, 이 또한 의미가 있다. 금액 기준에 비해 무역의 물량은 변동성이 덜하다. 가격의 영향이 직접적이지 않기 때문이다.

[도표 3-4]에서 확인할 수 있는 것처럼, 물량 기준으로 최근 13년간(2010~2022)의 추이를 세계의 실질 GDP와 함께 놓고 보면, 최근에는 실질 GDP의 변화와 무역량의 변화가 이 기간 동안 거의 일치하는 수준에 도달했다고 볼 수 있다.

과거에는 어떠했을까? 장기적으로 보면 2차대전 후 무역의 증가가 세계 경제를 이끌어 왔다고 볼 수 있으나, 그 추세가 최근에는 크게 둔화되었다. 즉, 무역이 세계 경제를 이끄는 힘이 많이 약화된 것이다. 그럼에도 불구하고 무역량 자체는 향후에도 연간 2~3%대의 안정적 성장을 지속할 것으로 WTO는 관측하고 있다.

[도표 3-4] 세계 상품 무역량과 실질 GDP 성장률

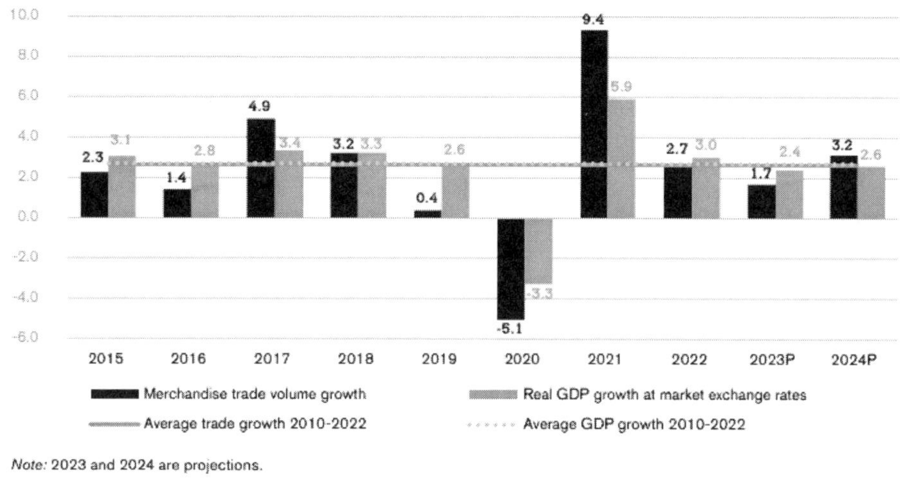

출처 : https://www.wto.org/english/res_e/booksp_e/trade_outlook23_e.pdf

3.2 세계 무역의 지리적 패턴

3.2.1 왜 무역을 하는가?

상품과 서비스를 포함하여 모든 재화는 가치를 가진다. 바꿔 말하면, 가치를 가진 모든 상품과 서비스를 재화(goods)라고 한다. 가치를 얼마나 가지고 있느냐에 대해서는 여러 가지 의견들이 있다. 어떤 이는 생산가치를 말하고 어떤 이는 사용가치, 교환가치를 말하기도 한다. 가치에 대한 여러 이론들이 있음에도 불구하고 시장경제 체제에서는 시장에서 거래되는 '가격'으로 수렴되는 경향이 있다.

국제적 거래인 무역에서는 재화의 '장소적' 가치라는 개념이 중요하다. 그 재화가 놓여 있는 장소에 따라 가치가 달라진다는 것이다. 장소에 따라 가치가 다른 것은 재화의 생산비용이 장소에 따라 다르기 때문이고, 국제경제학의 요소부존론과 같은 무역이론은 기본적으로 생산비용이나 가치가 왜 달라지는가를 설명하는 것이다.

재화가 생산지에서 소비지로 이동하는 것은 생산지에서의 가치보다 소비지에서의 가치가 높기 때문이다. 국경이라는 장벽이 존재하는 국제적 거래에서는 장소적 가치의 격차가 매우 명확히 드러난다. 재화는 가치가 낮은 곳, 즉 수출국에서 가치가 높은 곳, 즉 수입국으로 이동한다. 그런 면에서 기본적으로 무역이란 재화의 내외가격차에 의한 재정거래적 성격을 가진다고 볼 수 있다.

물론, 현대의 무역이론들은 더욱 복잡한 무역 현상들을 다루고 있다. 국제분업과 공정간 무역, 산업내 무역론 등이 그런 것들이다. 그러나 그러한 이론들도 상품 뿐 아니라 서비스에 대한 국가간의 요소부존과 생산비의 격차, 그리고 희소한 브랜드에 대한 사회심리적 가치의 차이로 설명할 수 있는 부분이 크다.

3.2.2 세계 무역지도

2018년 기준 연간 4000억달러 이상의 상품수출 국가는 15개국 정도이다. [도표 3-5]에서 붉은 톤으로 표시된 국가들이 주요 무역국가이며, 지리적으로 유럽, 북미, 동아시아지역이 세계 무역의 3대 축을 이루고 있음을 확인할 수 있다.

[도표 3-5] 세계무역지도

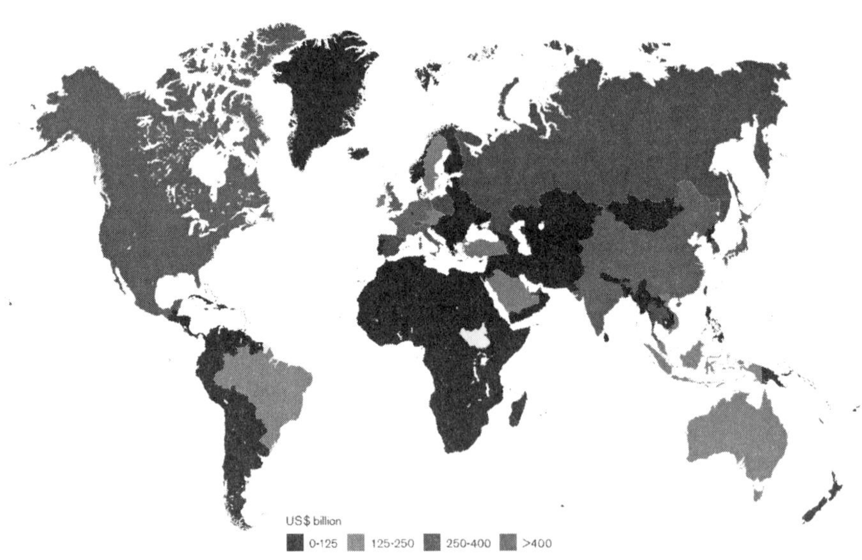

출처 : World Trade Statistical Review 2019, WTO.

진한 파란색 톤으로 표현된 국가들은 무역이 활발하지 못한 곳이다. 아프리카, 남미, 중앙아시아, 동유럽지역 등이 포함되어있다. 이 지역은 세계 경제에서 앞으로도 계속 소외될 것인가? 아닐 것이다. 이 지역들은 향후를 주목할 필요가 있다. 미래에 성장의 주역으로 떠오를 지역들일 가능성이 높기 때문이다.

3.2.3 무역국가와 품목의 변화

[도표 3-6]은 2008년과 2018년 세계 20위까지의 무역국가들의 변화를 보여주고 있다. 무엇이 어떻게 변화했는지 살펴보자.

첫 번째는 1개의 국가 이외에 19개국의 변화가 없다는 것이다. 두 번째는 20개국 내에서 순위의 변화는 많다는 것이고, 세 번째는 중국, 홍콩, 인도, 싱가폴 등 아시아 국가들의 약진이 눈에 띈다는 것이다.

[도표 3-6] 2010년대 무역의 주요 변화

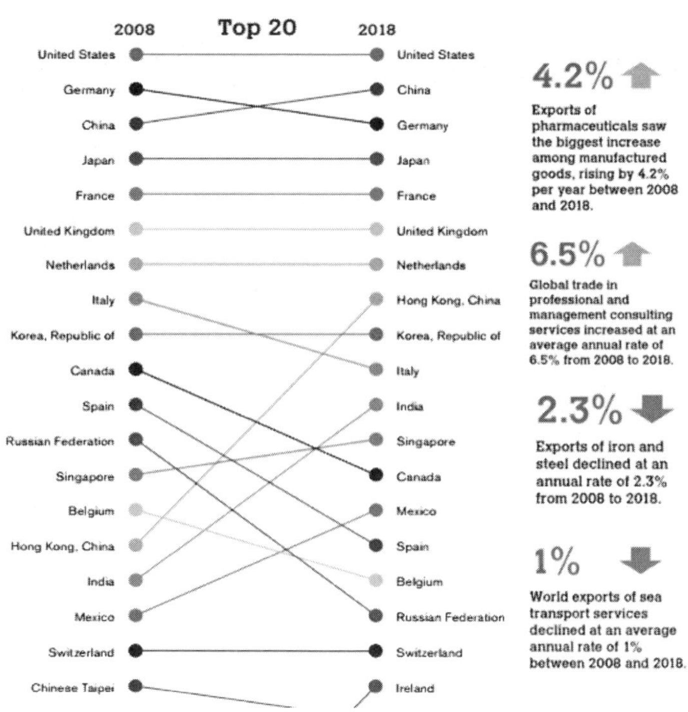

출처 : World Trade Statistical Review 2019, WTO.

즉, 최근 10년간 세계무역의 중심세력이 변화하고 있음을 알 수 있다. 우리나라는 9번째 지위를 유지하고 있다.

품목별로는 의약품과 컨설팅 서비스 교역이 증가했고, 철강과 해운서비스 교역이 감소했다. 단, 물량 기준이 아닌 금액 기준임에 주의할 필요가 있다.

3.2.4 주요 수출국과 수입국

[도표 3-7]에서는 2021년 기준 세계20위 무역국가의 무역액과 세계시장 점유율을 보여주고 있다.

중국은 약 3.4조 달러를 수출하고 2.7조 달러를 수입하여 수출에서 15%, 수입에서 12%의 점유율을 가진 세계 최대의 무역국가임을 알 수 있다. 미국은 수출에서 약 8%, 수입에서는 13%의 점유율을 가진다. 두 국가를 합하면 수출입에서 모두 세계 무역의 1/4 정도를 차

[도표 3-7] 2021년 세계 상품무역의 주요 수출입국 (단위 : 십억$ 및 %)

Rank	Exporters	Value	Share	Annual percentage change	Rank	Importers	Value	Share	Annual percentage change
1	China	3364	15.1	30	1	United States of America	2935	13.0	22
2	United States of America	1754	7.9	23	2	China	2689	11.9	30
3	Germany	1632	7.3	18	3	Germany	1420	6.3	21
4	Netherlands	837	3.7	24	4	Japan	769	3.4	21
5	Japan	756	3.4	18	5	Netherlands	758	3.4	27
6	Hong Kong, China	670	3.0	22	6	France	714	3.2	23
	Domestic exports	20	0.1	-43					
	Re-exports	650	2.9	27					
7	Korea, Republic of	644	2.9	26	7	Hong Kong, China	712	3.2	25
						Retained imports (1)	160	0.7	20
8	Italy	610	2.7	22	8	United Kingdom	694	3.1	9
9	France	585	2.6	20	9	Korea, Republic of	615	2.7	32
10	Belgium	545	2.4	29	10	India	573	2.5	54
11	Canada	508	2.3	30	11	Italy	558	2.5	31
12	Mexico	495	2.2	19	12	Mexico	522	2.3	33
13	Russian Federation	494	2.2	48	13	Belgium	510	2.3	28
14	United Kingdom	468	2.1	17	14	Canada	504	2.2	20
15	Singapore	457	2.0	26	15	Spain	418	1.9	28
	Domestic exports	208	0.9	31					
	Re-exports	250	1.1	22					
16	Chinese Taipei	448	2.0	29	16	Singapore	406	1.8	23
						Retained imports (1)	157	0.7	25
17	United Arab Emirates	425	1.9	27	17	Chinese Taipei	382	1.7	33
18	India	395	1.8	43	18	United Arab Emirates	348	1.5	41
19	Spain	383	1.7	24	19	Poland	338	1.5	29
20	Switzerland	380	1.7	19	20	Viet Nam	332	1.5	26

출처 : World Trade Statistical Review 2022, WTO.

지하는 압도적 2강이라 볼 수 있다.

다만 중국은 무역수지 측면에서 약 7천억 달러에 달하는 흑자를 기록한 반면, 미국은 1조2천억$에 달하는 거액의 적자를 계상하고 있다. 이로써 중–미 간의 무역갈등을 간략히나마 이해할 수 있을 것이다.

그 다음으로는 독일, 네덜란드, 일본의 존재감이 상당하다는 것도 알 수 있다. 특히 EU를 주도하는 독일은 중국과 미국 다음가는 무역강국이며, 경제규모가 작은 네덜란드의 사례는 시사점이 크다 할 것이다.

우리나라는 2021년 수출에서 6440억$, 수입에서 6150억$, 합계 1.25조$ 규모로 사상 최대의 수출입을 기록했다. 전 세계 무역에서 차지하는 비중도 2.8%로 우리나라 경제규모에 비해 매우 크고, 무역흑자의 규모도 3백억$ 규모에 달한다. 그것이 2022년에는 수입이 크게 늘어 무역규모는 증가했지만 무역수지가 대규모 적자로 전환되었기 때문에 걱정거리가 아닐 수 없다.

3.3 무역구조의 변화

3.3.1 구조 변화의 개요

전 세계 무역은 2000년대 들어 크게 확대되었고, 또한 무역구조에 변화의 양상이 뚜렷해지고 있다.[1)]

첫째, 동서, 남북교역이 다극 다축화하고 있다. 지금까지의 무역은 북반구의 온대지역에서 동서방향이 중심이 되어 왔다. 즉, 유럽, 북미, 동아시아지역 간의 무역이 그것이다. 그것을 바탕으로 유럽–아프리카, 북미–중남미, 아시아–오세아니아를 잇는 남북교역이 보조적 역할을 해왔는데, 그것이 이 6개의 지역간, 또 소외되어왔던 지역들이 참여하며 다극 다축으로 확장되었다.

둘째, 지역간 교역 중심에서 지역내 교역이 활성화되면서 역간역내 병합현상이 일어나고 있다. 유럽에서는 동유럽 지역이 EU로 속속 들어오고, NAFTA로 멕시코가 성장하는 것처럼, 싱가폴과 말레이시아의 발전에 자극을 받아 동남아시아의 대국들이 잠에서 깨어나기

1) 하영석, 국제물류 개정4판, 도서출판 두남, 2015., 44~47쪽 참조.

시작했다.

셋째, 그래서 특정국가, 특정지역에 대한 투자가 인근지역으로 확산되고 있다. 그러면서 더 많은 국가, 지역들이 국제분업체계에 참여하고, 완제품 교역이 부품과 반제품 교역으로 확산되고 있다.

넷째, 국내생산, 해외판매를 주요 패턴으로 삼던 국제화된 기업들이 해외생산, 해외판매로 생산과 판매의 지리적 패턴을 전환하고있고, 이로 말미암아 글로벌화의 양상이 더욱 복잡해지고 있다.

마지막으로, 국제무역의 질서 측면에서는 WTO로 대표되는 다자주의가 쇠퇴하고, FTA 등 양자주의, 또는 지역내 무역협정을 의미하는 RTA의 지역주의가 확산되고 있다.

3.3.2 무역 참여지역의 확대

[도표 3-8]에서 1995년 전세계 무역의 80%를 점하던 선진국(Developed economies)들의 비중이 2014년 50%대까지 감소했음을 확인할 수 있다. 그동안 개발도상국(Developping economies)의 참여가 현저하게 늘었으며, 그 중에서도 아시아지역의 비중이 크게 확대되어왔다. 최근의 데이터가 아닌 점은 양해를 구하나 추세의 이해에는 부족함이 없으리라 본다.[2)]

2) 2018년에는 선진국의 비중이 수출에서 53.2%, 수입에서는 56.6%로 합계 55%로 나타났다. 개도국의 비중은 수출 43.5%, 수입 41.1%였고, 이 가운데 아시아 개도국은 수출 28.4%, 수입 27.1%로 나타나 2014년에 비해 큰 변화가 있다고 보기는 어렵다. WTO, World Trade Statistics Review 2019, p.57. 2020년 이후 WTO에서는 선진국과 개도국으로 나누어 분석하고 있지 않다.

[도표 3-8] 선진국과 개도국의 무역비중 변화

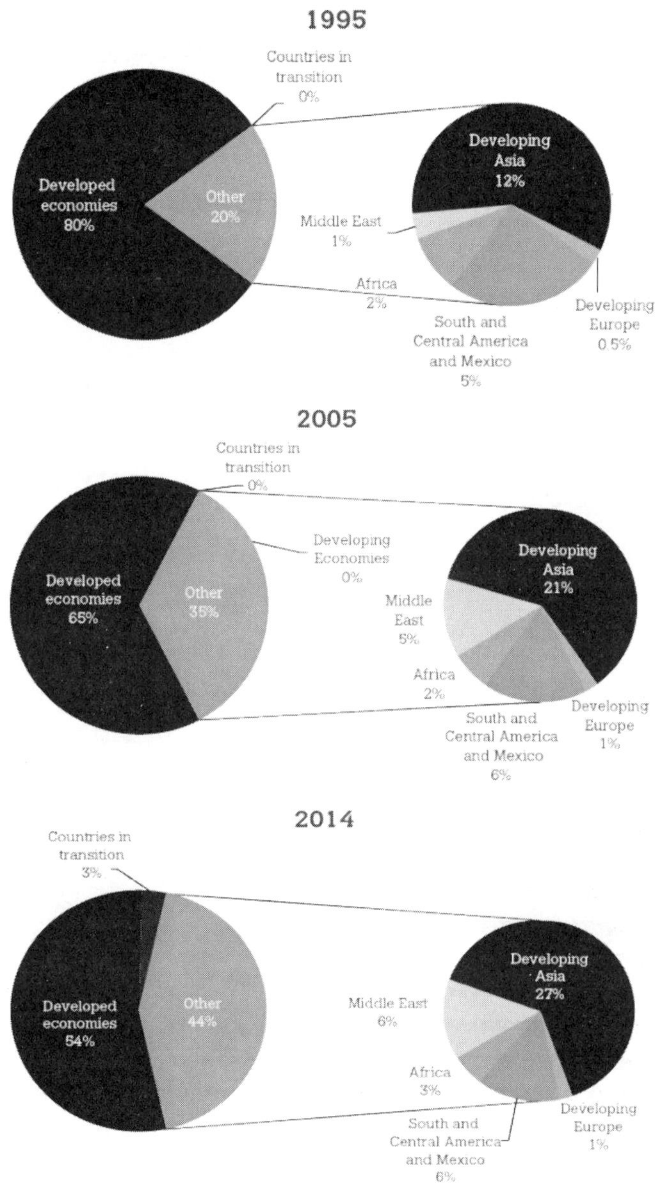

출처 : WTO, International Trade Statistics 2015, p.35.

3.3.3 BRICS와 NICs4, LDCs

국제무역에 가장 먼저 참여한 유럽, 미국, 그리고 일본 다음으로 1960년대부터 주목받은 곳이 NICs 4(Newly Industrialized Countries), 즉 우리나라, 대만, 홍콩, 싱가폴 등 아시아의 4마리 호랑이였다. 그 4마리 호랑이는 맹수라고 부르기엔 사실 덩치가 조금 작은 편이다.

지금 주목받고 있는 곳은 BRICS다. 브라질, 러시아, 인도, 중국, 남아공화국의 머릿글자이고, 2000년대에 들어서 눈부신 성장을 달성했다. 세계 경제의 미래를 책임질 만큼 덩치도 충분하다. 그 외의 개도국, LDCs(저개발국, Least – Developed Countries)에도 주목하자. 우리의 미래가 거기에 있을 수 있다.

[도표 3-9] BRICS, NICs4 및 LDCs의 무역 확대

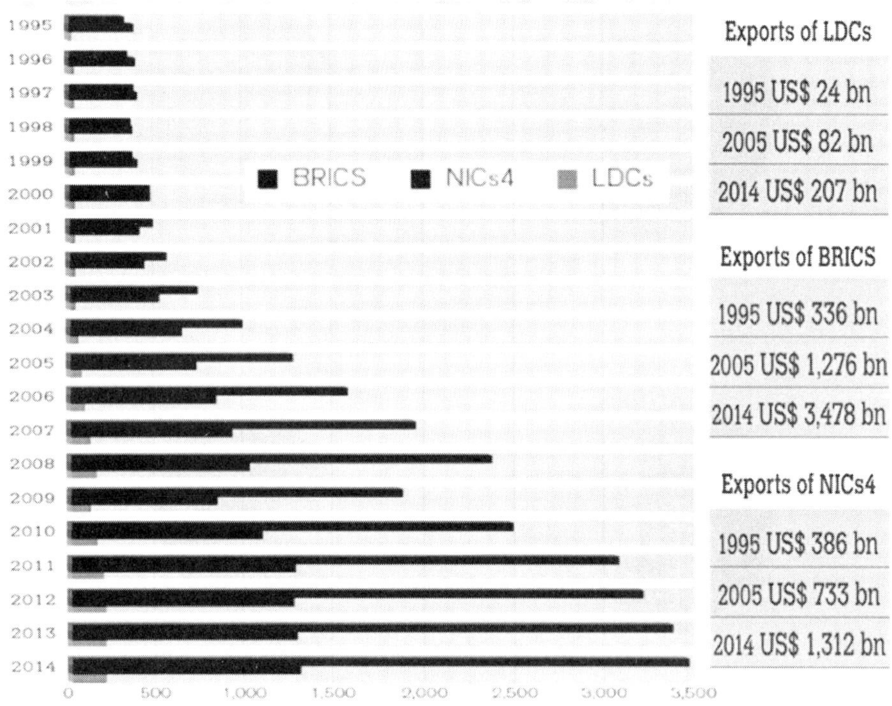

출처 : WTO, International Trade Statistics 2015, p.28.

3.3.4 지역내 무역

지역내 무역의 비중에도 주목하자. 유럽, 동아시아, 북미지역은 세계 경제의 3대 축이고, 무역에서도 절대적인 비중을 차지하고 있다. 그러나 우리가 3대 지역에만 매몰되어 무역을 지역 간의 것으로 생각하는 것은 오해다.

WTO에 따르면, 2014년 지역내 무역은 9.5조$를 상회하여, 같은 해 지역간 무역을 상회했다. 세계 최대의 무역은 유럽의 역내무역으로 전세계 무역의 1/4 이상이 유럽 역내에서 발생한다. 유럽 무역의 지역 내 비중은 무려 68.5%에 달한다.

[도표 3-10] 세계무역의 지역간, 지역내 흐름(단위 : 십억$ 및 %)

Origin	Destination							
	북미	중남미	유럽	CIS	아프리카	중동	아시아	세계
Value								
World	**3195**	**744**	**6792**	**512**	**639**	**780**	**5485**	**18494**
North America	1251	214	379	17	43	79	504	2493
South and Central America	173	179	114	9	18	17	170	695
Europe	540	119	4665	218	221	229	738	6810
Commonwealth of Independent States (CIS)	28	7	385	131	16	22	134	735
Africa	39	29	201	2	98	18	152	555
Middle East	99	11	148	7	36	113	694	1288
Asia	1065	185	900	127	207	302	3093	5917
Share of regional trade flows in each region's total merchandise exports								
World	**17.3**	**4.0**	**36.7**	**2.8**	**3.5**	**4.2**	**29.7**	**100.0**
North America	50.2	8.6	15.2	0.7	1.7	3.2	20.2	100.0
South and Central America	24.8	25.8	16.4	1.4	2.5	2.4	24.5	100.0
Europe	7.9	1.7	68.5	3.2	3.3	3.4	10.8	100.0
Commonwealth of Independent States (CIS)	3.9	0.9	52.4	17.8	2.1	3.1	18.2	100.0
Africa	7.0	5.1	36.2	0.4	17.7	3.3	27.3	100.0
Middle East	7.7	0.8	11.5	0.5	2.8	8.8	53.9	100.0
Asia	18.0	3.1	15.2	2.1	3.5	5.1	52.3	100.0

출처 : WTO, International Trade Statistics 2015, p.41.

또한 아시아 국가들의 최대 무역상대국은 같은 아시아지역 국가들이다. 아시아지역 총 수출의 절반 이상은 같은 아시아지역을 대상으로 하고, 이 현상은 북미지역에서도 마찬가지다. 그러나 다른 지역에서는 역내무역의 비중이 현저하게 낮아지는 현상도 있음에 주목하자.

3.3.5 FTA와 RTA

제2차 세계대전 이후 세계 무역질서를 대표하던 GATT(관세 및 무역에 관한 일반협정, General Agreement on Tariffs and Trade)를 대체하여 1995년 창설된 WTO(세계무역기구, World Trade Organization)는 GATT와 마찬가지로 다자간 무역협정이다. 그런 이유로 WTO가 설립되고 상당한 시간이 지났지만, 도하 개발 어젠다(Doha Development Agenda) 등에 진전이 없는 상황이다. 이에 따라 자유무역을 추진하는 국가들은 양자간 FTA(자유무역협정, Free Trade Agreement), 지역내 RTA(지역무역협정, Regional Trade Agreement)를 통해 무역협상의 돌파구를 찾고 있다.

아이러니하게도 WTO가 출범한 1990년대부터 급증한 FTA 등의 지역무역협정은 2021년 총누적 건수가 570여건에 달하고 있다. 우리나라도 2004년 칠레와의 FTA협정 발효를 시작으로 2022년까지 58개국과 20건의 무역협정을 비준했으며, 또한 10여개국, 지역과 협상을 추진하고 있다.[3]

무역을 실행하는 국제물류의 비용을 생각해보면, 지리적으로 인접한 국가간의 무역이 더 용이할 것이고, 그렇기 때문에 세계의 각 지역에서는 지역내 무역협정이 빈번히 결성된다. WTO에 따르면 NATFA, EU, ASEAN, MERCOSUR(남미공동시장), SADC(남아프리카개발공동체) 등 5대 RTA의 무역규모가 2012년 이미 전세계 무역액의 36%를 점하고 있었다.[4]

이러한 FTA와 보다 광역적인 RTA는 세계경제의 블록화를 야기하기도 한다. 1967년 유럽공동체(EC)로 출발하여 1993년 유럽연합(EU)으로 확대된 유럽의 사례에 기반하여, 각 대륙별로 많은 국가들이 메가 FTA 교섭을 통해 경제공동체의 설립을 지향하고 있다. 1994년부터 발효된 북아메리카의 NAFTA, 이미 50여년의 역사를 가진 동남아시아의 ASEAN 등이 이미 성공적으로 기능하고 있는 것으로 평가받고 있다.

3) 산업통상자원부 FTA통상교섭실, https://fta.go.kr/main/
4) WTO, *Inernational Trade Statistics 2013*. pp12~13.

[도표 3-11] TPP, RCEP, IPEF

출처 : 연합뉴스(https://www.yna.co.kr/view/GYH20220523000800044)

가장 최근의 사례로는 미국과 중국의 국제정치, 경제적 각축장이 되고 있는 인도–태평양 지역의 TPP(환태평양 경제동반자협정, Trans Pacific Partnership), RCEP(역내 포괄적 경제동반자협정, Regional Comprehensive Economic Partnership), IPEF(인도–태평양 경제프레임워크, Indian–Pacific Economic Framework)를 꼽을 수 있을 것이다.

두 초강대국 사이에서 줄타기를 강요당하고 있는 우리나라의 입장에서, 이와 같은 메가 RTA 협상은 국가의 명운이 달린 경제외교의 시금석이 아닐 수 없다.

3.4 품목별 무역의 특성과 Global Value Chain

이 절에서는 주요 교역품목 별로 무역의 특성을 확인해보자. 중간재의 교역을 중심으로 Global Value Chain과 Global Supply Chain의 개념을 이해하는 것이 중요하다.

3.4.1 품목별 구성[5)]

2017년 19조 달러에 달하는 상품무역에서 농산품(agriculture)은 약 10%, 연료 및 광산물(fuels and mining)은 약 15%였고, 제조품(manufactured)이 총 상품무역의 70%를 점했다. 매년의 가격변동, 환율 등에 영향을 받지만, 그 이후에도 이러한 구성에 큰 변화는 보이지 않는다. 제조품 중에서는 화학제품(chemicals), 사무통신기기(office and telecom equipment), 자동차(automotives)가 각각 총 상품무역의 10% 내외에 달하는 주요 상품이다.

[도표 3-12] 상품무역의 품목별 구성

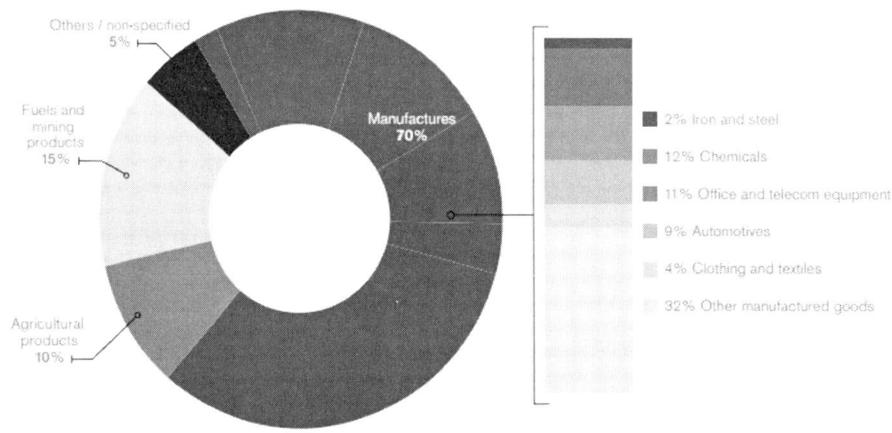

출처 : World Trade Statistical Review 2018, WTO, p.42.

농산품은 교역금액을 기준으로 약 30%가 원자재의 형태로, 약 70%가 가공된 반제품, 또는 완제품의 형태로 교역되고 있다. 이러한 농산품은 유럽 내에서 전세계 무역의 약 절반이 교역되고 있으며, 이외에 미국, 캐나다 등 북미, 브라질, 아르헨티나 등 남미, 호주와 동남아, 그리고 중국, 인도 등 농경지가 많은 곳에서 주로 수출되고 있다. 주요 수입국은 EU 외에 중국, 미국, 일본, 등이다.

5) WTO, World Trade Statistics Review 2018, pp.42~47, 135~142. 참조.

[도표 3-13] 농산품의 주요 수출국

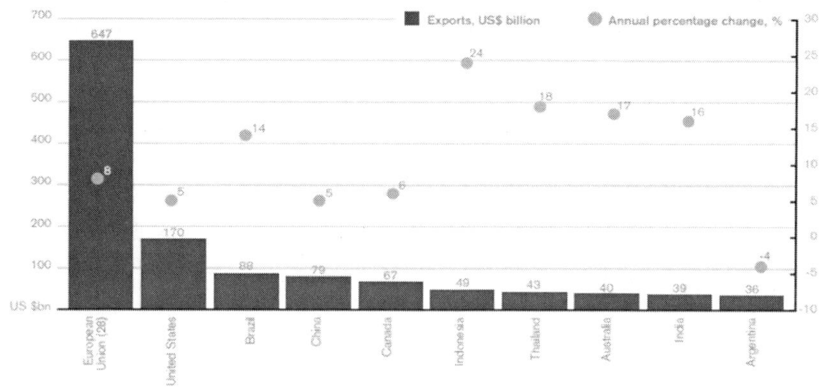

출처 : World Trade Statistical Review 2018, WTO, p.43.

[도표 3-14] 연료와 광산품의 주요 수출국

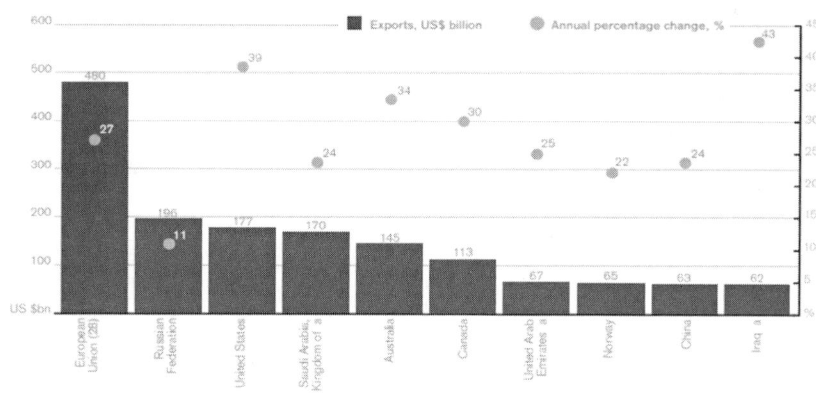

출처 : World Trade Statistical Review 2018, WTO, p.43.

연료와 광산품은 석유, 석탄, 철광석, 천연가스 등 필수적 에너지원과 산업의 원자재로 구성되며, 가치 기준으로는 15%지만, 양적으로 보면 전세계 교역의 절반이 훌쩍 넘는다. 유럽 내에서의 교역이 가장 크며, 러시아, 미국, 호주, 캐나다 등 자원부국 이외에 중동의 산유국들이 주요 수출국을 구성하고 있다. 주요 수입국은 EU 외에 중국, 미국, 일본, 인도, 한국 등이다.

제조품은 최대의 교역재이다. EU와 중국, 미국이 최대의 수출국이고, 제조강국인 일본 외에, 한국, 대만, 홍콩, 싱가포르 등 NICs와 ASEAN 지역에서 주로 수출되고 있다. 주요 수입국 역시 EU, 미국, 중국, 일본 등이어서 제조품의 교역에는 비중이 바뀔 뿐 산업화된 지역에서 상호간에 교역이 왕성하게 발생하는 경향이 강하다.

화학제품 교역에서는 EU의 존재감이 압도적이고, 미국, 중국, 스위스가 뒤따르고 있다. 사무통신기기에서는 EU보다 중국의 비중의 크고, 홍콩, 한국, 싱가포르, 대만 등 NICs가 주로 활약하는 분야라 할 수 있다. 자동차 분야에서는 EU의 경쟁력이 압도적으로 보이며, 일본, 미국, 한국, 멕시코 등이 주요 수출국의 지위를 확보하고 있다.

[도표 3-15] 제조품의 주요 수출국

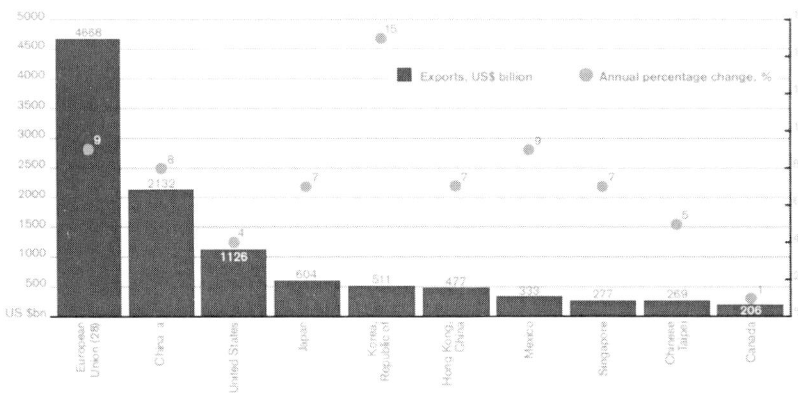

출처 : World Trade Statistical Review 2018, WTO, p.45.

3.4.2 중간재의 교역

중간재(intermediate goods)는 완제품을 만드는데 필요한 부분품과 반제품을 의미한다. WTO에 따르면, 중간재의 교역은 2000년대 이후 원자재를 제외한 전 상품무역의 50%를 넘어 추이하고 있음을 확인할 수 있다. 중간재 교역은 완제품과 부분품의 생산국가가 서로 다름을 의미하고, 국가간 국제적인 분업체제가 형성되어 왔음을 시사한다.

[도표 3-16] 중간재 교역의 확대

World non-fuel exports of intermediate goods, 2000–2011	Share of intermediate goods in world non-fuel exports (%)
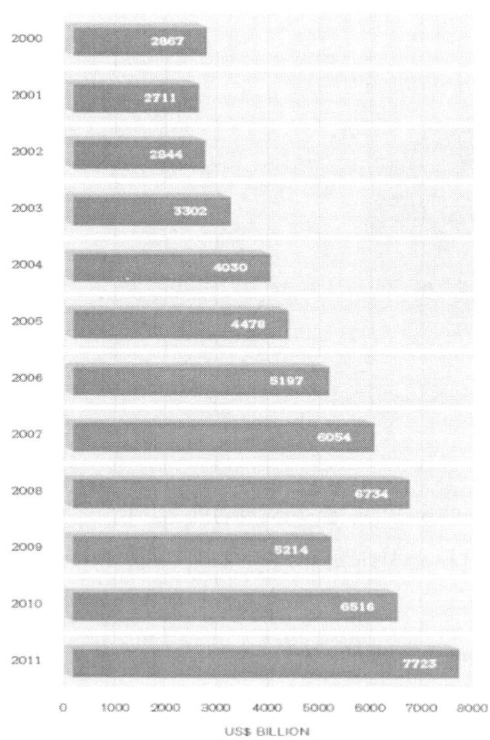	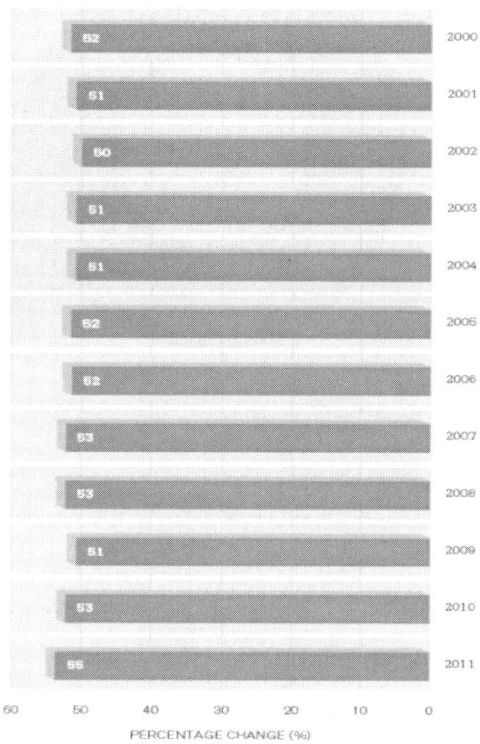

출처 : WTO, International Trade Statistics 2013, pp.182~183.

3.4.3 Global Value Chain

가. 화학제품의 사례

국제적 분업체제를 화학제품의 예를 들어 살펴보자. 화학산업은 플라스틱, 합성고무 등의 기초화학제품, 비료 등의 농화학제품, 제약 및 화장품, 합성섬유 등으로 구성되며, 국제적 경쟁이 치열하다. WTO에 따르면, 화학제품에서 부가가치의 60% 이상이 상류산업의 공급자에게서 발생한다. 그 공급자들은 원재료 공급자 이외에도 연구개발, 유통 및 물류 등의 서비스산업, 타 제조업 부문으로 구성된다. 그런 공급자들이 해외에 존재한다면 세계적 가치사슬(GVC, Global Value Chain)이 형성되었다고 할 수 있다.

[도표 3-17] 화학제품 분야의 가치사슬

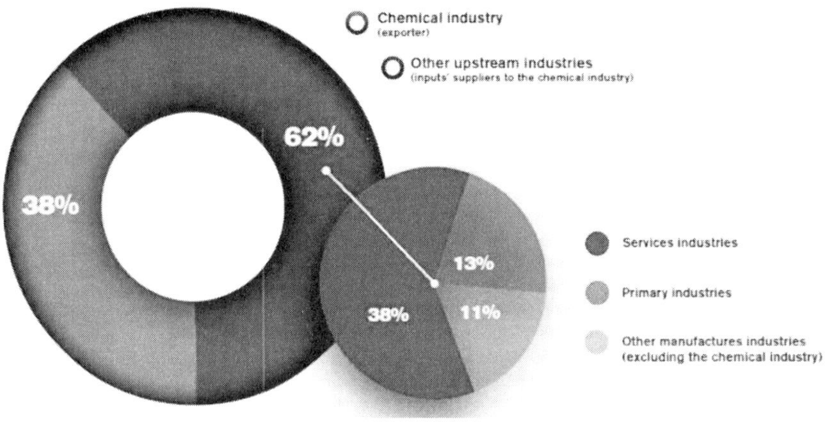

출처 : World Trade Statistical Review 2016, WTO, p.39.

OECD와 WTO의 조사에 따르면 우리나라는 2011년 수출 화학제품에 있어서 외국에서 발생하는 부가가치 비율이 세계적으로 가장 높았다. 조사대상국 가운데 외국 부가가치 비율이 50%를 넘는 유일한 국가였다. 이것은 우리 한국경제의 GVC 의존도가 매우 높다는 것으로 우리 경제의 개방성을 엿볼 수 있다. 다만, 2019년 일본과의 반도체 분쟁에서도 나타난 바와 같이, 우리 경제의 외부 요인에 의한 취약성도 동시에 지적할 수 있겠다.

[도표 3-18] 화학제품 수출에서 부가가치의 국내외별 발생비율(2011, %)

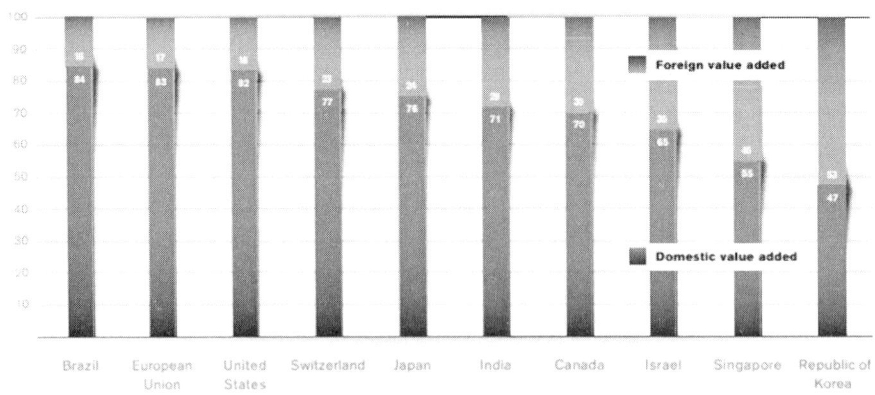

출처 : World Trade Statistical Review 2016, WTO, p.40.

나. 유럽 자동차 산업의 사례

유럽산 자동차의 부가가치의 10% 정도는 미국과 중국에 소재한 여러 제조, 서비스 기업들의 도움으로 구성된다. 최근의 추이를 보면 미국보다 중국의 영향력이 확실히 증가하고 있음을 확인할 수 있다.

[도표 3-19] EU 자동차 산업에서 미국과 중국의 기여(2000~2014, %)

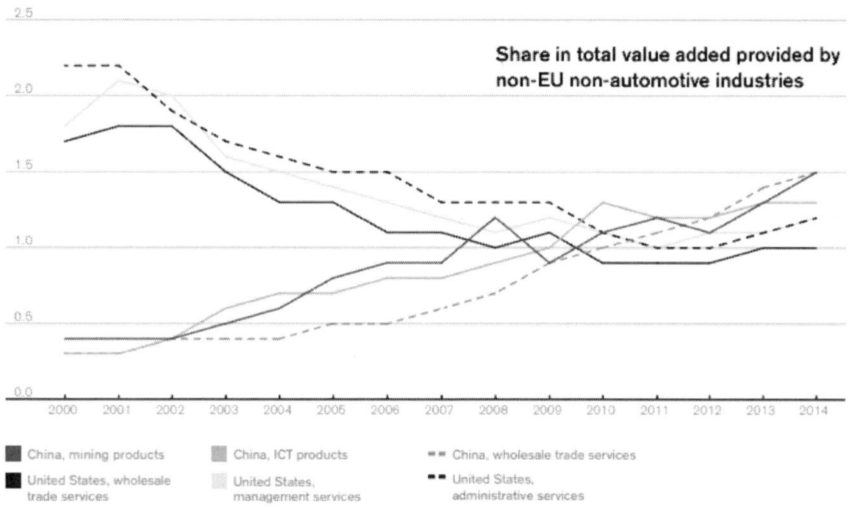

출처 : World Trade Statistical Review 2017, WTO, p.64.

다. 글로벌 공급사슬

이러한 GVC를 만드는 주체는 글로벌 기업들이다. 글로벌 기업들은 해외에서 조달하고, 해외에서 생산하며, 해외로 판매한다. 기업의 핵심적 경영활동을 최적지를 찾아 전방위적으로 글로벌화하는 것이다. 그렇게 하려면 글로벌한 조달, 생산, 판매의 네트워크를 갖추고 통제해야 한다. 그것을 글로벌 공급사슬관리(GSCM, Global Supply Chain Management)라 할 수 있다.

2010년 미국 기업들의 해외공장은 소재국 내에서 약 60% 판매하고, 다른 해외시장에 30% 판매한다. 미국으로의 역수입은 10%가 넘지 않고 있다. 본토의 모기업을 포함해서 지분관계가 있는 기업으로의 판매비중은 30%에 불과했다. 글로벌 기업들에게는 이처럼 글로벌하게 형성된 가치사슬을 효과적을 관리, 통제하는 능력이 요구되고 있다.

[도표 3-20] 해외소재 미국기업의 글로벌 공급사슬

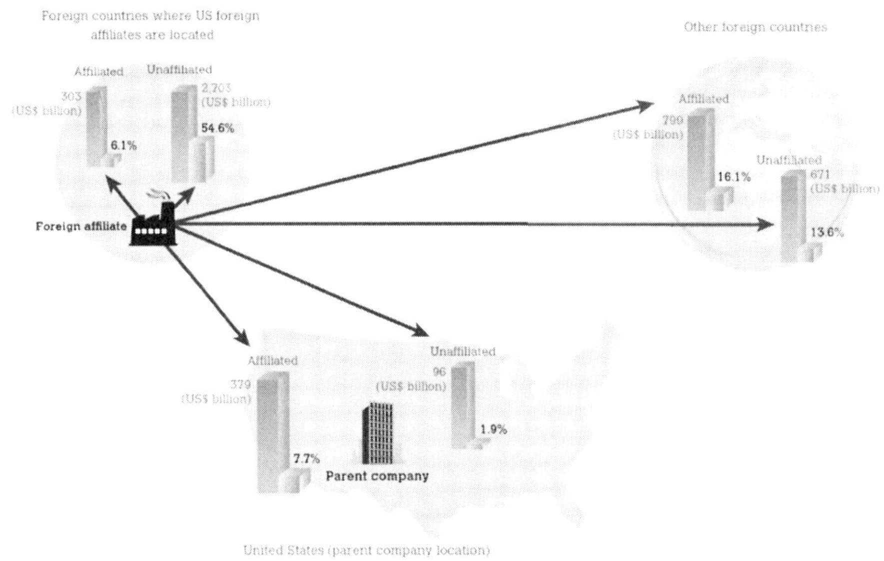

출처 : WTO, International Trade Statistics 2013, pp.187~188.

3.5 국제물류시장

3.5.1 무역과 국제물류

경제학에서 수요를 규정하는 방법은 다수 존재한다. 모든 수요는 본원수요와 파생수요로 구분하는 것도 그 한 방법이며, 무역과 국제물류를 이해하는데 중요한 개념이다. 국제물류는 국제거래라는 본원수요에 의해 발생하는 파생수요로 볼 수 있다. 무역거래가 국제물류의 수요를 규정하는 것이 기본인 것이다.

다만 무역거래는 기본적으로 재정거래이고 국가간의 내외 가격차는 거의 모든 재화에 존재한다. 그럼에도 모든 재화가 거래되지는 않는다. 재화의 국가간 이동에는 국제물류의 기능이 개입해야하고, 그 일을 수행하는 데는 큰 비용이 추가적으로 발생하기 때문이다. 그래서 무역이 발생하려면 내외가격차가 국제물류의 비용보다 커야 한다. 즉, 물류비는 무역의 발생범위를 결정한다고 볼 수 있다.

또한 국제물류의 비용은 품목별로, 거리별로, 수량별로 달라지기 마련이다. 그것이 무역의 지리적 패턴에 큰 영향을 준다. 즉, 가까운 나라 사이에 무역이 활성화되기 마련이고, 무역에 적합한 품목과 수량이 따로 규정될 수 있는 것이다.

마지막으로, 국제물류의 비용은 시기와 장소에 따라 달라진다는 것이다. 국제물류의 기술이 발전하고 따라서 비용이 줄어들면 무역은 크게 확대되고 패턴도 달라질 것이다. 더 좋은 서비스를 더 싼 가격으로 제시할 수 있는 국제물류업자가 많은 곳에서 무역이 더 확대될 것이다. 지금까지 세계무역이 이렇게 확대된 배경으로 국제물류산업의 역할을 결코 경시할 수 없다. 그런 측면에서 국제물류는 세계경제의 거대한 하부구조를 형성해왔다고 볼 수 있겠다.

3.5.2 무역과 물동량

UN 무역개발위원회(UNCTAD)의 추계에 따르면 1990년 이후 25년간 세계 총생산(World GDP)은 약 2배 가까이 증가했고, 선진국의 산업생산지수(OECD index of industrial production)는 1.5배 성장에도 미치지 못했다. 이에 비해 세계의 상품무역액(World merchandise trade)은 3.5배 가까이 크게 증가했으며, 해상화물량(World seaborne trade)도 2.5배 이상 증가한 것으로 나타

[도표 3-21] 세계경제와 무역의 장기 추이

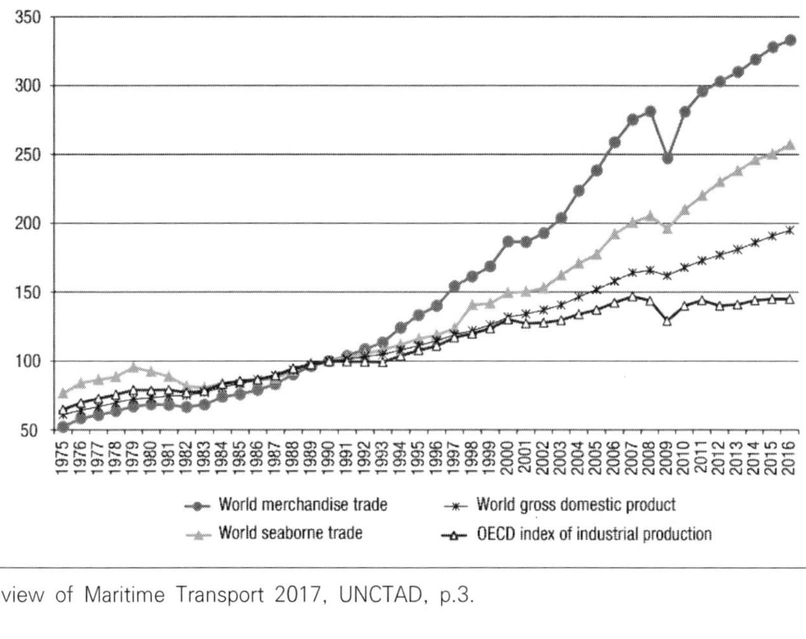

출처 : Review of Maritime Transport 2017, UNCTAD, p.3.

나고 있다. 2008년 미국발 금융위기로 인해 성장세가 둔화되기는 했지만, 세계 무역은 장기간에 걸쳐 크게 확대되어왔고, 세계 경제의 견인차 역할을 수행해온 것을 알 수 있다.

세계 경제의 움직임은 금액을 기준으로 측정하는 것이 편리하기는 하지만, 가격과 환율, 인플레이션 등에 따라 실제 무역의 추이를 표시하는데 부족함이 있을 수 있다. 상품무역액과 GDP가 그렇다. 물동량은 측정하기는 어렵지만 실제 수량이므로 현실을 파악하는 데 도움이 되는 지표다. 2015년 세계 해상화물량은 연간 100억톤을 돌파했고, 2022년에는 120억톤에 이른 것으로 추정된다. 해상화물량이 전 세계 국제물류의 수량 측면에서 80% 정도를 점유하므로 전세계 국제 물동량은 연간 140~150억톤 정도로 추정된다. 실로 어마어마한 물량이 아닐 수 없다.

연간 150억톤 가량의 어마어마한 물동량을 운송하고 처리하여 무역을 물리적으로 완성시키는 것이 국제물류산업이고, 그러한 서비스가 거래되는 곳이 국제물류시장이다. 이 절에서는 국제운송시장의 추이와 특성을 살펴보고, 가장 두드러진 두 운송수단, 즉 컨테이너선과 항공운송의 관계에 대해 생각한다. 향후 물류산업의 변화에 대해서도 조망해보자.

3.5.3 국제운송서비스의 시장규모와 수출국가

WTO에 따르면, 국제운송서비스 시장의 성장은 그 본원수요에 해당하는 상품무역의 변화에 크게 의존한다. 운송서비스시장의 규모는 2000년대 중반에 크게 확대되어 2003년 4천억달러에서 2008년 9천억 달러 수준에 이르렀다. 그 후 10년간은 성장세가 둔화되어, 2018년에는 약 1.2조달러를 기록했다.

다만 [도표 3-22]의 국제운송서비스의 수출에는 국내에서의 서비스, 동일 국가 기업간의 국제운송거래가 제외된 것이다. 주로 항공기를 이용하는 국제여객운송이 포함된 것임에도 주의해야 한다.

[도표 3-22] 국제운송서비스 수출액 추이

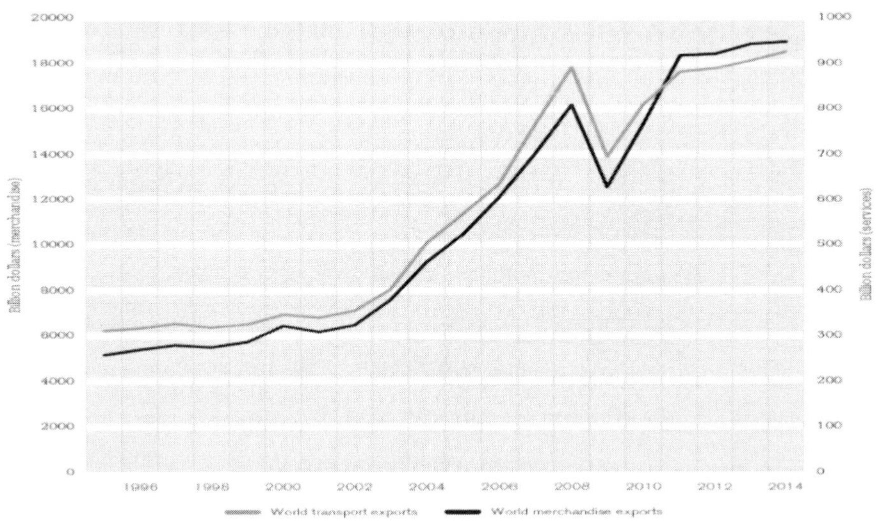

출처 : World Trade Statistical Review 2015, WTO, p.21.

3.5.4 국제운송서비스의 수출지역

이러한 국제운송시장에서의 서비스 공급은 EU가 주도하고 있다. 또한 미국 이외에 싱가포르, 중국, 일본, 싱가포르, 홍콩 및 한국 등 동아시아 국가들의 존재감도 현저하다.

[도표 3-23] 국제운송서비스의 주요 수출국가

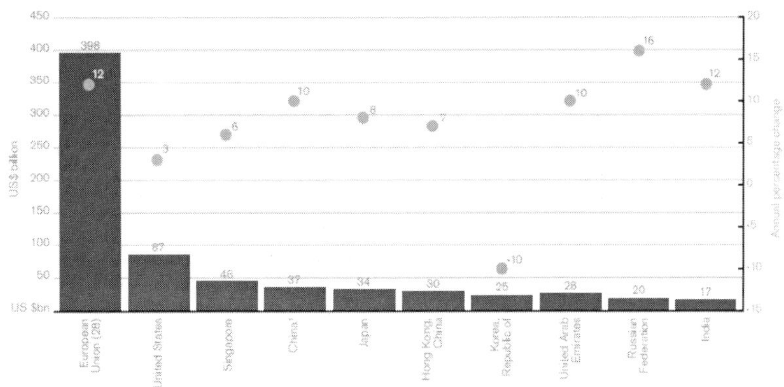

출처 : World Trade Statistical Review 2018, WTO, p.42.

3.5.5 국제 운송서비스 산업의 구성

[도표 3-24]은 총 1조 달러에 달하는 국제운송서비스의 수출을 각 분야별로 분류한 것이다. 이 역시 시기에 따라 달라질 수는 있으나 국제물류의 세부산업별 구성을 이해하는 데 도움이 될 수 있다.

2014년을 기준으로, 해상운송 분야는 전체 국제운송의 43%를 점하는 가장 큰 시장이다. 항공부문은 35%를 차지하고, 철도, 자동차, 파이프라인이 포함된 Other mode는 나머지 22%를 구성한다. 해상과 Other mode에서는 화물운송이 절대적 비중을 차지하고 있지만, 항공부문은 여객운송을 주로 수행하고 있음을 알 수 있다. 다만, 해상운송에서 여객부문의 비중이 매우 낮음에 비해 항공에서는 화물운송의 비중도 상당함에 주의할 필요가 있다. 전체적으로 고찰하자면, 화물운송 및 관련 서비스가 전체 운송시장의 2/3를 구성하고, 여객운송 및 관련 서비스가 나머지 1/3을 구성하는 것으로 추정된다.

이 추계는 모두 서비스의 가치(수출금액)를 기준으로 작성되었다. 본서에서 집중하고 있는 화물운송의 실제 물동량을 기준으로 산정하면 해상운송이 절대적 비중을 점하고 있음에도 주의하자.

[도표 3-24] 국제물류시장의 구성

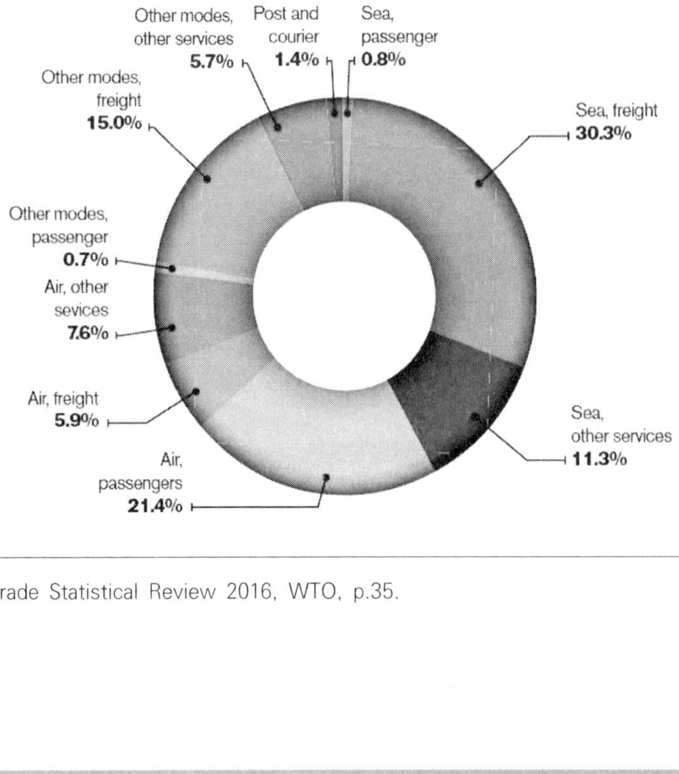

출처 : World Trade Statistical Review 2016, WTO, p.35.

생각해봅시다

이번 장에서 우리는 세계 무역의 현황을 살펴보고, 무역패턴의 변화를 관찰했다. 그리고 무역과 국제물류의 관계에 관해 이야기했고, 국제물류시장에 대해서도 크게 조망했다. 제3장과 관련해서 세 가지 토의과제가 있다.

1. 코로나19와 같은 감염병의 팬데믹이 무역과 국제물류에 끼친 영향을 조사해보자.

2. 미중간의 갈등이 무역과 국제물류에 끼친 영향을 조사해보자.

3. 물류기업은 FTA, RTA에 어떻게 대응해야 하는지 생각해보자.

참고문헌

박대위, 구종순, [무역개론 제4판], 유원북스, 2015.
이장로, 문희철, 이춘수, [세계화 4.0시대의 무역개론], 무역경영사, 2019.
하영석, [국제물류 개정4판], 도서출판 두남, 2015.
UNCTAD, Review of Maritime Transport, 각년호.
WTO, International Trade Statistics, 각년호.
WTO, World Trade Statistics Review, 각년호.
UNCTAD (https://unctad.org/)
WTO (https://www.wto.org/)
산업통상자원부 FTA통상교섭실 (https://fta.go.kr/main/)
연합뉴스 (https://www.yna.co.kr/)

4

수출입 물류활동

4.1 기업의 해외활동 전개
4.2 수출입과 물류
4.3 운송비용과 보험
4.4 국내운송과 통관

4.1 기업의 해외활동 전개

4.1.1 기업의 국제화와 물류산업

'기업의 성장은 지리적 수평선의 확대과정이다'에서 다시 시작하자. Chandler에 따르면 한 기업은 자신들의 시야를 지역에서 전국으로, 이웃국가로 그리고 세계로 확대하며 국제화된다.[1] 국제화의 방법으로 기업들은 수출입과 국제계약, 해외직접투자 등의 방법을 통해 국제화를 추진한다. 그러면서 조달, 생산과 판매활동을 범세계적으로 전개하는 글로벌기업들이 탄생해왔고, 지금은 그들이 세계화를 주도하고 있다.

기업의 국제적 활동의 확대는 무역의 증가를 야기하고, 무역량의 증가는 국제물류산업의 성장을 의미한다. 그러면서 국제물류산업에서도 지속적 변화가 관찰되고 있다.

운송업자의 글로벌화가 먼저 눈에 띈다. 전세계적인 네트워크를 가진 운송업자들이 등장하고 있다. 그들을 거대 운송업자(mega carrier)라 부르기도 한다.

두 번째는 지식과 정보에 기반하여 운송네트워크를 엮어내는 물류업자의 등장이다. 포워더가 무선박운송인(NVOCC)이 되었고, 혁신적 물류서비스를 제공하는 3PL, 4PL이 되어가고 있다. 네트워크를 구성해낸다는 의미에서 그들을 시스템 조직자(system organizer)라 할 수 있겠다.[2]

세 번째는 지식, 정보에 기반하는 물류업자와 네트워크에 기반을 둔 메가캐리어 모두 글로벌 물류업자를 지향하고 있다. 그들을 통합물류업자(global integrator)라 할 수도 있겠다.

4.1.2 무역과 직접투자

근대적 무역의 기반이론으로 절대생산비설(theory of absolute cost)과 비교생산비설(theory of comparative cost), 그리고 요소부존이론(factor endowment theorem)이 있다. 이러한 무역의 고전이론들은 국가간 수출입이 왜 발생하고, 어떤 패턴으로 전개되는가에 대한 고찰로부터 비롯된 것이다.

1) 장세진, 글로벌 경쟁시대의 경영전략 6판, 박영사, 2010, 370쪽.
2) 宮下国生, [日本物流業のグローバル競争], 千倉書房, 2002. 참조.

A. Smith의 절대생산비설(절대우위론)은 무역의 이익이 일방적이 아닌 호혜적이라는 것을 증명하는 것이고, D. Ricardo의 비교생산비설(비교우위론)은 그러한 무역의 호혜적 이익이 보편적이라는 것을 증명한 것이다.

한편, Heckscher & Ohlin의 요소부존이론은 그러한 무역의 발생패턴을 설명한다. 즉, 절대우위론과 비교우위론에서 전제한 생산비의 차이에 의한 무역에서 생산비의 차이가 국가별 노동과 자본의 상대적 요소 부존도의 차이에서 발생한다는 것이고, 노동풍부국은 노동집약재에, 자본풍부국은 자본집약재의 생산에 특화, 수출하는 무역의 패턴이 발생함을 증명한 것이다.

현대의 무역이론을 대표하는 기술격차론(technology gap theory)과 제품수명주기설(Product Life Cycle)은 현대 무역의 동태적 특성을 설명한 것들이다. 하지만, 더 중요한 것은 국가 간의 기술적 격차와 제품의 상이한 수명주기에 따라 세계적으로 수직분업과 수평분업 체제가 형성된 것이다. 그리고, 글로벌 기업들이 직접투자를 통해서 국제적 분업체제를 구축하고, 국제분업을 활용하는 글로벌 경영을 추구해왔다는 것이다. 이 분업체제가 제3장에서 기술한 글로벌 가치사슬(GVC; Global value chains)이라 볼 수 있다.

이러한 국제적 분업체제는 필연적으로 산업내 무역, 공정간 무역을 증진시키고, 그러한 분업체제가 한 글로벌기업에 의해 만들어진 경우 기업내 무역이 발생한다. 즉, 해외직접투자는 무역을 대체하는 것이 아니라, 그것으로 인해 새로운 무역이 창출될 가능성이 더 크다고 생각할 수 있다.

4.1.3 기업의 해외활동 발전경로

대개 개도국 기업의 국제화는 수입으로부터 시작될 가능성이 높다. 생산기반이 미약한 기업은 완제품을 수입해 국내판매를 개시한다. 그러다 생산기반이 갖춰지면, 원료와 부품을 수입하여 완제품을 생산한다. 그 제품에 국제경쟁력이 확보되면 수출을 개시하고 수출량을 늘려갈 수 있다. 초기에는 수입과 수출을 통해 국제화를 개시한다.

그러던 기업이 일정 시점에 해외에서 기회를 포착하여 해외직접투자를 개시하면 그 기업의 국제화가 본격화되었다고 볼 수 있다. 해외투자를 통해 먼저 수출을 위한 생산량의 일부가 이전하거나 특정 공정이 이전될 수 있다. 생산량의 일부가 이전되는 경우에는 국내 본사의 수출입량은 그만큼 줄게 되나, 특정 공정이 이전되는 경우에는 부분품과 완제품의 수출입이 더 늘어날 수 있다.

국제화가 더 진전되면 모든 생산공정이 해외로 이전하는 경우도 빈번하게 관찰된다. 그런 경우 모국의 본사에는 연구개발(R&D)과 마케팅 관련 기능만 남게 되고 국내판매분은 역수입될 것이다. 그러나 국제적 관점에서 보면 이전국의 수출입은 늘어 세계 전체의 수출입 수량에는 변화가 없다.

해외사업에서 수익 창출이 어려워지면, 기업은 사업의 철수도 고려할 수도 있겠지만, 반대의 경우에는 생산기지를 여러 국가로 더 많이 분산시킬 수도 있다. 그렇게 된다면 그 기업은 글로벌화된 기업이 되는 것이고, 세계적 수준에서 분업체계를 형성하게 된다.

[도표 4-1] 기업의 해외활동 발전경로

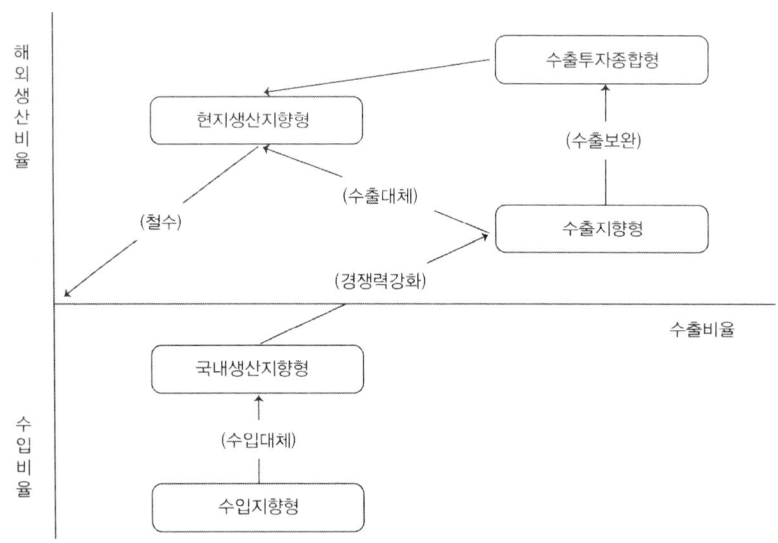

출처 : 박명섭, 국제물류의 이해 제3판, 법문사, 2011, 399쪽.

4.1.4 국제비즈니스의 여러 유형

이처럼 현대의 무역은 글로벌 기업의 직접투자행위 및 국제적 분업체계의 형성과 깊이 관련되어 있지만, 여기서는 수출입에 국한하여 기업의 비즈니스 패턴을 살펴보자.

전통적 형태는 수출업자와 수입업자가 각각 대리인을 내세워 거래하는 경우이다. 수출업자나 수입업자가 무역에 대한 경험이 없는 경우 이러한 형태가 되고, 대리인들은 무역상사로 기능한다.

일본과 한국의 경우 무역상사들이 규모를 키워 종합상사가 되었고, 한때 그들이 제조업자를 위한 무역의 창구 역할을 수행했다. 자국 제조업자들을 대신해 해외의 수입업자를 찾아 거래를 성사시키고 무역을 주도하는 패턴이다. 그러나 제조업자들이 무역의 경험을 갖추게 된 지금, 종합상사들에게 수출 창구로서의 수요는 크게 줄었다. 그 대신 그들은 해외의 조달처를 찾아 국내에 수입하는 일을 하거나 해외자원에 대한 투자기업으로 변신하고 있다.

제조업자들이 국제적 경험을 쌓게 되면 대리인 없이 직접 무역을 수행한다. 먼저 해외의 바이어를 찾아 수출을 시도할 것이고, 대상국이 유망하면 현지에 판매법인을 설립하는 직접투자에 나설 것이다. 물론 한발 더 나아가 생산법인을 설립하여 글로벌화를 시도하는 현상도 매우 일반적이다.

제조업자 뿐 아니라 유통업에도 혁명적 변화가 발생하고 있다. 상사나 제조업자에게 의존하던 유통업자가 성장하면서 그들은 전세계적으로 최적의 조달처를 찾는 수입업자가 되었다. 그리고 성장을 거듭하여 거대화된 유통업자들에게는 그들의 유통망을 글로벌화시키는 시도도 자주 발견된다.

가장 최근에 등장하고 있는 비즈니스 패턴은 직거래형이다. 해외의 공급자와 해외의 수요자가 어떠한 대리인도 없이 직접 거래하는 방식이다. 인터넷과 플랫폼을 통해 이것이 가능해졌고, 최종소비자인 개인과 가계도 이 방식으로 해외거래에 참여하는 현상이 나타나고 있다.

4.1.5 무역의 정보류, 물류, 금류

국가간 상거래의 가장 큰 어려움은 대금 회수의 문제일 것이다. 현재 무역거래의 대금지급 방식으로 신용장, 환어음, 전신환 등이 쓰이고 있다, 여기서는 가장 일반적 방식이라고 할 수 있는 신용장 방식에 의한 무역거래를 상정하여 그 절차와 더불어 수출입 물류와의 관계를 확인하자.

신용장(Letter of Credit)은 수입업자를 대신해 은행이 발행하는 수출대금 지급확약서다. 먼저 수출업자와 수입업자가 무역거래를 계약하면, 수입업자는 자국내 은행에 신용장 개설을 의뢰한다. (개설)은행은 신용장을 수출업자가 거래하는 (매입)은행으로 보내고, 신용장 개설의 통지를 받은 수출업자는 운송업자와 운송계약을 체결하고, 통관 및 선적절차에 들어간다.

수출업자는 운송업자가 발행한 운송서류(선화증권)를 매입은행으로 제출하고 수출대금의 지급을 청구한다. 신용장 매입은행은 운송서류를 개설은행으로 보내 대금을 회수하고, 개설은행은 수입업자와 수출대금 및 운송서류를 교환한다. 운송업자가 운송서류를 제시한 수입업자에게 물품을 인도하면 하나의 수출입 거래가 완성된다.

무역거래가 완성되기 위해서는 정보의 흐름과 함께 물류(物流), 금류(金流)가 동시에 발생한다. 무역계약 정보, 신용장 정보, 운송서류 관련 정보는 문서화되어 수출입업자를 움직이게 한다. 물류는 운송업자를 통해 수출자에서 수입자로 흐르고, 금류는 은행을 통해 수입자에서 수출자로 흐른다. 이때 금류와 반대방향으로 운송서류가 순차적으로 전달된다.

[도표 4-2] 무역의 정보류, 물류, 금류

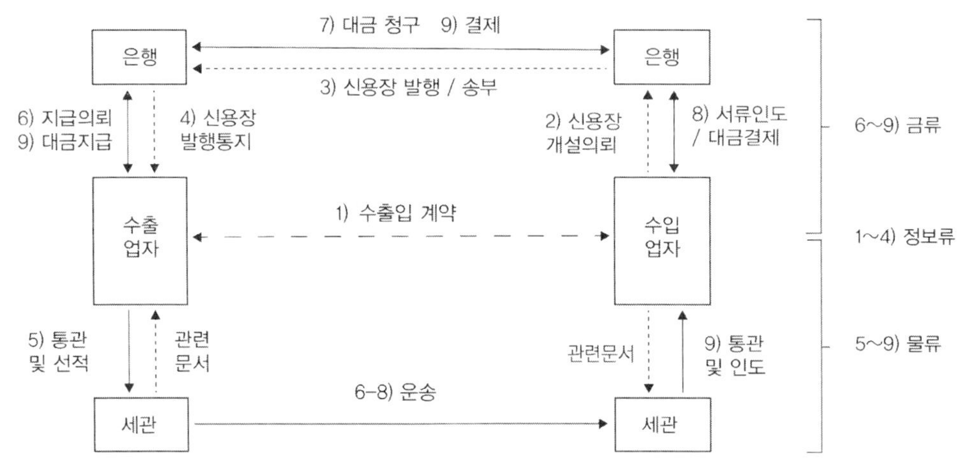

4.2 수출입과 물류

4.2.1 수출입 물류의 프로세스

[도표 4-2]에서는 수출입 물류의 절차가 매우 간략하게 표현되었지만, 사실은 그렇게 간단하지 않다. 수출업자의 창고에서 수출물품이 반출되어 수입업자의 창고에 입고되기까지를 '수출입 물류'라고 한다면, 적어도 5단계를 거쳐야한다. 수출국의 창고에서 항만까지 내국운송, 수출국 항만에서의 통관과 선적, 수출국 항만에서 수입국 항만까지의 국제운송, 수입국 항만에서의 양하와 통관, 또 항만에서 수입업자 창고까지의 내국운송이 그것이다. 수출국

항만에서 수입국 항만까지의 국제운송 뿐 아니라, 수출국과 수입국에서 내국운송에 2차례의 계약이 필요하다. 항만에서도 2차례의 통관, 하역과 보관에까지 많은 사람이 관여하고, 경우에 따라 모든 서비스가 별도로 계약, 처리되어야 한다.

특히 항만에서의 절차는 쉽지 않다. 수출국의 항만에서는 수출물품의 보세구역 반입, 수출신고, 수출심사 및 세관검사, 수출면허의 수령과 선적작업이 필요하다. 수입국의 항만에서는 더 어렵다. 수입물품의 보세구역 반입, 수입신고, 수입심사 및 관세확정, 관세납부와 반출작업이 수행되어야 한다. 통관의 구체적 절차에 대해서는 추후 상술하겠다.

[도표 4-3] 수출입 물류의 전체적 프로세스

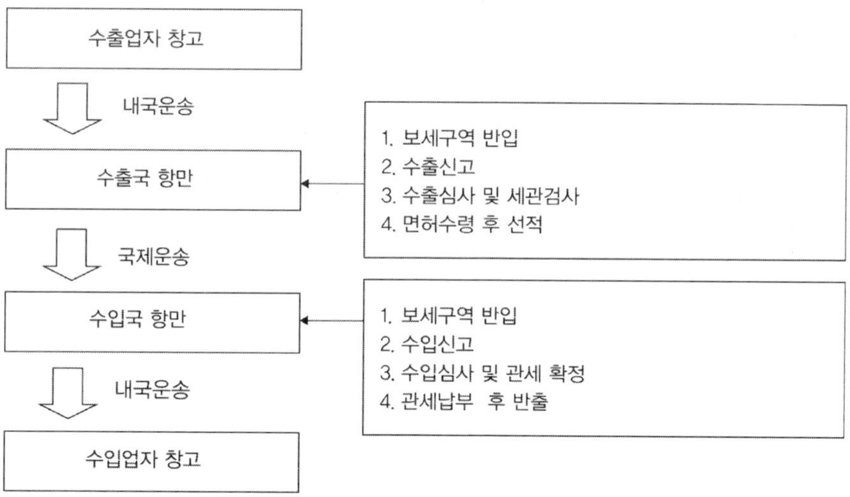

4.2.2 국제운송계약

무역계약의 이행을 위해 운송책임을 맡은 수출업자나 수입업자는 먼저 국제운송의 방법을 선택해야 한다. 해상운송이 주로 채택되고 있으나, 때에 따라서 항공운송이나 복합운송을 선택할 수 있다. 육상운송이 가능한 경우 철도나 자동차를 이용할 수도 있다.

선택된 운송방법에 따라 서비스를 제공하는 운송인을 선택하고 운송계약을 체결한다.

해상운송의 경우, 크게 제조품의 운송에 관한 개품운송계약과 원자재 운송에 관한 용선계약으로 나눌 수 있다.

개품운송계약은 주로 정기선 운송에 사용되며, 대개 컨테이너 또는 포장 단위로 계약을 체결한다. 선적 후 선사는 화주에게 선하증권(B/L, Bill of Lading)을 발급하고, 화주는 B/L을 신용장 매입은행에 제출하고 수출대금을 회수한다.

용선계약은 선박 내 공간의 전부 또는 일부를 사용하는 계약으로, 주로 석유류, 석탄, 철광석, 곡물 등 원자재의 운송에 이용된다. 용선계약서(C/P, Charter Party)를 통해 계약이 추진되며, 1회성 화물운송계약인 항해용선(V/C, Voyage Charter)과 일정기간 선박을 빌리는 정기용선(T/C, Time Charter)을 필요에 따라 활용한다.

[도표 4-4] 개품운송계약과 용선계약

구분	개품운송계약	용선계약
의의	운송인이 개개의 물건의 운송을 인수하고, 상대방이 운임을 지급할 것을 약속하는 운송계약	운송인인 선주가 선복의 전부 또는 일부를 제공하여 그것에 선적된 물건을 운송할 것을 약속하고, 상대방이 용선료를 지급할 것을 약속하는 운송계약
중시점	운송물의 개성(종류, 수량, 용적, 기호 등)을 중시함 대선약관과 환적약관 이용	선박의 개성(선종, 톤수, 속력, 선급 등)을 중시함
당사자	운송인과 송하인	운송인과 용선자
계약체결방식	선하증권약관 등에 의하여 부합계약식으로 체결	계약자유의 원칙에 따라 당사자 간의 개별적인 교섭에 의해 체결
법규의 성질	적하 이해관계인을 위하여 상대적 강행법규로 규율	사적자치의 원칙 존중, 임의법규
경제적 특성	비교적 대형, 신조, 고속의 선박에 의한 정기선 해운에 이용	비교적 소형, 중고, 저속의 선박에 의한 부정기선 해운에 이용

출처 : 이균성, 신 해상법 대계, 2010, 한국해양수산개발원, 373쪽.

4.2.3 수출항만에서의 선적

제조품 수출입을 위한 개품운송계약 중 컨테이너화되지 않은 화물의 운송에는 주로 일반화물선(general cargo ship)을 이용한다. 운송서비스의 수요자인 화주는 서비스 공급자인 선사에 선적요청서(S/R, Shipping Request)를 제출하고 선사가 거기에 대하여 인수확인서(B/N, Booking Note)를 교부하면 운송계약이 체결된 것으로 본다.

운송계약을 바탕으로 선사는 화주에게 선적지시서(S/O, Shipping Order)를 교부하고, 여기에 따라 화주는 수출항만의 본선 선측에 화물을 준비한다. 화주는 선적지시서를 본선에 제출하고, 선화주 쌍방의 검수인 입회 하에 선적을 개시한다. 선적작업이 끝나면 본선의 담당자(1등항해사)는 검수인이 작성하는 검수표(T/S, Tally Sheet)를 기초로 본선수취증(M/R, Mate's Receipt)을 발급한다. 화주가 본선에서 교부받은 M/R을 선사에 제출하면, 선사는 화주에게 선화증권(B/L, bill of lading)을 발급받는다.

만일 S/O와 달리 화물의 과부족이나 파손이 있는 경우 1등항해사는 M/R에 기록하게 되고, 이러한 사고부 수취증(foul receipt)으로는 사고부 선화증권(Foul B/L)이 발급된다. 이러한 사고부 선화증권은 무역결제에 문제가 되기 때문에, 화주는 파손화물보상장(L/I, Letter of Indemnity)를 선사에 제출하고 무사고 선화증권(Clean B/L)을 발급받는 경우도 있다.

컨테이너 화물의 경우 FCL(full container load)과 LCL(less than container load)로 나누어 봐야 한다. FCL은 한 명의 화주가 컨테이너 1개를 채운 화물을 뜻하고, LCL은 그렇지 못한 소량화물을 말한다. LCL의 경우 여러 화주의 화물을 혼재하여 운송의 효율을 높일 필요가 있다.

먼저 FCL의 경우를 보자. 운송계약의 체결은 일반화물선과 다르지 않다. 컨테이너 1개를 채울 수 있는 화주가 선적을 요청하고, 선사가 인수를 확인하면 계약이 체결된다. 선적기일에 맞추어 선사는 대개 빈 컨테이너를 화주에게 보내고 화주는 자기 책임으로 적입작업(stuffing)을 한다. 수출신고가 완료된 경우 적입작업 후 화주는 선사봉인(carrier's seal)을 부착하고 선사가 지정한 장치장(CY, container yard)까지 보세운송시켜야 한다. 컨테이너가 CY에 도착하면 장치장 운영자(terminal operator)가 부두수취증(D/R, dock receipt)을 발급한다. 화주는 선사에 D/R을 제출하고 B/L을 발급받는다.

그러나 많은 소형화주들은 1회의 운송에 1개의 컨테이너를 채우지 못한다. 컨테이너선의 운임체계는 무차별운임(box rate)이 일반적이어서 소형화주들에게 부담이 커진다. 이 지점에서 운송주선인(freight forwarder)의 기능이 필요해진다.

포워더들은 소형화주들의 여러 화물을 모아 자가창고나 CFS(container freight station)에서 1개의 Box를 채운다. 이러한 작업을 혼재(consolidation)라 한다. 기본적으로 행선지가 같아야 하므로 포워더 간의 공동적입(co-loading) 도 빈번하다. 1개의 Box를 만든 후 CY에 반입하고 그 이후의 절차는 FCL과 동일하다.

포워더는 선사에게는 화주이지만, 화주들에게는 운송인이다. 그래서 그들도 화주들과 운송계약을 체결하고 선화증권을 발행한다. 선사가 발행하는 선화증권을 Master B/L이라 하고, 포워더가 발행하는 선화증권을 House B/L이라 한다.

포워더들은 선사와는 달리 자산을 가지고 있지 않지만 국제물류의 주역으로 활동한다. 그들은 대개 정기선사들의 큰 고객이므로 선사들은 포워더들에게 우대운임을 제공하는 것이 일반적이다. 따라서 소형화주 뿐 아니라 선사와 직접 협상하기 어려운 중형 화주들도 포워더의 서비스를 이용하는 경우가 많다. 즉, 포워더들이 FCL도 다루고, 일반화물선의 운송계약에도 관여한다. 대형 포워더들은 해상운송 뿐 아니라 복합운송의 영역으로까지 진출해 유력한 복합운송인으로 성장하고 있다.

[도표 4-5] 해상운송화물의 선적절차

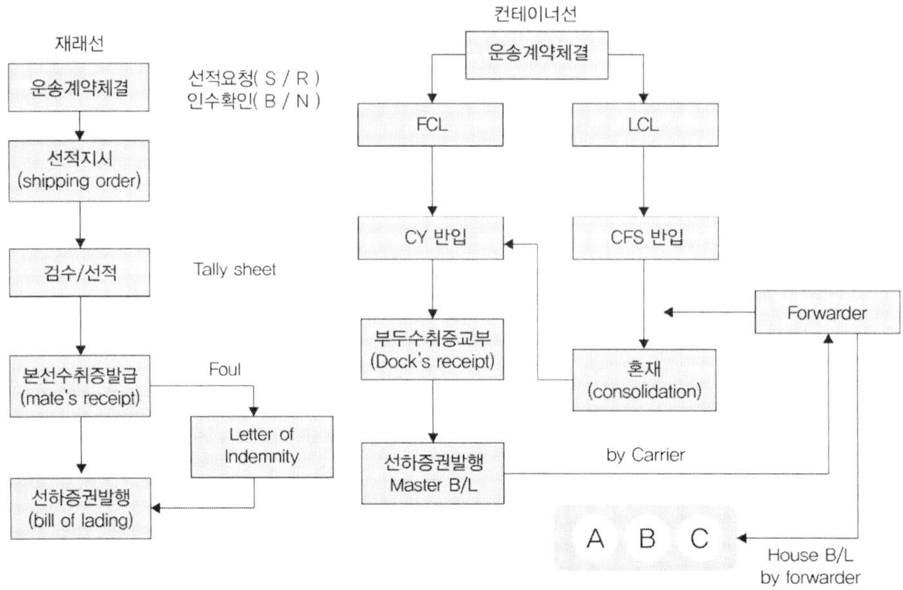

출처 : 오원석 외, 국제운송물류, 탑북스, 2011, 209쪽.

4.2.4 수입항만에서의 양륙

본선이 목적지에 도착하기 전, 선사는 수화인에게 선박의 도착일정을 통지(arrival notice)한다. 수입업자인 수화인은 신용장 개설은행에 수입대금을 결제하고 선화증권을 수령하여 인수를 준비한다. 본선이 도착하고 양륙된 화물은 보세구역에 장치된다. 컨테이너선의 경우 CY가 된다.

운임의 입금이 확인되면, 선사는 선화증권을 회수하고 화물의 인도지시서(D/O, delivery order)를 발급하여 운송계약을 완료한다. B/L등 운송서류의 도착이 늦어지는 경우 수입업자는 신용장 개설은행의 화물선취 보증서(L/G, letter of guarantee)를 제출하고 D/O를 발급받기도 한다. 이 과정 중의 통관과 관세납부의 절차는 기본적으로 화주의 책임이다.

포워더가 개입된 혼재화물의 경우, 수입국의 대리인이 Master B/L을 제출하고 D/O를 교부받아 컨테이너를 CFS로 옮기고, 실제 화주는 대금을 결제하고 개설은행으로부터 House B/L을 교부받는다. 포워더가 개입된 형태로 통관절차를 마치면, 포워더(대리인)이 실제 화주로부터 D/O와 상환하여 House B/L을 회수하고 화물을 인도한다.

[도표 4-6] 해상운송화물의 양륙절차

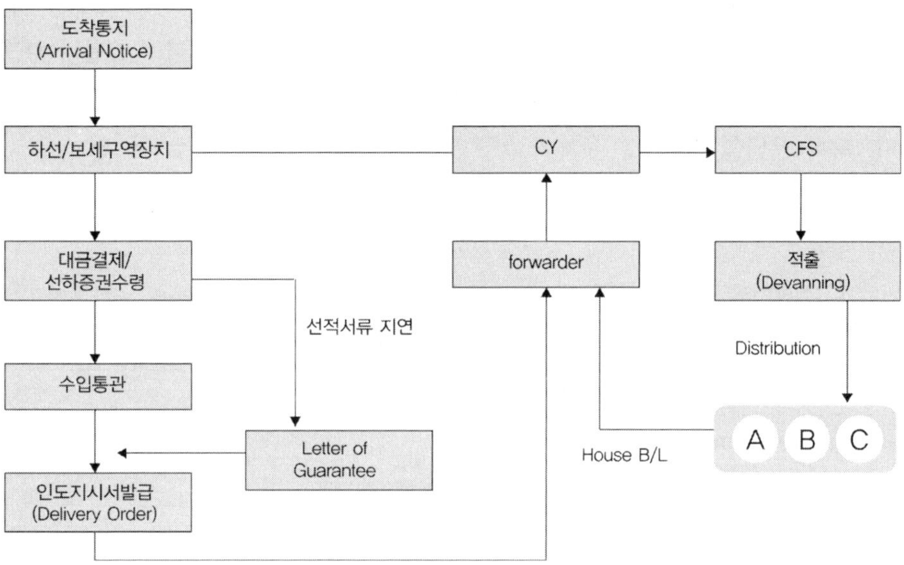

출처 : 오원석 외, 국제운송물류, 탑북스, 2011, 216쪽.

4.3 운송비용과 보험

4.3.1 Incoterms 2020

전 절에서 살펴본 바와 같이 수출입 물류에는 여러 가지 작업들이 부수적으로 따르기 때문에 무역계약 당시 누가 그 일을 할 것인가 책임과 비용부담을 약정해 둘 필요가 있다. 국제상업회의소(ICC, international chamber of commerce)에서는 1936년부터 정형거래조건을 명시하여 무역거래의 편의를 증진하고 분쟁의 소지를 줄이려 노력해왔다. 그것이 인코텀즈

(international commercial terms)다.

그 이후 무역관습의 변화에 따라 인코텀즈는 수차례 개정되어 왔으며, 가장 최근에는 2020년에 개정되어 11가지 조건이 제시되었다. 이 11가지 조건을 기준으로 수출업자와 수입업자의 국제물류상 책임의 범위가 나뉘어진다.

ICC의 정형거래조건은 크게 4가지 그룹으로 구분되어 있다. 수출자가 어디서 물류 수행의 책임을 넘기는가에 따라 출발지 조건(E group), 운송비 미지급조건(F group), 운송비 지급조건(C group), 도착지 조건(D group)으로 구성되어 있다.

E그룹이 수출자의 부담이 가장 작은 조건이고, 그 다음이 F그룹이다. C그룹과 D그룹은 물류의 책임이 수출자에게 큰 조건들이다. 수출자의 부담이 커지면 당연히 수입자의 부담이 작아진다. 특히 운임을 지급하는 주체가 누구인가에 따라 운송계약의 주체가 달라질 것임에 유의하자.

[도표 4-7] ICC정형거래조건 2020.

그룹	조건
E	(1) EXW(Ex work) : 공장 인도 조건
F	(2) FCA(Free carrier) : 운송인 인도 조건 (3) FAS(Free alongside ship) : 선측 인도 조건 (4) FOB(Free on board) : 본선 인도 조건
C	(5) CFR(Cost and freight) : 운임 포함 인도조건 (6) CIF(Cost insurance and freight) : 운임 보험료 포함 인도조건 (7) CPT(Carriage paid to) : 운송비 지불 인도조건 (8) CIP(Cost insurance and freight) : 운송비, 보험료 지불 인도조건
D	(9) DAP(Delivered at place) : 지정장소인도조건 (10) DPU(Delivered at place unloaded) : 도착지 양하 인도조건 (11) DDP(Delivered duty paid) : 관세지급 인도조건

4.3.2 해상운송조건

11가지 조건 중 해상운송에만 쓸 수 있는 조건은 4가지다. F그룹의 FAS와 FOB, C그룹의 CFR과 CIF다.

FAS와 FOB 조건에서 해상운송의 주체는 수입자가 된다. FAS에서 수출자의 책임은 수출국 항만의 본선 선측에서 끝나고, FOB에서는 선적작업까지가 수출자의 책임이다. 이 두 조건에서는 코스트와 리스크의 분기점이 똑같다. 해상운송의 비용과 리스크는 수입자의 부담이다.

C그룹에서는 해상운송 코스트가 수출자의 부담으로 넘어온다. 다만 해상운송의 리스크는 수입자가 부담한다. 수출자는 CFR 조건에서 운임만 지급하면 되지만, CIF에서는 기본 보험료까지 지급해야 함에 유의할 필요가 있다.

[도표 4-8] 해상운송조건

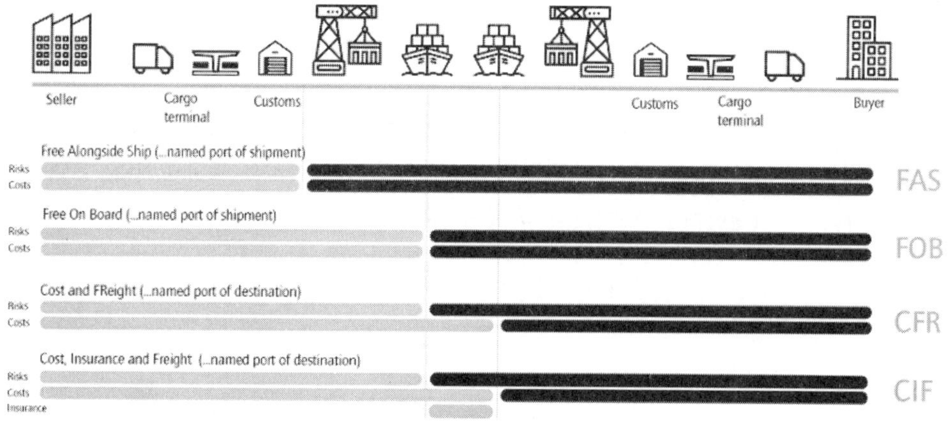

출처 : https://www.kn-portal.com/incoterms_2020/

4.3.3 복합운송조건

해상운송을 포함한 복합운송이거나, 해상운송 이외의 수단이 활용되는 경우 다른 조건들이 활용된다. 기본적으로 E그룹의 출발지 조건이나 D그룹의 도착지 조건은 복합운송 조건이다. F그룹과 C그룹에서도 3가지 조건이 복합운송 조건으로 활용되고 있다.

EXW는 수출자가 지정한 장소에서 수입자에게 인도하는 조건으로, 수출자의 부담이 최소이고, 수출국내 운송, 통관까지 수입자가 사실상 국제물류 업무의 모두를 책임진다.

FCA 조건은 수출국내에서 수입자가 지정한 운송인에게 인도하는 조건이다. FCA(a)는 수출자가 장소를 지정하고, FCA(b)는 수입자가 장소를 지정한다. 수출통관은 수출자의 책임이다.

수출업자가 국제운송을 부담하는 C그룹 가운데, CPT 조건에서 수출자는 수입국의 보세구역까지 운임만 지불하면 되지만, CIP는 수출자가 보험료까지 지불하는 조건이다. 다만 운송 중의 리스크는 수입자의 부담이다. C그룹에서 수출통관은 수출자가, 수입통관은 수입자가 책임진다.

도착지 인도조건인 D그룹에서는 수입국의 도착지까지의 운송비용과 리스크가 모두 수출자의 부담이다. 이 가운데, DAP에서는 도착지에서의 하역비용이 수입자의 부담이지만, DPU에서는 수출자가 하역까지 책임진다. DDP에서는 하역이 수입자의 부담이지만 통관업무와 관세가 수출자의 부담이 된다.[3)]

4.3.4 국제운송의 리스크와 보험

국제운송은 물리적 리스크가 큰 활동이다. 거리가 멀고, 장기간이 소요된다. 그래서 인코텀즈에서도 운송 중 리스크의 책임 주체를 꼼꼼히 확정해둔 것이다. 그 리스크를 통제하기는 쉽지 않다. 해상운송의 위험을 회피하기 위해 항공운송이나 육상운송을 선택하기도 어려울 뿐 아니라, 선택한다고 하더라도 위험이 사라지지 않는다.

[도표 4-9] 복합운송조건

출처 : https://www.kn-portal.com/incoterms_2020/

3) 인코텀즈 2020에서는 기존의 DAT(Delivered at Terminal) 조건이 삭제되고, 그 대신 DPU 조건이 신설되었다.

역사적으로 보면 운송과정에서 발생한 사고에 대한 운송인의 책임이 확대되는 경향을 보이고 있고, 국제기구에서도 국제안전관리규약(ISM code) 등을 도입해 국제운송 분야에서의 안전기준을 높여가고 있다. 운송인 스스로도 안전관리를 중시하고, 여러 가지 안전관리 기법을 동원하고 있어 사고율은 줄어드는 추세를 보이고 있기도 하다.

운송계약은 운송 도중의 사고에 대한 책임을 운송인에게 전가시키는 성격을 가지고 있다. 그리고 안전관리에 철저한 운송인을 선택하여 어느 정도 리스크를 경감할 수 있다.

그럼에도 사라지지 않는 리스크에 대비해 보험상품을 사는 것은 가장 보편적인 리스크 관리 기법이다. 보험 구입을 통해 물리적 위험으로 인한 재무적 손실을 어느 정도 전가할 수 있다. 화주는 해상보험이나 운송보험을 구입하여 화물의 손상으로 인한 위험을 회피하며, 운송인은 선박보험이나 항공기보험을 통해 자 산 멸실의 위험을 전가한다. 운송인의 귀책사유로 화물에 손해가 발생할 경우를 대비하여 P&I 보험이나 화물배상책임보험을 활용할 수도 있다.[4]

운송과정에서 화물에 물적 손해가 발생하는 경우, 화주에게는 손실을 보상받을 방법이 2가지 있다. 손해의 원인이 운송인의 과실에 의한 것이라면 운송인을 상대로 손해배상을 청구할 수 있고, 또 보험을 구입해 둔 경우에는 보험자로부터 보상을 청구할 수 있다. 화주는 자기에게 유리한 방법을 선택하기 마련이므로, 대개 보험자로부터 보상을 청구하는 것이 일반적이다.

그 이유는 운송계약에 따라 운송인을 상대로 손해배상을 청구하는 데에는 시간과 비용이 추가로 소요되고, 운송인이 계약상 많은 면책약관을 두고 있으며, 책임을 제한하는 약관도 있기 때문이다. 반면에 보험계약에 따라 손해의 직접적 원인이 피보험 위험에 해당하는 경우에는 보험금을 지급받는 것이 상대적으로 용이하다.[5]

화주가 보험으로 보상받는 경우, 운송인에 대한 손해배상 청구권은 보험자가 대신하여 취득하게 된다. 보험자는 운송인에 대한 피보험자의 손해배상청구권을 대위하여 운송인의 과실에 해당하는 부분에 대해 구상권을 행사할 수 있다. 한편 운송인도 이러한 상황에 대비하여 선주상호보험(Protection and Indemnity, P&I) 등에 가입하고, 손실에 대해 일정 부분 보상받을 수 있는 방법을 준비해야 한다.

4) 오원석 외, 국제운송물류, 탑북스, 2011. 425~428쪽.
5) 오원석 외, 국제운송물류, 탑북스, 2011. 428~432쪽.

[도표 4-10] 운송계약과 보험계약

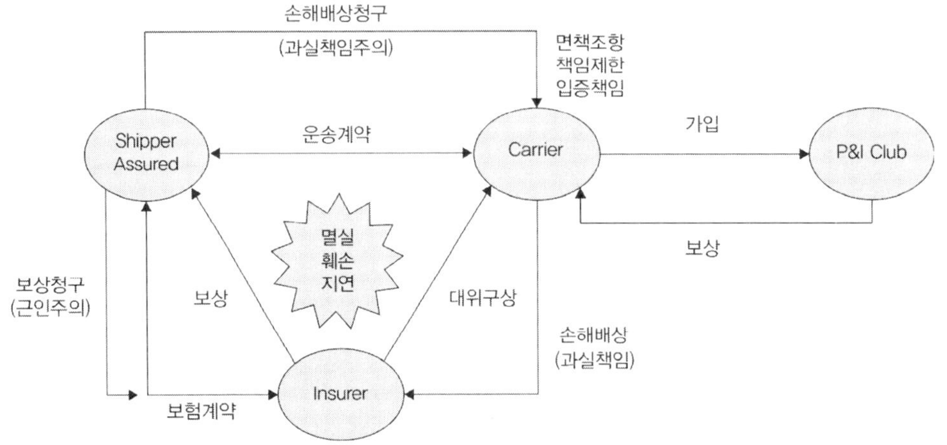

출처 : 오원석 외, 국제운송물류, 탑북스, 2011, 431쪽.

4.4 국내운송과 통관

4.4.1 수출입화물의 국내운송

수출입화물이라 하더라도 그 시작과 끝은 국내의 특정 지점일 것이다. 수출의 경우 국내의 출발지에서 항만, 공항까지, 수입의 경우 항만과 공항에서 국내의 도착지까지 운송망이 연계되어야 한다.

우리나라의 경우, 국내 운송에서 쓸 수 있는 운송수단은 트럭과 철도 및 선박이다. 항공기도 일부 이용될 수 있다. 선박이 국내의 항만간 활용될 경우 내항선이라 하고, 내항선을 이용한 운송을 내항해운이라 한다. 우리나라에서는 트럭이 주로 쓰이고 있으나, 그 효율성과 외부효과 측면에서 철도와 선박의 활용도가 아쉽다.

수출화물의 경우, 내륙의 지점에서 수출면허를 받을 수 있다. 면허를 받은 수출화물의 운송은 세관의 통제하에 보세운송되어야 한다. 또한 수입화물이 보세구역 간을 이동할 때도 보세운송되어야 한다. 보세(保稅) 운송은 외국물품, 즉 수출면허를 받은 화물 또는 통관되지 않은 수입품을 국내의 보세구역간 운송하는 행위를 말하며, 세관장에게 지정받은 보세운송 사업자만이 수행할 수 있다.

가. 우리나라에서 수출 FCL화물의 국내 운송

운송계약을 맺은 화주가 지정한 장소(보세구역)으로 선사는 공(empty) 컨테이너를 보내고, 화주는 수출통관이 완료된 화물을 컨테이너에 적입, 봉인한다. 이 컨테이너는 보세운송을 통해 수출항만의 컨테이너 터미널로 반입된다.

우리나라에서는 국내운송에 트럭들이 주로 활용되며, 때에 따라 의왕 ICD 등을 통해 철도를 이용하는 경우가 있다. ICD(inland container depot)는 내륙 컨테이너 기지를 뜻하며, 의왕 ICD에서는 수도권의 화물과 부산, 광양항을 연결하며, 혼재와 통관의 기능을 갖추고 있다. 부산신항이 개발되기 전에는 컨테이너 터미널 내부의 CY가 좁아 터미널 외부의 ODCY(Off-dock container yard)에 일시적으로 장치하는 경우가 빈번했다. 양산 ICD가 대표적이다.

컨테이너에 적입하기 어려운 화물의 경우 특장차나 내항선 등을 이용해 일반화물선이 계류하는 일반부두로 운송한다.

[도표 4-11] 수출 FCL화물의 국내운송

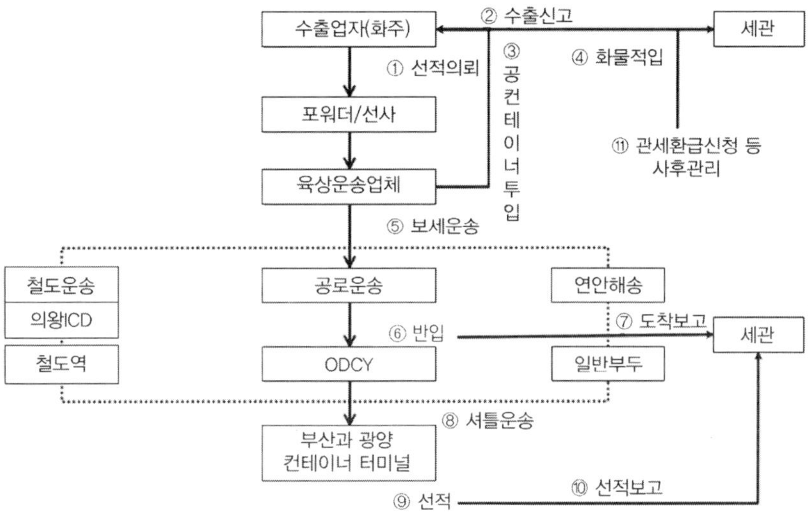

출처 : 이충배 외, 국제물류론, 박영사, 2011, 130쪽.

나. 수출 LCL 화물의 국내운송

전절에서 소개한 바와 같이 소량화물의 수출에는 포워더가 주로 개입한다. 화주는 자차나 포워더의 지원을 받아 포워더가 지정한 보세창고, ICD, CFS로 화물을 반입하고, 거기서 통관과 혼재, 적입작업이 이루어진다. 본선이 접안하는 컨테이너 터미널까지는 별도의 보세운송이 필요하다.

[도표 4-12] 수출 LCL 화물의 국내운송

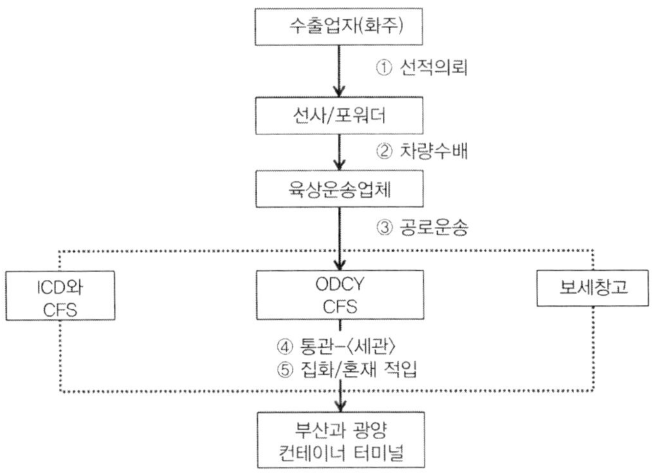

출처 : 이충배 외, 국제물류론, 박영사, 2011, 132쪽.

다. 수입화물의 국내운송

본선이 도착하기 전 수입업자는 선화증권을 수령하고 통관과 국내운송을 준비한다. 본선이 도착하면 화물이 양륙되어 먼저 보세구역에 장치된다. 보세구역은 항만내 CY, CFS와 기타 보세창고를 의미한다. 수입업자는 선화증권을 선사에 제출하고 인도지시서를 받아 그것을 터미널에 제시하여 통관절차가 끝난 화물에 대해 반출할 수 있다.

국내의 목적지까지의 운송은 수출화물과 마찬가지로 트럭, 철도와 선박을 이용하여 운송하고, 통관이 유보된 화물에 대해서는 보세운송의 절차를 거쳐야한다.

[도표 4-13] 수입화물의 국내운송

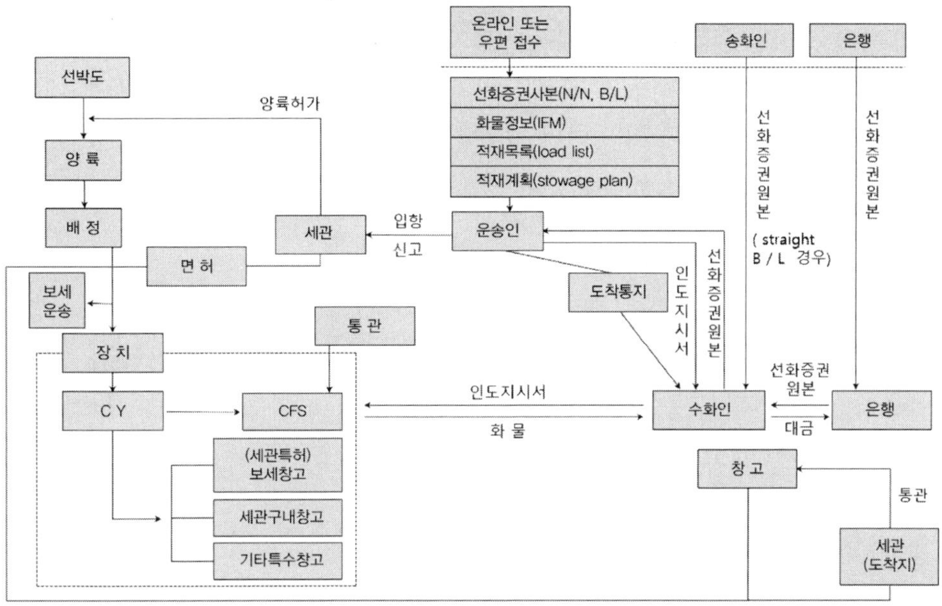

출처 : 이충배 외, 국제물류론, 박영사, 2011, 135쪽.

4.3.2 통관

모든 국가는 국방 이외에 경제사회적 목적으로도 국경을 통제한다. 경제사회적으로 국경을 통제하는 주체는 CIQ로 일컬어지는 세관(Customs), 출입국관리소(Immigration), 검역소(Quarantine)다. 세관은 재화를, 출입국관리소는 사람을, 검역소는 질병을 통제하는 기능을 갖고 있다.

이 가운데 세관(稅關, custom office)에서는 국경을 넘나드는 물품을 통제하고 국경통과세인 관세(關稅, customs)를 징수한다. 관세를 징수하는 것은 과거에는 국가 재정적 목적이 컸으나 지금은 무역의 관리가 주요 목적이 되었다. 대부분의 국가는 국제수지를 개선하고, 국내의 유치산업을 보호하기위해 수출진흥, 수입제한 등과 같은 정책을 통해 대외무역을 관리한다. 세관과 관세를 통해 그 목적을 달성하고 있다.

모든 수출입 물품은 세관의 심사를 거쳐야 한다. 대개 수출품에는 관세를 부과하지 않으며, 수입품에는 관세법에 따라 지정된 요율의 관세를 부과하고, 관세를 납부한 수입품에 한해서 국내 반입을 허가한다. 세관을 통과하는 일을 통관(通關, customs clearance)이라 한다.

전술한 보세(保稅)제도는 이러한 통관절차를 일시적으로 유보해주는 제도이다. 세관은 관세행정과 무역의 편의를 위해 특정한 장소를 보세구역(bonded area)으로 지정할 수 있다. 보세구역 내에 장치된 외국물품은 보세구역 밖의 국내로 반입하기 전까지 통관이 유보된다. 일시적 보관, 전시 또는 가공 등의 과정을 거쳐 다시 외국으로 유출되는 물품에 대해서는 매우 효율적인 제도이고, 현재 여러 가지 경제적 목적으로 그 활용도가 커지고 있으며, 보세구역의 면적도 더욱 확대되는 추세에 있다.

가. 수출통관

수출자는 모든 수출물품에 대해 세관에 수출신고를 하고 허가를 받아야 한다. 우리나라에서 수출자는 관세사의 도움을 받아 대부분 EDI(electronic data interchange) 시스템을 활용하여 세관업무를 처리하고 있다.

[도표 4-14] 수출통관절차

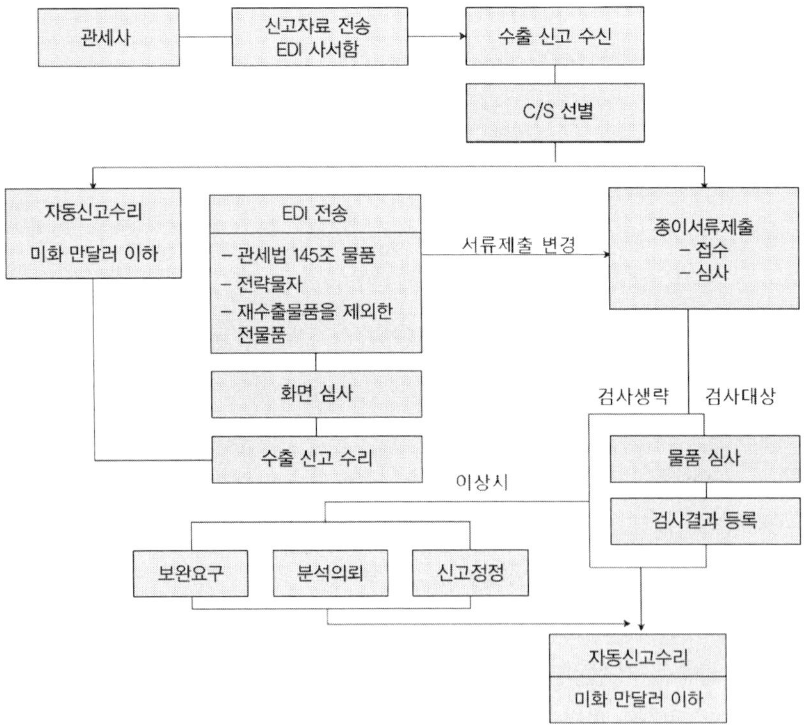

출처 : 이충배 외, 국제물류론, 박영사, 2011, 141쪽.

세관은 신고를 접수하면 화물을 선별(C/S, cargo selectivity)한다. C/S는 우범화물 자동선별 시스템을 의미하며, 이를 통해 검사대상으로 선정된 물품은 별도의 검사절차를 거치게 된다.

수출신고된 물품에 대해 신고서의 처리는 자동수리, 심사후 수리, 검사후 수리로 구분된다. 자동수리 대상이 아닌 것은 서류심사 품목과 직접 검사 품목으로 나뉘며, 서류심사나 검사가 행해진 후 수리되고 신고필증이 교부된다. 수리된 물품은 30일 이내에 선적되어야 한다.

나. 수입통관

국내로 반입되는 모든 수입물품은 관세법이 정하는 바에 따라서 통관절차를 거쳐 수입을 허가받아야 하고, 허가받은 수입물품이 국내로 반입되면 내국물품으로 취급된다.

[도표 4-15] 수입통관절차

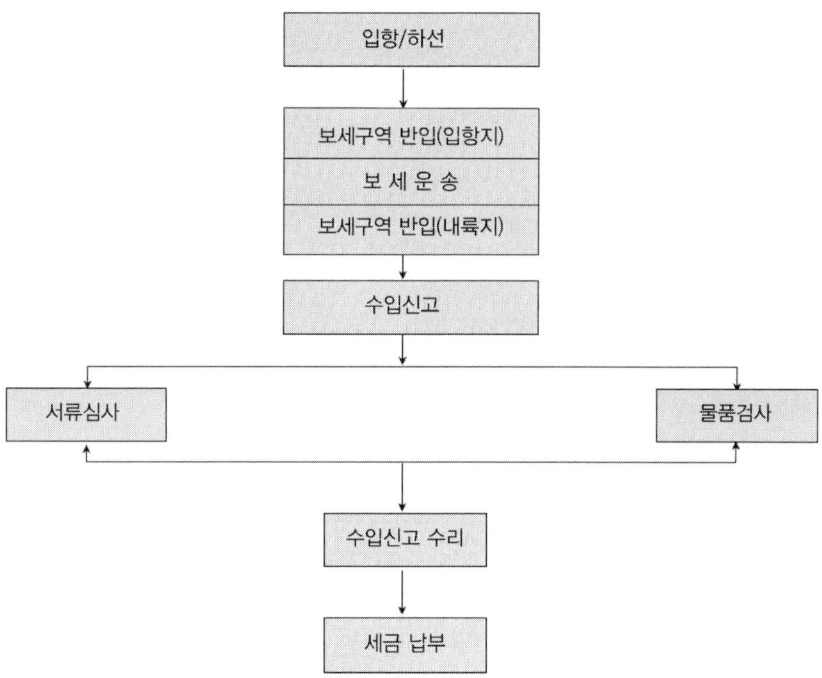

출처 : 이충배 외, 국제물류론, 박영사, 2011, 143쪽.

운송인은 본선의 입항 전에 적하목록(cargo manifest)을 세관으로 EDI를 통해 전송한다. 세관은 C/S를 통해 검사대상을 선별한다. 검사대상으로 분류된 물품은 세관이 지정한 장소로 옮겨 그곳에서 검사를 받는다. 검사대상이 아니거나 검사를 완료한 물품은 보세구역에 반입한다. 보세구역 운영자는 화물이 반입되면 세관에 목록을 전송하고, 보세구역으로 반입된 화물의 화주는 수입신고를 이행한다. 우리나라에서는 대개 관세사가 화주를 돕고 있다.

수입신고된 물품에 대해 세관은 자동수리하거나, 심사와 검사가 필요한 물품에 대해서는 서류의 제출을 요구한다. 자동수리되거나 심사, 검사를 통과한 물품은 수입신고수리필증을 교부받아 화물을 반출할 수 있다.

현행 제도상 관세는 수입신고 수리 후 15일 이내에 납부해야 한다. 수입신고를 한 화주가 납세의무자가 되며, 과세표준은 관세법에 정하고 있다.

생각해봅시다

이번 장에서 우리는 기업의 수출입 물류활동에 대해 알아보는 시간을 가졌다. 구체적으로, 기업의 해외활동의 전개, 수출입물류의 절차, 운송계약과 인코텀즈, 국내운송과 통관문제, 리스크관리에 대해 살펴보았다.

제 4장과 관련해서 세가지 토의과제가 있다.

1. 관과 관세사의 업무를 구체적으로 조사하고, 앞으로의 변화에 대해 생각해보자.

2. 수출입 물류업무의 전자화에 대하여 조사해보자.

3. 수출입 기업의 국내(보세)운송 효율화 방안을 생각해보자.

참고문헌

박대위, 구종순, [무역개론 제4판], 유원북스, 2015.
박명섭, [국제물류의 이해] 제3판, 법문사, 2011.
오원석, 양정호, [국제운송물류], 탑북스, 2011.
이균성, [신 해상법 대계], 2010, 한국해양수산개발원.
이장로, 문희철, 이춘수, [세계화 4.0시대의 무역개론], 무역경영사, 2019.
이충배, 김종칠, 김성원, [국제물류론], 박영사, 2009.
장세진, [글로벌 경쟁시대의 경영전략 6판], 박영사, 2010.
宮下国生, [日本物流業のグローバル競争], 千倉書房, 2002.
Kuehne+Nagel(https://www.kn-portal.com/incoterms_2020/)

국제물류론

5

기업의 국제물류 관리

5.1 글로벌 로지스틱스의 대두

5.1.1 기업의 국제화

다시 한번 '기업의 성장은 지리적 수평선의 확대과정이다'로 시작한다. 기업은 성장궤도에 진입하면서 자신들의 시장 영역을 지역에서 전국으로, 이웃국가로 그리고 세계로 확대하며 국제화된다. 그러면서 그들의 시야는 국내에서 해외로, 현지에서 세계로 향하게 될 것이다.

세계로 향하는 방법으로 기업들은 수출입과 국제계약, 해외직접투자(FDI, foreign direct investment) 등의 방법을 선택하거나 혼합하며 국제적 비즈니스를 추진한다. 그러면서 조달, 생산과 판매활동을 범세계적으로 전개하는 글로벌기업들이 탄생해왔고, 지금은 그들이 세계화를 주도하고 있다.

이러한 과정에서 기업주도의 무역이 증가하고 다양화한다. 국제물류 관리의 중요성이 날로 증대하고 있는 것이다.

5.1.2 해외직접투자 동향

기업물류의 국제화가 수출입활동에서 비롯된다면, 기업물류의 글로벌화를 이끄는 주요한 방법은 해외직접투자라 할 수 있다. 이번 세기에 들어 기업들의 해외직접투자 활동은 매년 연간 1.5조$ 내외로 추이하고 있다. 우리나라의 연간 GDP와 맞먹는 금액이고, 세계 상품무역액의 10%에 해당하는 어마어마한 금액이 외국으로 투자되고 있는 것이다.

수출입활동을 통해 국제 비즈니스를 경험한 기업들은, 해외직접투자활동을 통해 다국적화되고, 세계의 주요 경제권에 대한 다변화된 투자를 통해 세계화를 추진하고 글로벌 기업으로 성장한다.

FDI의 투자처를 보면 대개 기개발국(developed economies)이 절반, 개발도상국(developing economies)이 절반 정도를 점하고 있다. 기개발국에는 판매거점에 대한 투자가 주목적이고, 개발도상국에는 생산거점에 대한 투자가 주목적일 것이다.

UNCTAD의 자료에 따르면, 코로나 팬데믹의 영향으로 세계 FDI는 2020년에는 1조$ 수준으로 하락했으나 2021년에는 다시 1.5조$를 상회했다. 한편 2020년부터 팬데믹의 영향으로 기개발국에 대한 해외직접투자가 크게 감소하여, 그 결과 개발도상국에 대한 투자가 기개발국에 대한 투자를 상회하기 시작했다.

[도표 5-1] 최근 세계 FDI 추세(유입기준, 단위 : 10억$, %)

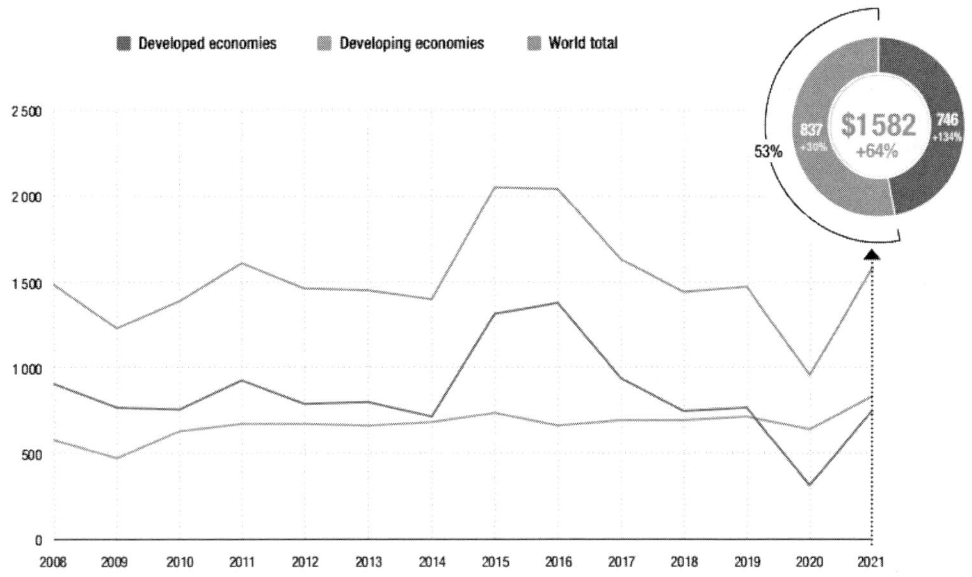

출처 : UNCTAD, World Investment Report 2022, p.2.

5.1.3 다국적기업의 글로벌화

[도표 5-2]는 세계 100대 다국적기업(MNE, multi-national enterprises)과 개발도상국의 100대 다국적기업의 해외직접투자 행태를 보여준다. 금융업을 제외하고 있어 간접투자 즉, 증권투자는 배제한 것이다.

2021년 기준으로 세계 100대 다국적기업의 해외자산비율은 54%에 달하고, 해외매출비율은 58%에 달한다. 고용도 자국 내의 고용에 버금가는 수를 해외에서 고용하고 있음을 알 수 있다. 그들은 해외에 10.1조$의 자산을 갖고 있으며, 매년 6.4조$의 해외매출을 올리고, 1천만 명에 가까운 고용을 한다. 출신국가를 포함해서 하나의 국가에 대한 의존도가 낮아 이들을 글로벌 기업이라 칭할 수 있을 것이다.

개도국의 MNE들은 자산, 매출, 고용에 있어서 해외의 비중이 30%대로 보고되고 있어, 아직까지 자국내 비중이 높은 것으로 나타나고 있지만, 그들도 점점 더 해외사업의 비중을 높여갈 것으로 보인다.

[도표 5-2] 세계 100대 다국적기업의 자산, 판매, 고용(단위 : 10억$, 천명, %, 금융분야 제외)

Variable	100 largest MNEs, global					100 largest MNEs, developing economies		
	2019[a]	2020[a]	Change, 2020–2019 (%)	2021[b]	Change, 2021–2020 (%)	2019[a]	2020	Change (%)
Assets (Billions of dollars)								
Foreign	9 322	9 591	2,9	10 092	5,2	2 479	2 642	6,6
Domestic	7 698	8 251	7,2	8 664	5,0	5 061	5 857	15,7
Total	17 021	17 842	4,8	18 756	5,1	7 540	8 499	12,7
Foreign as share of total (%)	55	54		54		33	31	
Sales (Billions of dollars)								
Foreign	5 982	5 196	-13,1	6 409	23,3	1 963	1 812	-7,7
Domestic	4 375	3 950	-9,7	4 720	19,5	3 155	3 041	-3,6
Total	10 357	9 146	-11,7	11 128	21,7	5 118	4 854	-5,2
Foreign as share of total (%)	58	57		58		38	37	
Employment (Thousands)								
Foreign	9 591	9 140	-4,7	9 157	0,2	4 359	4 150	-4,8
Domestic	10 396	10 192	-2,0	11 000	7,9	8 981	8 971	-0,1
Total	19 987	19 332	-3,3	20 157	4,3	13 341	13 121	-1,6
Foreign as share of total (%)	48	47		45		33	32	
Unweighted average TNI	61	62		62		50	48	
Median TNI	63	62		61		49	47	

Source: UNCTAD, FDI/MNE database (https://unctad.org/fdistatistics).
Note: Data refer to fiscal year results reported between 1 April of the base year and 31 March of the following year. Complete 2021 data for the 100 largest MNEs from developing economies are not yet available.
[a] Revised results.
[b] Preliminary results.

출처 : UNCTAD, World Investment Report 2022, p.40.

5.1.4 Toyota의 글로벌 경영

글로벌기업의 선두에 서 있는 Toyota의 사례를 들어보자. Toyota는 세계에서 유일하게 연간 1천만대 이상의 자동차를 판매하는 거대기업이기도 하다.

Toyota는 2022년 기준으로 전 세계에서 37만명 이상을 고용하고 있으며 해외고용비율이 45%를 넘고 있다. 자동차의 생산거점은 일본에 16개소, 북미 13개소 등 세계적으로 69개소를 운영하고 있으며, 연구개발 거점도 세계적으로 20개에 이르고 있다. 부품의 조달과 완성품의 판매는 모두 세계적 수준에서 이루어지고 있다. 자동차의 생산량의 일본 외 비중이 55%를 넘고 있으며, 판매량은 75% 이상이 전세계 170여개국의 해외시장으로 구성되어 있다.

[도표 5-3] Toyota의 글로벌 생산, R&D 거점

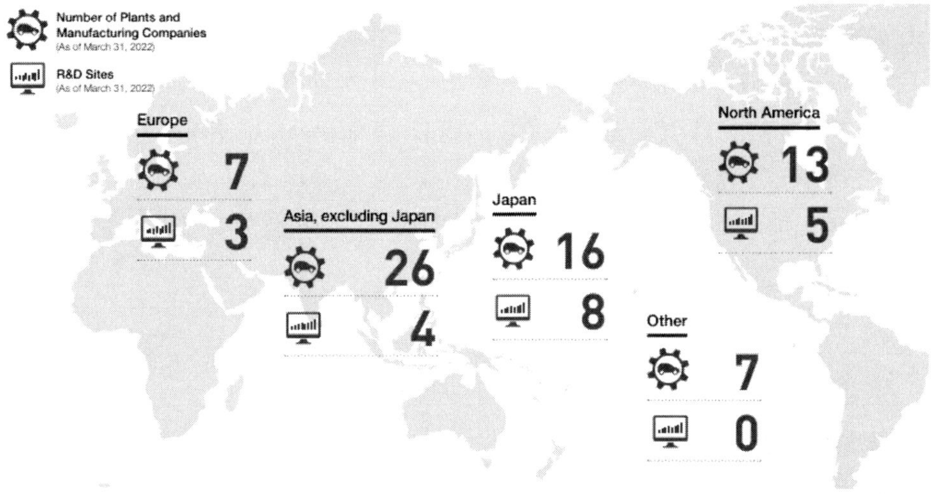

출처 : Toyota, Integrated Report 2022.

다만, 각국의 생산거점에서의 현지판매비율을 일정하지 않고, 현지조달비율도 마찬가지다. 북미지역과 유럽지역 거점에서의 생산은 100%가 현지판매를 위한 것이지만, 일본에서의 생산은 자국시장 공급분을 제외하고 전 세계로 수출하기 위한 것이고, 기타 아시아지역에서의 생산도 상당량이 북미와 유럽으로 수출되는 물량이다. 즉, Toyota와 같은 글로벌기업들은 세계적 관점에서 조달과 생산, 판매의 최적화를 시도하고, 이를 수행할 수 있는 글로벌 로지스틱스 시스템을 갖추어야 한다.

[도표 5-4] Toyota의 생산거점별 기능

생산거점	현지판매율	수출선
아태지역(24)	65%	북미(20%) 유럽(15%)
북미지역(11)	100%	
남미/호주지역(5)	70%	북미(30%)
아프리카, 중동(5)	95%	유럽(5%)
유럽(9)	100%	

* 본국 내 16개 생산거점 제외, 2012년 기준

5.1.5 국제물류와 글로벌 로지스틱스

앞 절에서 소개한 Toyota와 같은 글로벌기업은 실로 복잡하고 거대한 조달, 생산과 판매 네트워크를 구축하고 있다. [도표 5-5]는 Toyota의 해외 특정국내 물류처리절차를 도시하고 있다. 생산거점이 위치한 국가로 주요 부품을 국제운송하고, 현지의 부품과 결합하여 자동차를 조립한다. 완성차의 일부는 현지 판매하고 또, 일부는 다시 해외로 수출된다. 이와 같은 물류업무가 총 69개의 생산거점에서 수행되어야 하고, 또한 세계적으로 조정되어야 한다. 그것이 글로벌 로지스틱스의 실체이다.

[도표 5-5] Toyota의 글로벌 로지스틱스

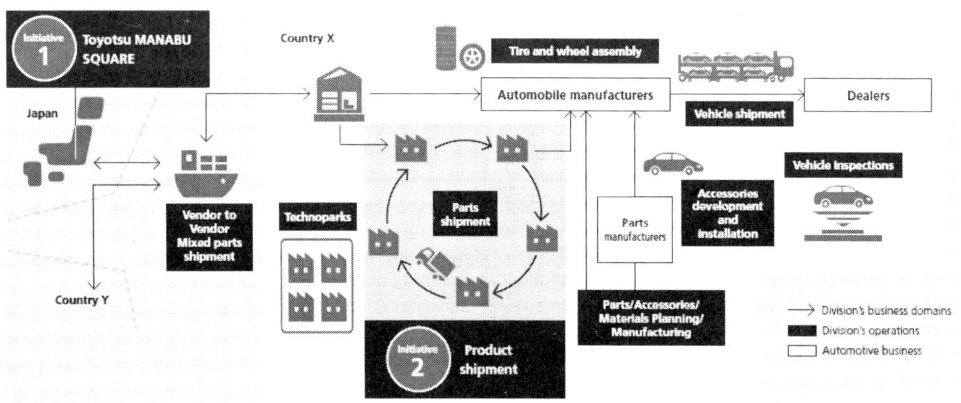

출처 : https://www.toyota-tsusho.com/english/company/business/parts.html

이와 같은 경영의 세계화에 따라 글로벌 로지스틱스가 중요해지고, 국제물류체계가 복잡화, 다양화된다. 기업 내부에서는 글로벌화의 진전에 따라 물류시스템이 수출입물류 시스템에서 현지물류 시스템으로, 그리고 다시 지역거점 물류시스템으로 진화해 나간다. 그리고 이와 동시에 제조업자, 유통업자의 국제물류 파트너는 국내물류업자에서 현지물류업자로, 나아가 글로벌 물류업자로 바뀌어나갈 수밖에 없다.

그 과정에서 수많은 복잡한 문제가 발생할 것이다. 그 가운데서도 중요한 문제는 국제물류업자와의 제휴, 일관성과 유연성, 재고관리, 국가간 시스템 조정력 등이 손꼽힌다. 이러한 문제들에 대해 다음 절에서 살펴본다.

[도표 5-6] 국제물류체계의 변화

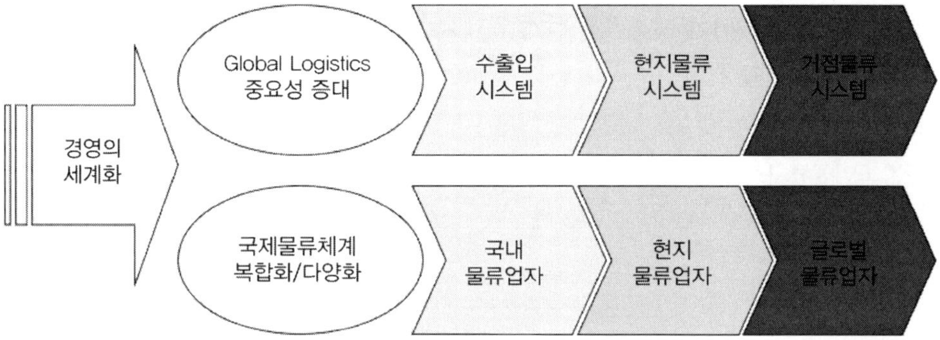

5.2 국제물류의 관리

글로벌기업 차원에서는 글로벌 로지스틱스가 되겠지만, 그 수준에 이르지 못한 많은 기업도 있기 때문에 국제물류라고 주로 이야기하겠다. 그러한 국제물류의 문제를 어떻게 관리할 것인가가 이번 장을 관통하는 주제임을 다시 한번 상기하자.

국제물류를 어떻게 관리할 것인가? 그것은 기업의 일반적 경영관리의 원칙과 다를 게 없다. 목표는 최소의 비용으로 최대의 효과를 거두는 것이고, 목표의 달성을 위해 계획하고 조직하며, 실행하고 통제하는 것이 국제물류의 관리다.

여기서 핵심적인 국제물류 관리의 문제는 어떠한 체제로 행하는가?, 즉 조직과 네트워크의 문제, 어떤 기준을 설정하는가?, 즉, 서비스와 코스트의 균형문제, 어떠한 방법으로 행하는가? 즉, 예산관리와 생산성의 문제 등 세가지다. 이 세가지 문제에 국제물류관리의 핵심이 있다.

국제물류 관리를 수행함에 있어 염두에 두어야 할 특성은 육해공을 활용하는 물류 전개의 다양성, 국경 통과의 복잡성, 국가별 유통경로의 상이성, 또 이로 인한 리드타임의 연장이 있다. 리드타임이란 상품의 발주에서 납품까지 걸리는 시간을 말하며, 물류서비스의 핵심이다.

5.2.1 국제물류시스템의 설계와 계획수립

기업에 있어서 국제물류시스템의 설계와 계획수립의 과정과 원칙은 경영의 다른 부문에서의 그것과 다르지 않다.

[도표 5-7] 국제물류시스템 설계

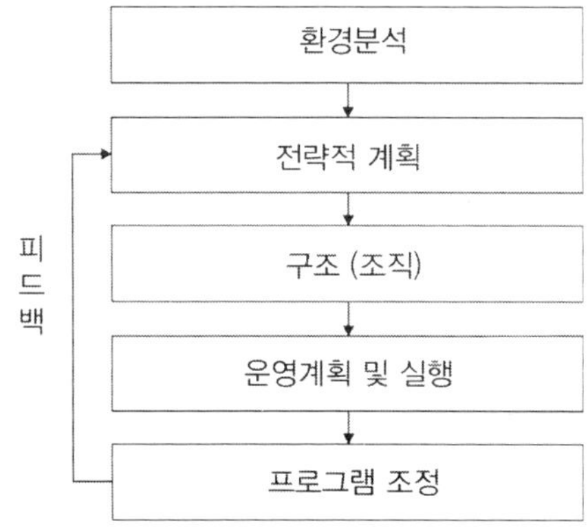

출처 : 하영석, 국제물류 제4판, 도서출판 두남, 2016. 58쪽.

국제물류시스템의 설계는 내외부 환경분석에서 출발한다. 그것을 바탕으로 비전과 전략적 계획을 수립해야 한다. A.D.Chandler의 통찰과 같이, 전략은 구조를 결정할 것이다. 또한 전략에 기반하여 운영계획을 수립하고 실행한다. 실행 과정에서 통제와 조정이 변행되어야 하며, 그 결과가 전략수립의 과정으로 피드백이 이루어진다.

Lambert, Stock & Ellram에 따르면, 국제물류시스템의 설계는 다음 12가지 질문에 대한 답변을 기반으로 수행되어야 한다.[1)]

가. 환경분석(Analysis)

1) 국가별 시장의 공통점은 무엇인가? 각 시장의 고유한 특성은 무엇인가?

2) 국제물류활동을 전개하기 위해 국가별 시장을 어떻게 통합해야 하는가?

1) Lambert, Stock & Ellram, Fundamentals of Logistics Management, 김선민 외 역, 한올출판사, 2002, 441쪽.

나. 계획수립(Planning)

3) 누가 의사결정을 해야 하는가?

4) 표적시장에 대한 주요 가정은 무엇인가?

5) 표적시장에 요구되는 고객서비스는 어떤 것인가?

6) 표적시장에서 이용가능한 물류시스템의 특성은 무엇인가?

7) 표적시장의 경쟁자와 비교하여 자사가 가진 강점과 약점은 무엇인가?

8) 표적시장의 기회와 위협요소에는 어떤 것들이 있는가?

9) 표적시장의 통화 및 지불위험은 어떤가? 물류에 어떤 영향을 주는가?

다. 구조(Structure)

10) 주어진 한정된 자원으로 최적의 목표 수행을 위해 물류 조직을 어떻게 구조화할 것인가?

라. 계획실행(Conduct)

11) 주어진 목표와 조직구조 하에 효과적인 운영계획을 어떻게 개발할 것인가? 특히 표적시장별 운송, 재고, 보관, 고객서비스를 어떻게 수행할 것인가?

마. 조정과 통제(Control)

12) 성과를 어떻게 측정, 평가할 것인가? 주어진 목표 수준을 달성하기 위해 어떤 부분을 보완하고 계획을 수정할 것인가?

[도표 5-8]은 계획과 실행절차를 3단계로 표현한 것이다.

1단계에서 기업의 상위전략, 고객의 요구 및 외부요인을 분석하여 물류의 비전이 제시된다. 두 번째는 시스템을 분석하고 전략을 개발한다. 개발된 운영전략 하에서 실행되어야 하며, 정보시스템이 주요한 통제의 수단을 제공한다.

[도표 5-8] 물류계획의 수립 과정

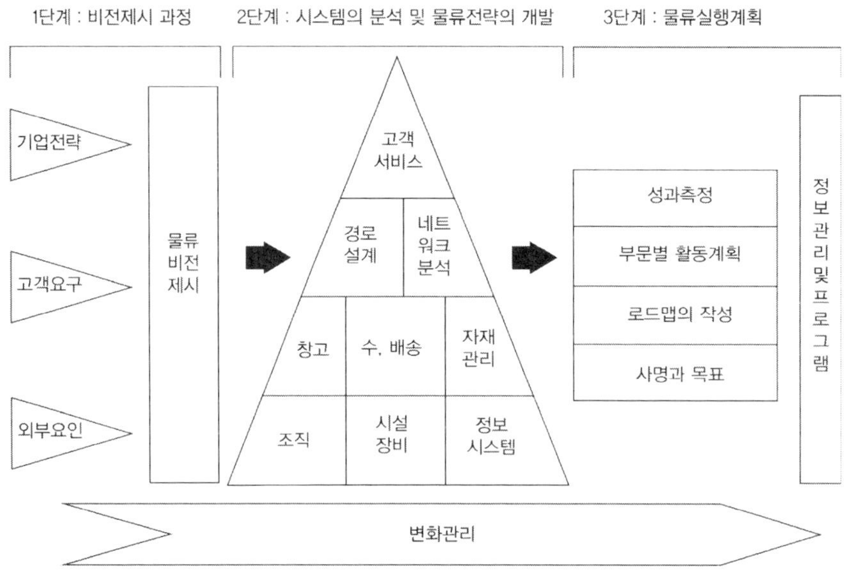

출처 : 하영석, 국제물류 제4판, 도서출판 두남, 2016. 96쪽.

5.2.2 비전의 설정

전략적 물류계획 수립의 첫 번째 과정은 비전의 설정이다. 비전이란 조직의 미래지향적 사업전개의 방향을 가시적으로 표현한 것이다. 기업은 비전을 통해 구성원들에게 우리가 누구이며, 무엇을 할 것이고, 어떤 방향으로 나아갈 것인지 제시하여 공감대를 형성한다. 이 공감대는 조직문화에 큰 영향을 주며, 이것을 통해 기업을 하나의 방향으로 이끄는 역할을 할 수 있다.

설득력 있는 물류 비전을 설정하기 위해서는 3가지 요소에 대한 철저한 준비가 필요하다.

첫째, 기업의 전략적 방향과 기업전략에서 물류의 역할 및 비중을 명확히 제시하고, 물류부문에 대한 요구사항을 도출한다.

둘째, 시장별, 고객별로 세분화된 물류서비스에 대한 요구수준을 조사, 분석한다.

셋째, 물류활동에 영향을 줄 수 있는 외부 환경요인에 대해 조사, 분석한다.

이처럼 조직 전체의 상위목표를 확인하고, 고객을 중심으로 외부환경을 분석하며, 이를 조직 내부의 역량과 개발 가능성을 고려하여 좋은 물류 비전을 설정하는 것이 좋은 물류계획 수립의 첫 번째 단계가 될 것이다.

5.2.3 서비스 목표

두 번째로, 물류전략의 개발에 가장 중요한 고려요소는 고객 서비스이다. 경영학에서 고객 서비스(customer service)에 대한 정의는 매우 다양하지만, 물류에서 고객 서비스는 자사의 물류 시스템이 얼마나 효과적으로 제품과 서비스의 시간 및 장소적 효용을 제공하는지를 측정한다. 이러한 정의에는 재고조사, 주문발주, 판매후 지원 활동 등이 포함된다.[2] 여기서는 물류에서의 고객서비스를 물류서비스로 칭한다.

[도표 5-9] 고객서비스의 구성요인

거래 전 요인	거래 요인	거래 후 요인
1. 서면화된 정책	1. 결품율	1. 설치, 보증, 변경, 수리 부품
2. 정책문서 제공	2. 주문정보	2. 제품추적
3. 조직구조	3. 주문주기	3. 고객불만, 반품
4. 시스템 유연성	4. 선적지연	4. 제품의 임시 대체
5. 관리자 서비스	5. 교환선적	
	6. 시스템 정확성	
	7. 주문 편의성	
	8. 제품 대체	

출처 : Lambert 외, Fundamentals of Logistics Management, 52쪽.

이처럼 다양한 구성요소와 포괄적 정의에도 불구하고, 물류 서비스는 저렴성, 신속성, 신뢰성, 안전성 등 4가지 속성으로 구성되며, 내외부 고객의 입장에서는 상품에 대한 접근가능성(accessibility)이 물류서비스의 가장 중요한 항목으로 꼽힌다. 즉, 고객이 원할 때, 원하는 장소에 원하는 수량만큼 정확히 인도하는 것이 최고의 물류서비스라 할 수 있다.

즉, 물류서비스의 수준을 높인다는 것은 접근가능성을 높인다는 뜻이고, 접근가능성의 개선은 고객만족을 통해 매출의 증가로 이어질 수 있다. 그러나 접근가능성 등 물류서비스 수준의 제고는 비용의 증가를 수반하는 것이 일반적이다.

이러한 상충관계가 존재할 때 물류서비스의 목표를 어떻게 설정할 수 있겠는가? 그것은 기업 전체의 이익이 가장 높아지는 지점을 찾아내는 것이다. 물류서비스의 증대로 인한 수입곡선은 통상 체감적 특성을 가지고 있고, 물류코스트는 체증적 특성을 가진다. 직관적으로

2) Lambert 외, 전게서, 49쪽.

생각해 보더라도, 고객의 주문으로부터 인도할 때까지의 시간을 50% 단축한다고 해도, 그것이 4주에서 2주로 줄어들 때 고객의 만족도 향상의 크기가 2주에서 1주로 줄어들 때보다 클 것이다. 그러한 시스템을 구축할 때의 비용은 전자보다 후자에서 커지는 경향이 있다. 이처럼 최적의 물류서비스 수준을 결정하려면, 물류서비스의 매출에 대한 기여도와 비용증가분을 정확히 계산할 수 있어야 한다.

[도표 5-10] 물류서비스의 수준과 비용, 이익의 관계

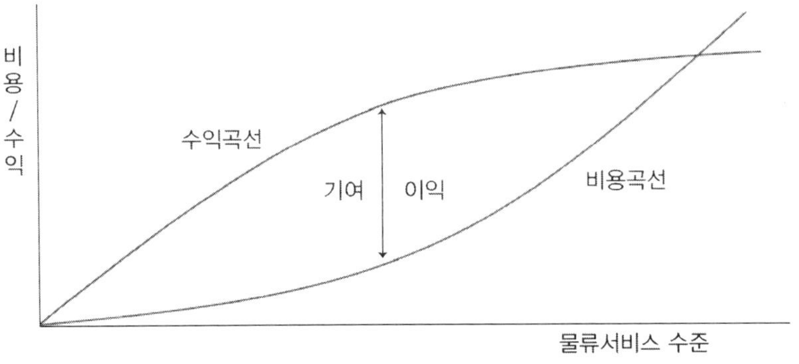

5.2.4 입지, 재고, 운송

물류서비스의 목표가 설정되면, 이것을 기반으로 전략을 개발하고 실행계획을 수립한다. 물류전략의 기본 틀은 [도표 5－11]에 제시된 바와 같이 4계층, 10가지 요소로 구성되어 있다.

[도표 5-11] 물류전략의 기본 틀

4계층	10요소
전략 단계	고객 서비스
구조 단계	유통경로 설계, 네트워크 전략
기능 단계	창고 설계 및 운영, 운송관리, 자재관리
기반 구축	정보시스템, 정책 및 절차, 시설 및 장비, 조직 및 변화 관리

출처 : 하영석, 국제물류 제4판, 도서출판 두남, 2016. 95~107쪽 참조.

[도표 5-12] 물류계획수립의 주요 영역

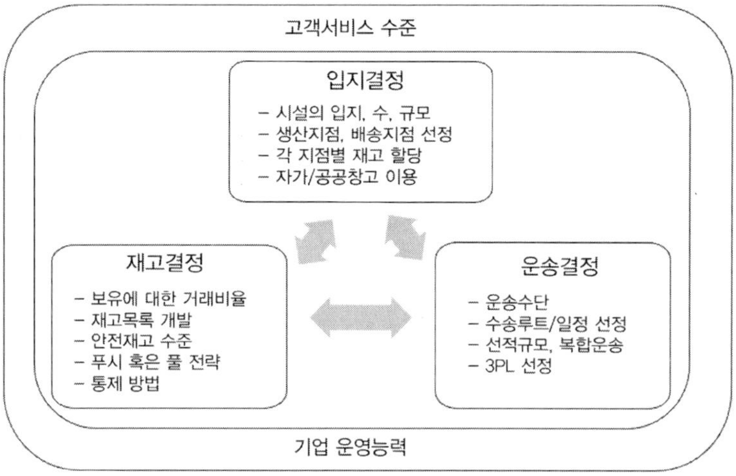

출처 : 하영석, 국제물류 제4판, 도서출판 두남, 2016. 106쪽 참조.

물류 관련 의사결정의 주요 영역으로 재고, 입지, 운송이 핵심이라 볼 수 있다. 이 세 가지 영역에서의 물류업무의 수행이 결국 물류서비스의 수준을 결정하고, 물류비용도 대개 여기서 발생한다.

먼저, 입지의 문제이다. 이 입지의 결정은 기업에게 대규모의 투자를 필요로 하고, 한번 결정된 입지는 변경이 어려워 재고와 운송의 구조에 큰 영향을 준다. 그러므로 무엇보다 입지의 결정이 우선 고려된다. 재고는 모든 물류의 거점에 산재하게 된다. 창고, 생산공장, 판매점포 등 시설의 수와 규모는 재고량에 큰 영향을 준다. 따라서 시설의 입지보다 수와 규모의 결정이 선행되어야 한다. 그 다음 최적의 장소에 입지시키는 결정을 하게 될 것이다. 입지는 운송을 전제로 하기 때문에 입지 장소를 결정할 때는 운송루트에 대한 검토도 필요하다. 즉, 입지의 결정에는 재고와 운송에 대한 고려가 필요하다.

입지와 함께 재고와 운송의 결정이 필요하다.

곳곳에서 공급과잉에 직면한 현대의 산업사회에서 불량재고는 기업의 목줄을 죄고 있다. 여기서는 품목별로 어느 정도의 재고를 보유할 것인가가 핵심이다. 원자재냐, 완제품이냐, 소비재냐 산업재냐에 따라서 적정재고의 수준이 다르다. 재고의 비축 수준이 높아지면 고객 입장에서는 접근가능성이 높아진다고 볼 수 있지만, 재고의 보유 비용은 당연히 증가한다. 생산의 의사결정을 계획 중심으로 미리 수행하느냐, 시장에서의 변화를 보고 결정을 늦추느냐가 중요한 문제다.

운송 부분은 물류비의 과반을 점한다. 그래서 운송의 결정은 매우 중요하고, 여기서는 운송을 직접 생산할 것인가 시장에서 구매할 것인가, 어느 정도의 비율로 할 것인가, 시장에서 서비스를 구매한다면 어떤 운송인에게 어떤 조건으로 얼마만큼 할 것인가가 주요 의사결정의 포인트가 된다. 최근에는 물류업자와 장기적 제휴관계가 하나의 트렌드로도 발견되고 있다.

5.2.5 주요 체크 포인트

국제물류 전략을 수립할 때 중요한 체크 포인트들을 살펴보자.

첫 번째의 개념은 물류비용 간의 상충관계(trade-off)이다. 운송비와 재고비는 상충관계에 있다. 즉, 운송비를 절약하면 재고비가 증가하는 경향이 있는 것이다. 물류비용을 구성하는 항목 간에는 이러한 상충관계가 자주 발견되므로, 전체적으로 접근하지 않으면 최적화할 수 없다. 그래서 부분적 비용이 아닌 총비용(total cost)의 개념이 중요하다.

두 번째는 통합과 차별화이다. 총비용을 파악하려면 물류의 제반 요인들을 통합 관리하는 부서가 필요하다. 운송과 보관, 재고관리를 따로 실행하지 않고, 전세계적 차원에서 통합해야 한다. 그러나 고객들의 요구는 서로 다르니 차별화도 필요하다. 통합과 차별화 사이에서 어떻게 균형을 잡는가도 중요하다.

세 번째는 표준화와 공동화이다. 표준화는 통합을 통한 코스트 절감에 필수적이다. 기업내 표준화를 넘어 산업의 표준화도 필요하고, 필요에 따라 외부기업과 물류를 공동운영하는 전략도 비용절감의 열쇠를 제공한다.

네 번째는 밀기(push)와 끌기(pull)이다. 비용을 절감하는 대표적 전략은 밀기 전략이다. 밀기 전략이란 안정적 계획에 따라 생산하고, 주기적으로 시장에 밀어내는 것이다. 수요가 안정되었을 때 비용절감의 키가 된다. 그러나 수요의 변화가 불확실한 경우 밀기 전략은 대량의 불량재고를 만들어낼 수 있다. 그러한 경우 끌기 전략이 유용하다. 끌기 전략이란 시장에서의 수요변화를 가늠할 수 있을 때까지 생산의 의사결정을 뒤로 미루는 것이다. 불량재고를 줄일 수 있으나, 비용이 증가하므로 유연한 생산과 물류역량을 갖추지 않으면 그 실현이 곤란하다. 이러한 밀기와 끌기를 투기(speculation) 전략과 연기(postponement) 전략이라고도 할 수 있겠다.

[도표 5-13]은 상충관계와 총비용의 대표적인 사례인 운송수단 선택과 복합운송의 문제이다. 항공운송은 신속하지만 비싸고, 해상운송은 저렴하지만 느리다. 항공운송을 이용하

면 운송비용은 높아지지만, 재고비용을 줄일 수 있고, 해상운송은 그 반대가 된다. 물류의 총비용은 대개 운송비와 재고비에서 발생하므로 이 두가지를 결합한 것이 총비용이다. 물류관리자는 이 총비용이 최소가 되는 지점을 의사결정의 키 포인트로 삼아야 한다.

이처럼 운송비와 재고비에서만 상충관계가 존재하는 것이 아니다. 여러 부분에서 유사한 관계가 관찰된다. 따라서 물류관리자는 각 비용의 관계를 잘 이해하고 있어야 한다.

[도표 5-13] 운송과 재고의 상충관계

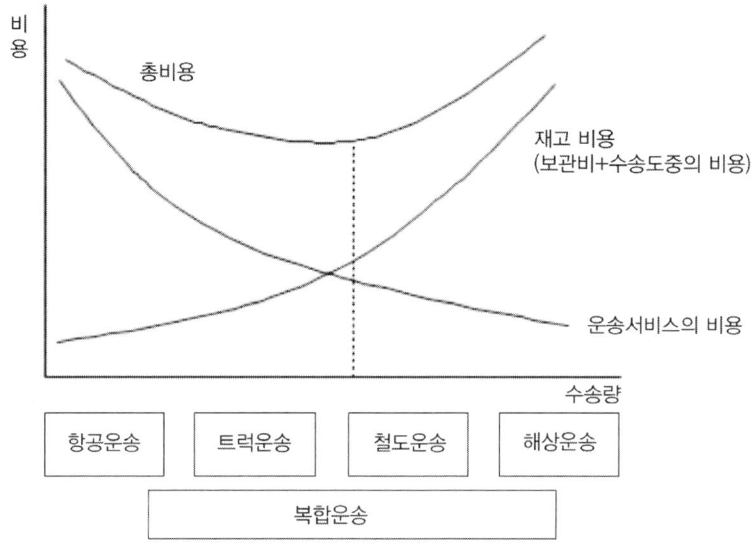

출처 : 하영석, 국제물류 제4판, 도서출판 두남, 2016. 99쪽 참조.

5.3 국제물류시스템의 구축

경영을 글로벌화하고 있는 기업들은 나름대로의 국제물류 전략에 따라 실행 시스템을 구축해나가고 있다. 연구자들은 통상 그들의 국제물류시스템을 4가지로 유형화하고 있다. 고전적시스템, 통과시스템, 직송시스템, 지역거점시스템이 그것이다. 이 시스템들을 하나하나 들여다 보자.[3]

3) 이충배 외, 국제물류론, 박영사, 2009, 76~81쪽., 박명섭 외, 국제물류의 이해, 제5판, 법문사, 2021, 259~261쪽 참조.

5.3.1 고전적 시스템

[도표 5-14] 고전적 시스템

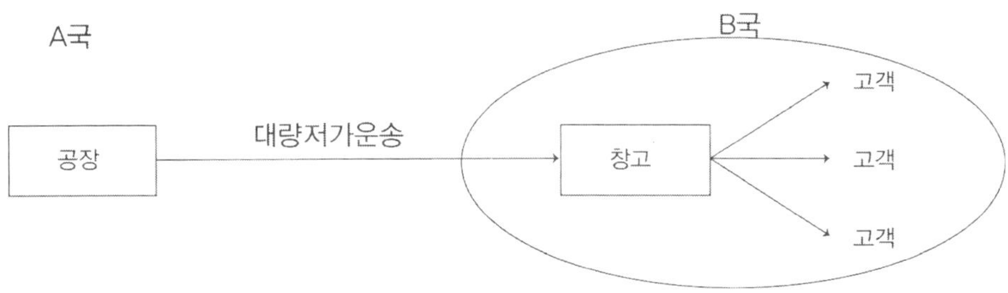

출처 : 이충배 외, 국제물류론, 박영사, 2009, 77쪽.

먼저 고전적 시스템을 살펴보자, 이 시스템에서는 창고가 핵심이 되므로 창고시스템이라고도 한다. 이 시스템에서 본사는 해외시장에 판매자회사를 설립하고, 자회사의 창고에 재고를 집중적으로 보관하는 시스템이다. 거래는 본사와 해외자회사간, 해외자회사와 해외고객간 이루어진다.

이 시스템의 장점은 본사 공장에서 해외자회사의 창고까지 해상운송을 활용할 수 있다는 점이다. 해상운송을 활용하여 대량으로 운송, 통관하여 규모의 경제 효과를 살릴 수 있고, 서류작업의 번잡함을 피할 수 있다. 또한 해외자회사의 창고에 안정적으로 재고를 보유시켜 품절로 인한 고객상실의 위험을 회피할 수 있다. 해외자회사의 창고는 항만에 입지시켜야 한다.

단점은 창고보유 및 운영비용과 재고비용이 늘어난다는 점이다. 한 나라가 아니라 많은 나라로 이 시스템을 확산시키기 어려운 이유이기도 하다.

5.3.2 통과 시스템

통과 시스템은 고전적 시스템과 유사하지만, 창고의 기능이 보관이 아니라 통과센터로만 기능하여 화물의 분류에만 쓰인다는 것이다. 재고의 보유량이 적어 물류센터에 굳이 투자할 필요 없이. 일정 공간만 임대하거나 필요한 서비스를 필요한 때에 구입할 수도 있다. 이에 따라 통과 시스템의 장점은 고전적 시스템에 비해 보관비용와 재고비용을 줄이는 것에 있다.

이 시스템의 단점은 창고시스템에 비해 운송빈도가 높아짐에 따라 운송비용이 높아진다는 점에 있다. 해상운송을 이용할 수 있지만, 상대적으로 소량운송이 되기 때문에 규모의 경제 효과가 줄어든다. 또한 통관횟수가 증가하여 서류작업의 부담이 커지고, 재고의 보유량이 적어 유사시의 대응이 힘들어진다.

[도표 5-15] 통과 시스템

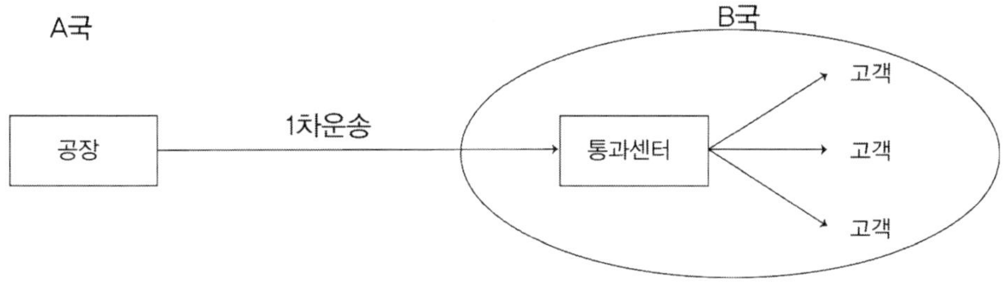

출처 : 이충배 외, 국제물류론, 박영사, 2009, 78쪽.

5.3.3 직송 시스템

직송 시스템에서 해외지점은 재고를 보유하지 않는다. 거래가 이루어질 때마다 본국의 창고에서 해외의 고객에게 직접 배송된다. 고객의 요구에 따라 해상운송보다 항공운송이 선호될 수 있다. 따라서 직송 시스템의 이점은 보관비용과 재고비용을 최소화시킨다는 점에 있다.

[도표 5-16] 직송 시스템

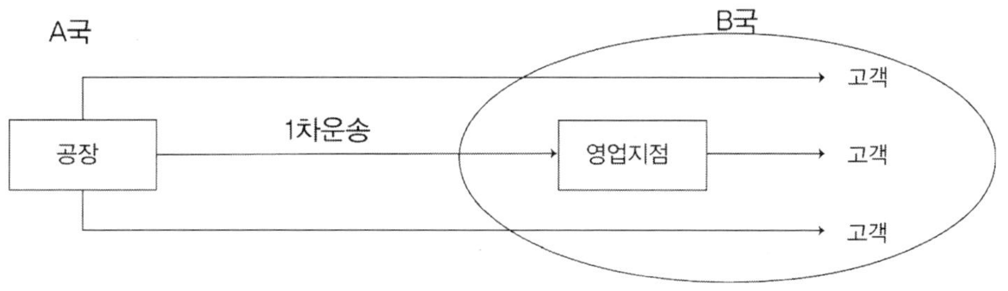

출처 : 이충배 외, 국제물류론, 박영사, 2009, 79쪽.

반면, 이 시스템에서 운송빈도는 최대화되고, 운송량은 최소화되므로 규모의 경제를 거의 향유하기 어렵고, 통관, 서류작업이 크게 증가한다. 또 항공운송을 이용하게 되면 운송비가 최대화 된다.

따라서 통과 시스템은 운송료의 부담이 작은 제품, 재고보유의 리스크가 큰 제품, 또는 해외매출이 본격화되기 전의 초기단계에 활용될 수 있다.

5.3.4 지역거점시스템

기업의 경영 범위가 글로벌화되면, 기업은 국가를 벗어나 광범위한 지역 수준에서 물류를 처리해야 한다. 그 때는 특정한 지역을 중심으로 대륙별 거점을 설치하는 것이 효율적일 수 있다. 각 지역별로 중심적 물류센터를 지정하고, 당해 물류센터에서 지역내 각 국가로의 배송을 담당케 하는 시스템이 지역거점 시스템이다. 글로벌 기업들은 유럽, 북미, 동아시아 등 중점 시장별로 물류거점을 두는 경향이 나타나고 있다.

지역거점 시스템의 이점은 국가별로 창고를 운영하는 것에 비해 보관, 재고비용을 낮출수 있다는 데 있다. 또한 지역내 국가간 물량을 통합하여 때로 운송비 절감의 효과도 나타난다.

단점은 지역 물류거점에서 각 국가로 이동하는데 통관 등 걸림돌이 있으면 추가적 비용이 발생하고, 본사와 지역거점 간 재고의 책임을 둘러싸고 충돌이 발생한다는 점을 들 수 있다.

[도표 5-17] 지역거점 시스템

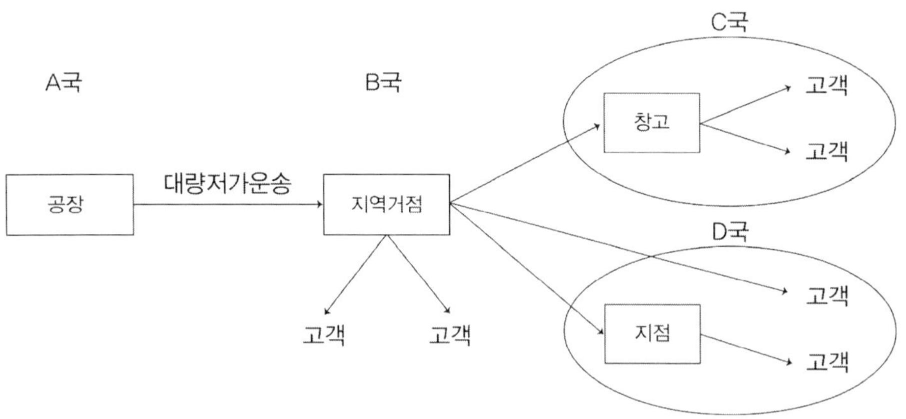

출처 : 이충배 외, 국제물류론, 박영사, 2009, 80쪽.

따라서 거점의 입지가 중요해지며, 대개 통관절차가 유보되는 특별경제구역이 거점설치의 유력한 후보지가 된다. 또 이 지역거점 시스템은 하위 시스템으로 지역거점과 각 국가간을 통과시스템으로 만들수도 있고, 직송시스템으로 구성할 수도 있겠다.

5.3.5 국제물류시스템의 설계

지금까지 나타난 4가지 형태의 국제물류시스템을 살펴보았다. 이 4가지의 구분이 절대적인 것도 아니고 기업에 따라 얼마든지 4가지 시스템을 선택적으로 혼용하거나 통합적으로 운용할 수도 있음도 인지해야 한다.

이러한 국제물류시스템을 설계할 때 중요한 고려요소들은 [도표 5−18]과 같이 경제적 조건, 환경적 조건, 관리적 조건으로 나누어서 생각해볼 수 있겠다.[4]

[도표 5-18] 국제물류시스템의 선택 조건

조건	경제적 조건	환경적 조건	관리적 조건
내용	상품의 물리적 특성 상품의 수량 수요의 성격 주문빈도와 규모	고객서비스 수준 가용 수송수단 통관의 장벽 내륙운송비	재고리스크 운송리스크 코스트 책임소재

먼저 경제적 조건에서는 상품의 특성과 수요의 성격이 주요한 요소들이다. 상품이 중후장대하고 1회의 주문량이 크다면 운송비의 부담을 줄이는 시스템이 채택될 것이고, 상품이 경박단소해서 운송의 부담이 작거나 수요의 변동성이 커서 재고의 부담이 크다면 재고비의 부담을 줄이는 시스템을 선택하게 될 것이다.

환경적 조건은 고객의 요구수준, 가용수송수단, 통관, 내륙운송의 부담이 주요 고려요소다. 고객의 요구수준에 맞춰야 할 것이고, 내륙국가의 경우 해상운송을 활용할 수 없다. 통관이 까다롭다면 통관부담을 줄일 수 있는 시스템이 필요하고, 내륙운송의 기반이 없다면 내륙운송구간을 최소화하는 시스템을 갖추어야 한다.

마지막으로 관리적 조건에는 재고와 운송의 리스크 및 코스트의 책임소재가 어디냐 하는 것이다. 때로 본사와 해외자회사 간의 실적과 책임 부담을 놓고 갈등이 발생한다. 재고의 리스크를 본사에서 지게 되면 본사 책임자는 재고를 줄이려하는데 비해 자회사에서는 늘리

4) 박명섭 외, 전게서, 261~263쪽 참조.

려 할 것이다. 운송비용을 누가 부담하느냐에 따라 운송수단에서도 선호의 차이가 발생할 수 있다.

국제물류시스템의 선택은 운영전략과 불가분의 관계에 있다. 국제물류시스템의 운영은 크게 분산거점형과 집중추진형으로 나누어 볼 수 있다.[5)]

국제물류관리의 복잡성으로 인하여 지금까지는 해외의 자회사에 권한과 책임을 위임하는 분산형 운영전략이 다수 채용되어왔다. 그러나 대부분 해외자회사의 책임은 재고보다 매출에 집중된다. 매출을 올리기 위해서는 고객의 접근가능성을 높여야 하므로, 대개 재고가 증가하는 경향을 보이고, 시너지의 잠재적 이익이 소실될 수 있다.

이러한 단점으로 인해 최근에는 세계적으로 국제물류의 관리를 본사에 집중시키는 전략도 채택되기 시작했다. 글로벌 로지스틱스를 추진하기 시작한 것이다. 다만 이러한 집중전략은 본사의 영향력을 확대시켜, 세계적 차원에서 최적화의 달성에 기여할 수 있지만, 종종 현지사정을 잘 모르는 본사와 자회사 간 충돌을 야기하기도 한다.

따라서 현실에서는 분산거점형과 집중추진형을 절충하여 운영하고, 본사와 자회사간, 또는 해외의 자회사간 충돌을 방지하기 위해 본사가 국제물류 조정기능을 발휘하는 것도 중요하다.

5.4 물류의 아웃소싱과 조직의 변화

5.4.1 아웃소싱의 확대 경향

지금 산업계에서는 아웃소싱이 확대 일로에 있다. 산업계 곳곳이 공급과잉으로 전환되고, 이에 따른 경쟁의 격화로 인해, 기업들은 핵심역량의 개발에 집중하고, 잘하지 못하는 분야는 기업 내부에 보유하는 것보다 시장거래를 통해 사들이자는 것이 아웃소싱이다. 마침 외부 시장도 활성화되어 싼값에 좋은 서비스를 제공받을 가능성도 커지고 있다.

물류 분야에서도 아웃소싱이 점차 확대되고 있다. 제조, 유통기업들이 필요한 물류서비스를 자체적으로 생산하는 것보다 시장에서 구입하는 것을 선호하고 있는 것이다. 그 이유는 다음과 같다.

---

5) 박명섭 외, 전게서, 263~266쪽 참조.

첫째, 수요의 계절성이 있는 경우, 물류 서비스를 모두 자체생산하는 것보다 최소의 수준에서 유지하고 계절에 따라 편차가 있는 수요는 시장에서 구입하는 것이 합리적이다. 둘째, 물류서비스 시장의 활성화에 따라 시장에서의 거래비용이 줄어들고 있다. 셋째, 물류서비스를 자체생산하는 데는 추가적 비용이 들어가고, 내부의 관리비용도 커진다. 넷째, 운송, 보관으로 대표되는 물류서비스의 생산에는 초기에 많은 비용이 투자되고, 그것이 수요와 관계없이 고정비적인 성격을 갖게 된다. 다섯째, 기업이 핵심역량에 집중하는 전략을 갖게 되면, 핵심역량으로 분류되지 않은 기능은 구조조정과 아웃소싱의 대상이 되는데, 그런 전략을 가진 기업이 늘고 있다.

국내물류에서도 이러한 현상이 발생하고 있는데, 국제물류는 과거에서부터 그러한 경향이 강했다. 국제물류는 국내물류와 달리 국경을 통과하고 선박과 항공기를 주로 활용한다. 선박과 항공기는 일반적으로 제조업자나 유통업자가 보유, 운영하기 어려운 특수 자산이다. 그렇기때문에 국제물류에서는 특히 운송업무의 아웃소싱이 보편적이다.

5.4.2 아웃소싱의 의미

기업의 외부에서 서비스를 구입하는 행위는 과거에서부터 존재해왔고, 보통 외주(外注)라고 불렀다. 지금의 아웃소싱(outsourcing)은 과거의 외주와 다른 개념일까? 분석적으로 생각해보자.

시장에서 서비스를 구입할 때, 대개 업무의 운영을 맡기느냐, 기획과 설계를 맡기느냐에 따라 4가지로 구분할 수 있다. 둘 다 맡기지 않으면 단순 인력파견이다. 건설현장에서 지시와 감독에 따르는 노동자의 파견이 이런 것이다. 기획하지 않지만 운영을 맡기면 외주가 된다. 트럭을 가진 운송사가 제조업자의 창고간 운송을 맡는 것이다. 운영에는 관여하지 않고 기획만 담당하면 컨설팅이다. 앤더슨 컨설팅에 따르면, 기획과 운영을 모두 맡게 되는 것을 현대적 의미의 아웃소싱이라 할 수 있다.

[도표 5-19] 외주와 아웃소싱

구분		업무의 운영	
		No	Yes
업무의 기획, 설계	No	인재파견	업무대행(외주)
	Yes	컨설팅	아웃소싱

출처 : Anderson Consulting, 経営を変える戦略アウトソーシング, 東洋経済新報社, 1998, p.49.

5.4.3 원청기업과 3PL

기업의 물류업무는 업무의 수준에 따라 물류기획, 관리, 운영업무 등으로 계층화할 수 있다. 물류기획(Strategy)은 재고 수준, 서비스 신뢰성 수준, 코스트 수준, 부문간 트레이드 오프 조정 등 전략적 수준이라 할 수 있다. 물류관리(Planning)는 재고 입지, 수배송 방식, 재고관리 지표 설정 등 관리적 수준이고, 물류운영(Operation)은 수배송, 하역, 보관, 포장, 유통가공, 수발주 처리 등 물류현장 업무라 볼 수 있다.[6)]

기존의 외주나 하청은 이 가운데 물류의 운영업무에만 집중되어왔다. 그 가운데 원청(元請) 또는 원도급(元都給)업자로 성장한 기업들도 소수 존재한다. 그들은 기존의 운영업무에 관리업무의 일부까지 맡아 관리업무는 스스로 해결하고, 운영업무의 일부는 하청기업에 재위탁하는 방식으로 처리해왔다. 아웃소싱에 가까운 형태라 볼 수 있겠다.

[도표 5-20] 원청제도

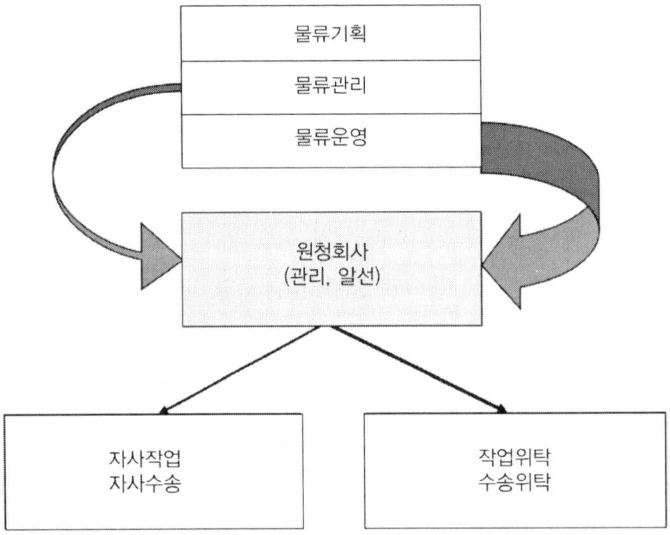

출처 : 中田信哉, [物流管理組織のキーワード], ファラオ企画, 1990, p.115.

그런데 최근 제3자물류(3PL, third party logistics)의 개념이 등장했다. 제3자물류는 우리말이 아니고 영어로 된 개념을 번역한 것이다. 원래의 뜻은 거래의 당사자인 갑과 을, 즉,

6) 日通総合研究所´ 最新物流ハンドブック´ 白桃書房´ 1991, p.147.

제1자, 제2자가 물류업무를 직접 담당하지 않고 전문업체에게 의뢰하여 처리한다는 뜻이다. 다만 국내에서는 제조업자가 직접 담당하면 제1자물류, 자회사가 담당하면 제2자물류, 독립계 물류업체가 담당하면 제3자물류로 부르고 있으나, 이는 국제적으로 통용되는 기준은 아니라고 볼 수 있다.

국제적으로 제3자물류는 물류의 혁신자의 의미로 쓰이고 있다. 즉, 기존의 운영업무에만 집중하던 외주기반 물류업체와는 다르게 물류의 관리, 기획업무까지 업무의 역량을 강화하여 서비스의 범위를 확대한 물류업자라는 뜻이다. 원청업자와는 다르게 물류관리 전반과 기획업무를 수행할 수 있어야 한다. 그래야만 혁신자로서의 의미가 있다.

구미 선진국에서 제3자물류를 표방하는 서비스 제공자가 담당하는 업무는 특송(express)과 정기운송(trucking)과 같은 기초적 운영업무 뿐 아니라, 수준높은 정보처리능력을 바탕으로 포워딩, 창고운영 및 재고관리, 정보서비스 및 컨설팅까지 광범위하게 펼쳐져 있다.

[도표 5-21] 제3자물류의 업무영역

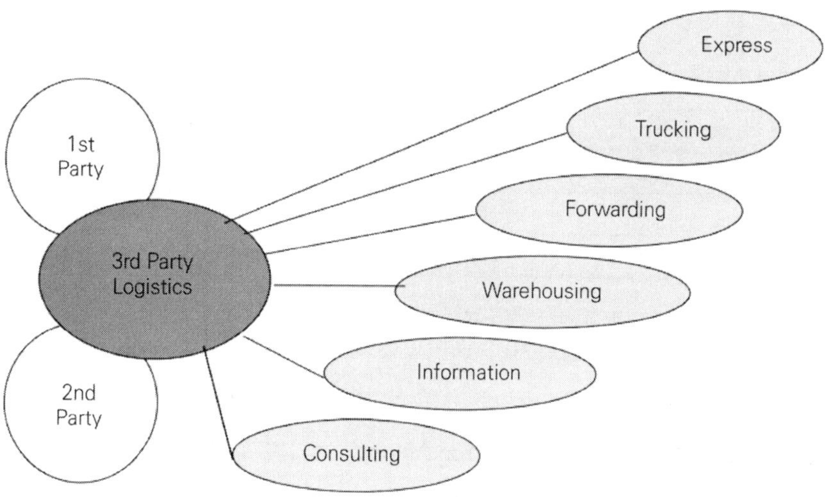

출처 : Abrahamsson & Wandel, "A Model of tiering in third party logistics with a service parts distribution use study", Transport Logistics, Vol.1, No.3, 1998, p.184 참조 작성.

5.4.4 물류아웃소싱 의사결정과 조직의 변화

우리가 아웃소싱을 전략적 의사결정으로 받아들여 이를 물류분야에 적용해보면, 기업의 물류 아웃소싱에 대한 태도를 다음과 같이 4가지로 이해할 수 있으며, 이에 따라 기업내 물류조직에도 변화가 불가피하다.

첫째, 외부 물류시장이 발달해서 물류업무의 아웃소싱이 유행한다고 해도, 제조업자와 유통업자에게 있어 물류활동이 중요하고 내부의 경쟁력이 있다면 그들에게 물류활동은 핵심역량이 되어 내부에서 그 기능을 담당하려 할 것이다.

둘째, 당해 물류부서의 경쟁력은 있으나 물류 자체의 중요성이 떨어지면 그들은 현장업무부터 축소시키며 많은 외주를 단발적으로 발주하고 외주업체의 관리에 집중하려 할 것이다.

셋째, 물류부문의 경쟁력이 없고 물류업무의 중요성도 떨어지는 상황이라면 포괄적 물류업무 계약을 통해 물류기능을 외부화할 가능성이 커진다.

넷째, 물류부문의 경쟁력은 없으나 물류업무의 중요성이 큰 상황이면, 전략적 물류 파트너의 선정이 매우 중요해진다.

[도표 5-22] 물류 아웃소싱에 대한 태도

구분		물류활동의 경쟁력	
		Low	High
물류업무의 중요성	Low	아웃소싱 (계약관계)	단기외주 (거래관계)
	High	아웃소싱 (전략적 제휴)	자사관리

다만, 아웃소싱 확대의 의사결정이 내려진다 해도 다양한 물류 업무에 공통적인 것이 아니고, 물류업무 특성이 반영될 것이다. 전술한 바와 같이 물류의 업무는 그 수준에 따라 전략적(strategy), 관리적(planning), 운영적(operation)의 3가지 수준으로 구분할 수 있다.

물류업무의 처리는 대개 전략적 차원에서는 본사 스태프(staff) 조직이 업무를 담당한다. 그리고 관리적 업무의 일부를 본사의 라인(line) 조직이 담당하거나, 라인 조직의 업무가 자회사나 원청회사로 넘어간 것이다. 운영적 업무의 대부분은 지금까지도 대개 하청업체가 담당해왔다.

새로 등장한 제3자물류(3PL)가 혁신적이라면, 기존의 물류자회사, 원청업자가 담당하는 것을 그대로 대체하는 것이 아니라 더 수준 높은 차원의 업무를 담당할 수 있어야 한다. 그것은 planning 차원을 넘어 strategy 차원의 물류업무까지 범위를 확장하는 것이다.

[도표 5-23] 물류관리 조직의 변화

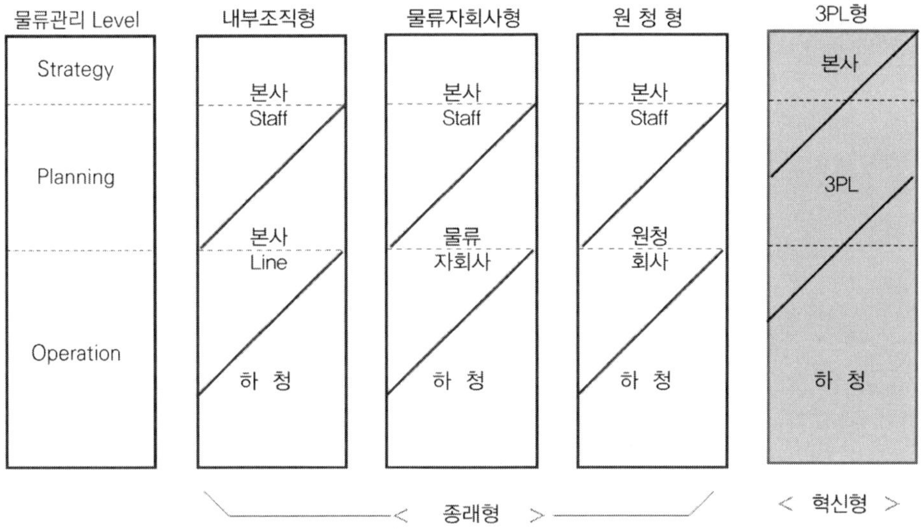

출처 : 오용식, 일본기업의 로지스틱스 관리특성에 관한 연구, 2002.

5.4.7 아웃소싱의 단계적 진전과 4PL

이러한 물류업무 아웃소싱은 한꺼번에 도약하지 않는다. 단계적으로 진전되어왔다고 보는 것이 합리적일 것이다.

초기의 물류업무의 외주는 단발적 수송에서 시작된다. 그러던 것이 필요에 따라 정기적 수송으로 업무가 확장될 수 있다. 여기까지는 운영적 수준의 외주라 볼 수 있다.

한 단계 더 진전되면, 수송 루트의 설계를 맡기게 된다. 물류업자가 루트 선택권을 가지게 되고, 그들은 필요에 따라 환적과 이에 수반되는 단기보관까지를 포함해 물류를 기획(planning)하게 된다. 여기까지 아웃소싱이 진전되면 물류업자는 고객에게 수배송 센터의 서비스를 제공할 수 있게 되고, 이 서비스를 제공하는데 필요한 역량은 물류업자가 가진 네트워크에서 비롯된다.

여기서 한 걸음 더 나아가면 장기보관과 거기에 필요한 재포장까지로 서비스의 범위가 확대되고, 나아가 재고관리라는 보다 전략적 업무까지로 서비스 영역을 확장할 수 있다. 여기까지 서비스를 제공하게 되면 물류업자는 고객에게 물류센터의 포괄적 서비스를 제공하는 것이고, 진정한 3PL 서비스의 제공자로 자리하게 된다.

[도표 5-24] 물류 아웃소싱의 단계적 진전

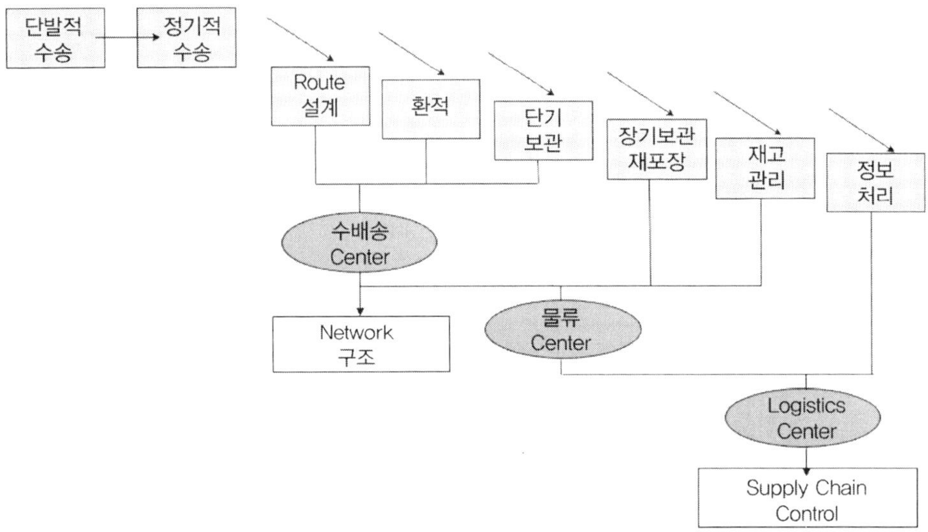

출처 : vanDamme & vanAmstel, "Outsourcing Logistics Management Activities", International Journal of Logistics Management, Vol.7, No.2, 1996, p.87. 참조 작성.

마지막 업무영역은 정보처리다. 고객기업에게 물류정보 서비스를 제공하는 것이고, 이것은 물류전략의 핵심이 된다. 여기까지 서비스를 제공하게 되면 물류기업은 로지스틱스 센터의 서비스를 제공한다고 볼 수 있다. 이처럼 고객기업의 공급망까지 관리하는 역량을 갖춘 물류업자는 아직 본격적으로 출현했다고 보기 어렵다.

다만, 어떤 이들은 3PL을 넘어 4PL을 지향하는 기업이 있다고 선전하기도 한다. 앤더슨 컨설팅사는 제4자물류(4PL, fourth party logistics)를 공급사슬 솔루션을 제공하는 통합자로 정의하고 있다.[7)]

3PL은 그 개념 자체가 기존의 물류업자가 수행하지 못한 포괄적 물류서비스의 수행능력을 갖추어 물류서비스 시장을 확대한 혁신자들이다. 그러나 대부분 3PL이라고 자칭하는 물류업자들이 그러한 역량을 갖춘 혁신자들인지는 의문이 있다. 그러한 능력을 갖추는 데는 정보와 데이터를 다루는 능력이 핵심인데, 소수의 기업만이 그러한 영역에 도달해 있을 것으로 생각한다.

7) 출처 : 하영석, 국제물류 제4판, 도서출판 두남, 2016. 83쪽 참조.

핵심역량을 강조하는 경영의 추세로 볼 때, 물류시장에는 그러한 통합적 물류서비스 공급에 대한 수요가 확실히 존재한다. 그런 수요자들이 기존의 서비스에 만족하지 못하고 있기때문에, 정보적 역량을 강조하는 4PL이 회자되고 있다고도 생각된다.

이와 관련하여 주목받는 기업들은 인터넷 플랫폼(platform)들이다. 일부 플랫폼은 상품과 서비스의 수요자와 공급자를 매개하는 유통망 제공자이면서 물류서비스를 결합시키고 있다. 이들을 통해 분리되었던 상류와 물류기능이 재통합되는 움직임이 관측되기도 한다. 이 혁신자들의 다음 행보가 세상을 어떻게 바꾸어나갈지 지켜볼 필요가 있다.

[도표 5-25] 물류 피라미드와 4PL

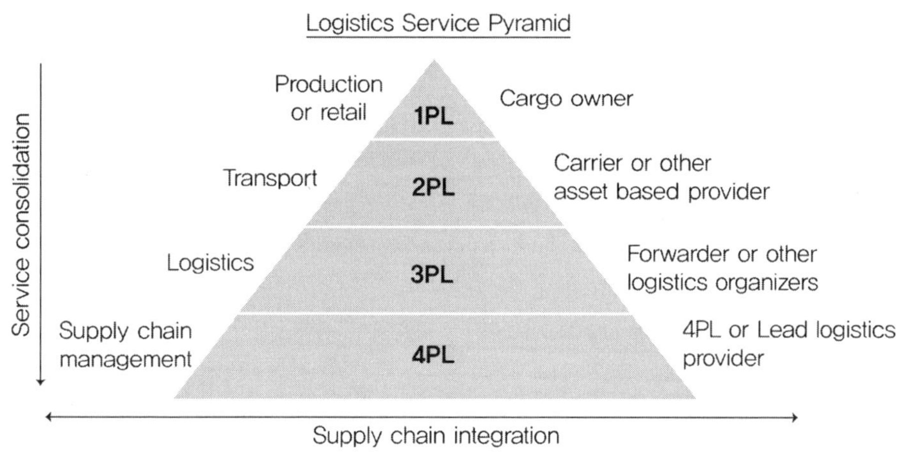

출처 : https://logisticselearning.com/what-is-a-4pl/

생각해봅시다

이번 장에서 우리는 기업의 국제물류관리의 개념과 실제를 학습했다.

구체적으로는, 글로벌 로지스틱스의 대두, 국제물류의 관리, 국제물류시스템의 구축과 운영, 물류 아웃소싱과 3PL에 대해 이야기했다.

이와 관련해서 한가지 토의과제가 있다.

그것은 글로벌 제조업자나 유통업자 가운데 한 기업을 선택해서 그들의 글로벌 물류전략을 조사하는 것이다. 그 내용에는 글로벌 물류전략의 특성과 성공요인, 조직과 체제, 물류업자와의 파트너쉽이 포함되면 좋겠다. 다만 물류기업은 제외한다.

참고문헌

박명섭, 허윤석, [국제물류의 이해], 제5판, 법문사, 2021.

백종실, 김영민, 우정욱, [물류관리론], 도서출판 두남, 2013.

오용식, [일본기업의 로지스틱스 관리특성에 관한 연구], 2002.

이상윤, 김대윤, [종합물류관리론], 도서출판두남, 2014.

이충배, 김종칠, 김성원, [국제물류론], 박영사, 2009.

전준수, [종합물류의 이해], 박영사, 2004.

조진행, 오세조, [물류관리－이론과 실제], 도서출판 두남, 2008.

하영석, [국제물류 제4판], 도서출판 두남, 2016.

日通総合研究所、[最新物流ハンドブック]、白桃書房、1991.

中田信哉, [物流管理組織のキーワード], ファラオ企画, 1990.

Abrahamsson & Wandel, "A Model of tiering in third party logistics with a service parts distribution use study", Transport Logistics, Vol.1, No.3, 1998

Anderson Consulting, [経営を変える戦略アウトソーシング]、東洋経済新報社, 1998.

D.M.Lambert, J.R.Stock, L.M.Ellram, Fundamentals of Logistics Management, 김선민, 문성암, 박정훈 역, [물류관리론], 한올출판사, 2002.

Kent N.Gourdin, Global Logistics Management, 방호열, 유승훈, 김석수 역, [국제물류관리], 도서출판 대명, 2002.

vanDamme & vanAmstel, "Outsourcing Logistics Management Activities", International Journal of Logistics Management, Vol.7, No.2, 1996.

Toyota Motor co., Integrated Report 2022.

UNCTAD, World Investment Report 2022.

https://logisticselearning.com/what－is－a－4pl/

https://www.toyota－tsusho.com/english/company/business/parts.html

6

국제물류 네트워크 구축

6.1 물류 네트워크

6.1.1 물류 네트워크

네트워크를 어원으로 보자면 그물망 구조를 말한다. 이 네트워크가 현대사회에서는 기술적, 사회적으로 재정의되어 쓰이고 있다. 기술적으로 보자면 단말장치 간의 연결구조를 의미한다. 통신망, 방송망, 교통망 등이 그것이다. 사회적으로 보자면, 사람이나 조직, 집단 간의 연결구조를 말한다. 즉, 관계의 묶음인 것이다. 물류 네트워크는 두 가지의 의미를 모두 가지고 있다. 단말장치 간의 연결구조이지만, 단말장치에는 사람들이 일하고 있다.

이 네트워크를 뜯어보면 복잡해 보이지만 딱 두가지의 요소로 구성되어 있음을 알 수 있다. 점과 선이 그것이다. 물류 네트워크에서 각 점들을 노드(node)라고 칭하고, 여기는 재화의 이동이 멈춰있는 곳이다. 선은 링크(link)라고도 칭한다. 재화가 흐르는 경로를 의미하고, 재화가 공간적으로 이동하는 운송행위가 발생한다.

각 기업은 나름대로의 네트워크를 만들어 고객들에게 물류 서비스를 제공한다. 각 기업이 가진 물류 네트워크가 합쳐지면 산업의 네트워크가 되고, 전체적으로 국가사회의 물류 기반이 된다. 국가 간의 물류 네트워크는 국제물류 네트워크를 형성하게 된다.

[도표 6-1] 물류 네트워크

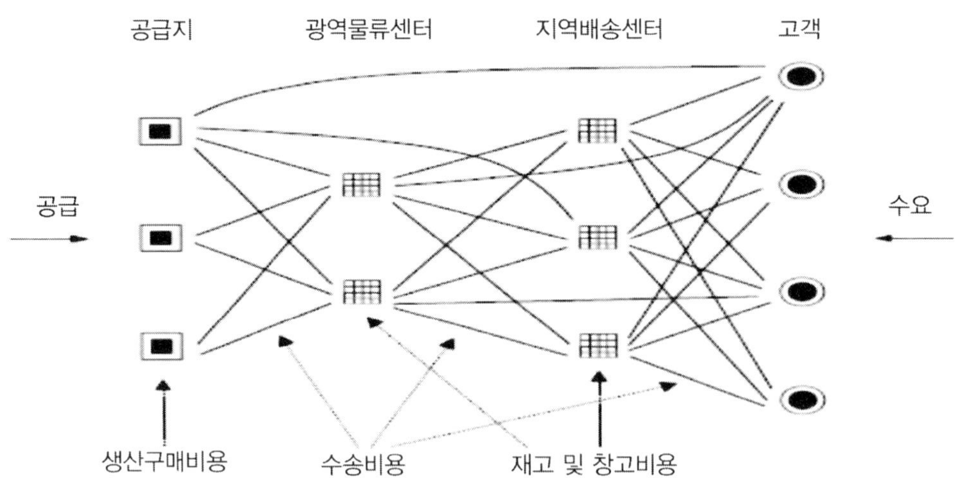

6.1.2 노드(Node)

먼저 노드(node)를 살펴보자, 물류 네트워크에서 각 점들은 물류 노드이다. 모든 물류 노드에서 재화가 머무른다. 즉, 노드는 재화의 보관거점(stock point)이 되는 것이다. 재화는 그냥 머무르지 않고 노드에서 특정한 활동이 수행되는 경우가 많다. 주로 수행되는 활동에 따라 노드의 명칭이 정해진다. 즉, 공장, 점포, 창고, 야적장, 항만, 역, 터미널 등이 그것이다.

네트워크 상의 점을 확대하여 노드에서 수행되는 활동을 살펴보면, 각 노드마다 다양한 활동이 전개되고 있음을 알 수 있다. 먼저, 운송 활동과의 접점인 노드의 양 끝단에서 하역 활동이 일어난다. 하역과 하역 사이에는 보관 활동 이외에 여러 가지 활동이 추가될 수 있지만, 물류 노드의 주 활동은 보관이다. 보관 활동은 재화가 활용될 시기를 연기하는 활동이고, 그 목적은 시간적 가치의 향상이다. 즉 모든 재화는 시기에 따라 각각 다른 가치를 가질 수 있으며, 보관 활동은 시간적 가치를 극대화시키는 것이 주 목적이다.

보관 활동에 더해 물류의 다른 기능이 집중적으로 수행되면 물류거점이라 볼 수 있다. 보관 기간 중 해체, 분류, 유통가공, 재포장 등 부가가치를 더하는 활동이 더해질 수 있다. 이러한 활동을 부가가치 물류(VAL, value-added logistics)라고도 한다. 재화 자체를 변화시키는 가공, 조립 활동이 주가 되면 생산거점이 될 것이고, 전시와 판매 활동이 주가 되면 판매거점이 될 것이다. 이러한 모든 활동들은 정교한 정보시스템을 통해 조정, 통제되어야 한다.

[도표 6-2] 노드에서의 주요 활동

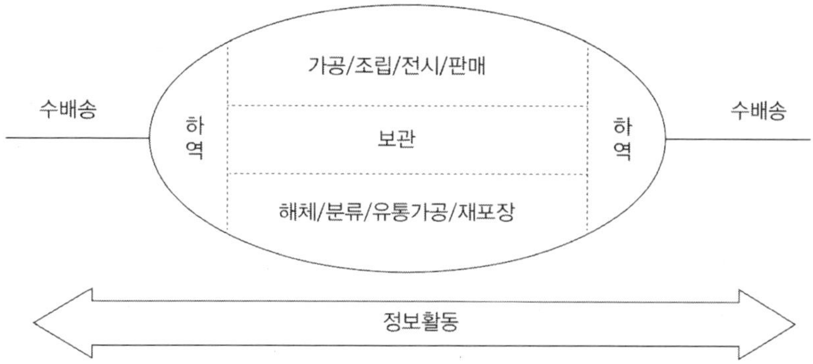

6.1.3 링크(Link)

물류 네트워크에서 node 활동이 주로 보관을 통해 재화의 시간적 효용을 창출하는 것이라면, link 활동은 운송을 통해 재화의 장소적, 공간적 효용을 창출하는 행위라 볼 수 있다. 모든 재화는 소비되는 시기뿐 아니라 소비되는 장소에 따라 효용이 다르기 마련이다.

운송은 재화를 공간적으로 이동시키는 활동이고, 이동 중에 상품을 일시적으로 저장하는 기능이 부가된다. 즉, 이동중 재고의 보관수단이기도 하며 장거리 운송의 경우 재고량의 일부로 고려되어야 한다.

운송에는 여러 가지 기계적 수단이 활용되고 있다. 자동차, 철도, 선박, 항공기 등이 그것이다. 이 다양한 운송수단을 모드(mode)라고도 한다. 기업은 운송행위를 직접 생산할 수도 있지만, 운송시장에서 서비스를 구입할 수도 있다. 특히 국제운송에 있어서는 시장에서 구입하는 것이 일반적이고, 운송시장은 각 모드 별로 형성되어 있다.

운수업 통계에 따르면, 우리나라에는 2021년, 57만개에 달하는 관련 기업과 130만명이 넘는 종사자가 있다. 연간 운송시장의 매출액은 190조원을 넘고, 부가가치는 80조원에 이르는 것으로 나타나고 있다. 운수업 관련 유형자산의 규모도 180조원이 넘고 있다.

[도표 6-3] 우리나라 운송업의 규모(2021년 기준)

5) 산업별	2021 2) 기업체수 (개)	종사자수 (명)	매출액 (백만원)	3) 부가가치 (백만원)	4) 유형자산 (백만원)
총계	574,568	1,316,013	194,035,288	84,363,843	186,009,006
육상운송 및 파이프라인 운송업	550,650	1,040,199	76,185,589	36,837,867	77,970,074
수상 운송업	970	25,014	46,509,601	21,165,977	35,669,940
항공 운송업	68	36,119	14,803,559	6,202,989	24,412,818
창고 및 운송관련 서비스업	22,880	214,681	56,536,539	20,157,010	47,956,174

출처 : 통계청, 운수업조사(https://kosis.kr/statHtml)

기업에 있어서 운송의 문제가 중요한 것은, 산업 분야별로 다르게 나타나기는 하지만, 운송부문이 기업물류비의 과반을 점하는 경우가 빈번하기 때문이다. 특히 제조, 유통기업으로서는 이 문제에 적극적으로 대응하지 않을 수 없다.

운송활동은 또한 대량의 에너지를 소비하는 활동이기도 하다. 승용차 등 모든 여객용 자동차, 화물용 트럭, 선박과 항공기를 포함하면, 전 세계적으로 석유류의 2/3가 여객과 재화의 이동이 쓰이고 있다. 자원과 환경에 큰 영향을 주는 활동이기 때문에, 지속가능성의 개념이 나온 후로 환경친화적 운송에 대한 사회적 관심이 높다.

6.2 물류거점

물류거점은 넓게 보자면 재화가 머무르는 모든 지점이다. 자원의 채굴지에서 시작하여 생산, 가공시설, 판매시설, 가정 등 최종 소비지점이 모두 포함된다. 그러나 좁게 정의하자면 보관, 하역, 부가가치 물류 활동 등 물류 기능이 중시되는 노드를 말하며, 주로 그러한 뜻으로 쓰인다.

이러한 물류거점도 거점별 주된 활동에 따라 4가지 정도로 분류할 수 있다.

첫째, 화물처리거점은 단위화물의 해체, 분류, 재포장 등 화물처리기능이 강조되는 곳으로, 트럭터미널, 상옥, CFS 등을 가리킨다. 둘째, 보관거점은 장기적 보관이 주목적인 창고, 저유소, 야적장 등을 말한다. 셋째, 결절거점은 이종의 운송수단 간 환적이 일어나는 곳이다. 트럭과 철도의 터미널, 항만과 공항 등 국제물류에서 특히 중요한 곳이다. 마지막으로 물류거점은 이러한 기능들이 복합되고 생산거점과 판매거점도 추가되어 고도화된 복합시설을 의미하는 경우가 많다.

6.2.1 물류거점의 주요 기능

물류거점을 물류센터라고도 한다. 하역기능 이외에 집배송, 저장, 소포장, 유통가공 및 판매의 기능을 가진 곳이 많다.

[도표 6-4] 물류센터의 주요 시설 및 기능

시설구분	주요 기능
집배송장	입하된 상품을 하차, 집하하고, 고르기 쉽게 종류별, 품목별로 구분, 진열해놓거나, 고른 상품을 상품 품목과 대조, 상차하기 위해 대기하는 공간
저장창고	입하된 상품의 보관이나, 선도 유지를 위해 일시적으로 저온, 냉동보관을 요하는 상품을 저장하거나, 또는 재고품의 상품성을 유지시키며 장기간 보관하기 위한 장소
소포장실	소비자의 기호에 맞도록 옵션에 의해 당해 상품을 기계, 또는 인력에 의해 소포장하는 작업실
가공실	관련 상품의 유통가공, 절단, 분쇄 등 상품의 부가가치를 제고하기 위해 단순 가공하는 작업장
직판장	소비자의 구매를 유도하여 시장 활성화 및 홍보 역할을 수행하는 작업장으로, 지역 생활권 중심의 편의를 제공하고 지역 주민의 후생 증진을 도모하며, 최종 소비자의 구매 형태를 신속히 분석하여 생산 단계에 반영하기 위한 판매장

6.2.2 물류센터의 정보화, 자동화

현대의 물류센터는 과거의 창고와 달리 정보시스템으로 무장하고, 로봇이 활동하는 자동화된 공간으로 진화하고 있다. 창고관리시스템(WMS, warehouse management system)은 창고 또는 배송센터 관리를 지원하고 운영의 효율성 증대를 위해 설계된 응용 소프트웨어이다. 이 프로그램은 창고 안팎의 제품 이동과 보관에 있어서 시설 운영을 계획, 지원, 통제할 수 있게 한다. 또한 금세기 들어 개발과 활용이 본격화되고 있는 물류 로봇은 아직까지는 주로 물류센터의 구내에서 활약하고 있다.

이러한 자동화된 물류센터의 건립에는 거액의 투자가 필요하다. 우리나라 정부에서는 2021년에 스마트 물류센터 인증제를 도입해서 물류센터의 현대화, 자동화를 지원하고 있다.

[도표 6-5] 자동화 물류센터의 예시

출처 : 국토교통부, 제1차 생활물류 서비스산업 발전기본계획, 2022.

6.2.3 물류거점의 입지

기업 입장에서 물류거점의 배치는 물류 네트워크의 장기적 구조를 결정하는 중요한 문제다. 전술한 것처럼 물류거점에는 대규모의 자본투자가 필요하고 투자된 거점은 쉽게 변경할 수 없어 장기적으로 기업 물류 코스트의 구조를 결정할 수 있다.

물류거점의 입지를 선정할 때는, 먼저 전략적인 수준에서 적절한 물류 서비스 수준을 선택하고 물류 네트워크의 구조와 거점의 수를 결정해야 한다. 그 뒤 전술적 결정요인이라 볼 수 있는 거점 간 운송수단 및 경로를 고려하여 입지와 규모를 결정한다.

입지선정의 요인은 크게 경제적 요인, 자연적 요인, 사회적 요인을 모두 고려해야 한다. 경제적 요인인 비용과 수요는 최우선적 고려사항이다. 부동산 비용과 설비비 뿐 아니라 거점의 운영비, 수요처와의 수배송 비용이 모두 고려되어야 한다. 기후와 교통망 등의 자연환경적 제약요인도 물론 중요한 고려요인이고, 관련 법규와 정부의 정책도 중요하다. 최근에는 지역사회에 대한 배려가 매우 중요하다. 지역의 주민들은 외부불경제가 발생할 수 있는 물류시설의 입지를 바라지 않는다. 이른바 NIMBY(not in my back yard) 현상이 있는 것이다. 물류거점 입지의 결정에는 종합적 사고가 필요한 것이다.

6.2.4. 거점집약의 필요성

전술한 바와 같이 물류거점의 입지를 결정할 때에는 목표 서비스 수준에 따라 물류거점의 수를 전략적으로 결정해야 한다. 그리고 물류거점 입지의 수를 결정할 때는 총비용적 접근이 필요하다.

한 기업의 입장에서 물류거점의 개수를 늘리는 것은 수요처와의 거리를 좁혀 고객서비스를 증진시키고 배송비용이 감소시키는 효과를 기대할 수 있다. 그러나 많아진 물류거점에서 재고를 보관하면 재고의 수준이 올라가고, 따라서 재고비용이 필연적으로 높아진다.

[도표 6-6] 물류거점 개수의 최적화

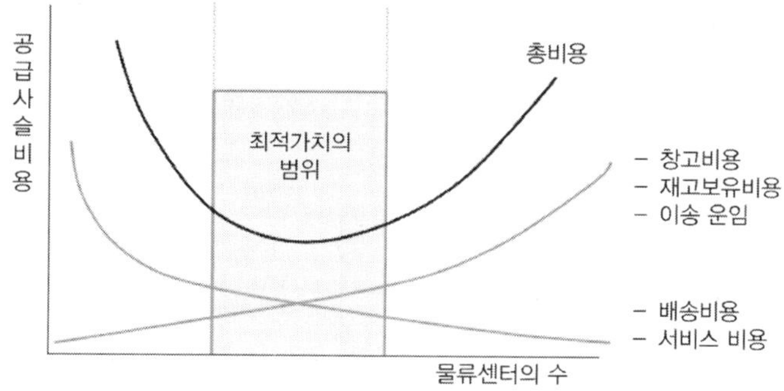

출처 : 이충배 외, 국제물류론 제2판, 박영사, 2017.

이 두 가지 비용을 합하여 총비용을 산출해야 하고, 총비용과 고객서비스의 증가로 인한 이익을 모두 고려하여 최적의 수를 찾아내야 한다.

6.2.5 국제물류거점

물류거점 가운데서도 항만, 공항 등 국제적 물류거점의 입지는 범국가적 차원에서 검토되어야 한다. 현대의 무역항은 컨테이너 터미널로 변모했고, 컨테이너 항만과 그 배후지가 국제적 물류거점으로 주목받고 있다. 대형 국제공항에서도 공항 인근에 항공운송을 활용하려는 배후 산업단지들이 형성되고 있다. 따라서 신항만과 신공항의 입지에 대규모의 배후지까지 함께 건설되는 경향이 발생하고 있다. 이러한 항만, 공항의 배후지가 글로벌 기업의 광역적 물류거점으로 주목받고 있으며, 이에 따라 세계적 산업입지의 재편이 일어나고 있는 것이다.

부산신항, 광양항과 인천국제공항에도 넓은 영역에서 배후지가 건설되었으며, 자유무역지역, 경제자유구역과 같은 새로운 경제, 관세에 관한 특구 제도를 통해 글로벌 기업의 유치에 나서고 있다. 우리나라에는 2023년 현재, 인천국제공항과 부산항, 광양항, 인천항, 포항항, 평택당진항이 물류 중심형 자유무역지역으로 지정되어 있다.

이처럼 국제물류의 거점에 대한 정부의 정책적 투자가 증가하면서 글로벌 기업의 유치를 위한 국제물류 거점 간의 국제적 경쟁도 나타나고 있다. 즉, 부산항은 일본, 중국의 거점 항만과 경쟁하게 되고, 인천공항 역시 일본, 중국의 거점 공항과 일정 부분 경쟁관계를 형성하게 된다.

[도표 6-7] 공항, 항만형 자유무역지역 지정 현황(2021.12 기준)

조건	부산항	광양항	인천항	포항항	평택 · 당진항	인천국제공항
지정일	'02.1.1	'02.1.1	'03.1.1	'08.12.8	'09.3.30	'05.4.6(1차) '07.12.31(2차) '20.04.07(3차)
면적(천㎡)	12,195	9,047	1,964	925	1,429	3,375
입주업체(개사)	69	55	1	7	16	689
- (외투기업, 개사)	(64)	(20)	(-)	(-)	(9)	(36)
입주율(%)	76.8	96.8	100	100	100	99.5
고용인원	2,547	1,238	30	55	884	15,450

출처 : 산업통상자원부(https://www.motie.go.kr/kftz/fta/intro.do)

6.2.6 물류거점에서의 비즈니스

국제물류 거점을 비롯하여 모든 물류거점에서는 매우 다양한 서비스가 필요하고, 분화된 개별사업자들이 서비스를 제공하는 시장도 발달한다. 우리나라 운수업 통계에서 물류거점의 주요한 비즈니스로 창고 및 운송관련 서비스업을 참고할 수 있다. 2021년 기준으로 우리나라에서 창고 및 운송관련 서비스업 사업자 수는 2만개가 넘고, 종사자 수는 20만명을 초과하고 있다. 연간 총 56조원에 달하는 매출이 발생하고 있고 부가가치는 20조원으로 부가가치 비율도 높다. 그들의 총 유형자산 투자액은 48조원에 달하여, 우리나라의 물류거점에 거대한 비즈니스가 형성되어 있음을 알 수 있다.

[도표 6-8] 물류거점에서의 다양한 비즈니스

5) 산업별	2021				
	2) 기업체수 (개)	종사자수 (명)	매출액 (백만원)	3) 부가가치 (백만원)	4) 유형자산 (백만원)
창고 및 운송관련 서비스업	22,880	214,681	56,536,539	20,157,010	47,956,174
일반 창고업	834	16,216	6,048,117	1,719,106	3,950,702
냉장 및 냉동 창고업	516	5,001	1,306,679	503,369	2,277,531
농산물 창고업	659	1,984	253,822	130,231	545,181
위험물품 보관업	79	1,303	478,218	331,236	1,400,103
기타 보관 및 창고업	94	606	181,098	67,006	157,043
철도 운송지원 서비스업	10	2,813	1,250,920	527,846	4,716,290
여객 자동차 터미널 운영업	235	1,687	195,896	95,394	1,188,923
물류 터미널 운영업	45	649	399,293	227,598	2,208,936
도로 및 관련시설 운영업	62	8,256	6,661,894	2,078,166	818,141
주차장 운영업	6,324	13,959	787,769	571,715	2,504,124
기타 육상 운송지원 서비스업	167	971	81,931	36,553	6,361
항구 및 기타 해상 터미널 운영업	26	2,290	1,301,591	625,142	7,748,404
기타 수상 운송지원 서비스업	573	7,594	1,539,498	688,271	397,776
공항 운영업	3	5,919	1,139,305	-149,364	13,522,070
기타 항공 운송지원 서비스업	58	8,355	637,933	501,425	171,622
항공 및 육상 화물 취급업	577	12,058	2,721,782	807,832	481,704
수상 화물 취급업	367	25,112	3,747,903	1,745,933	1,964,666
통관 대리 및 관련서비스업	1,179	8,271	1,173,327	527,121	217,818
화물운송 중개, 대리 및 관련 서비스업	10,630	75,257	25,564,345	8,500,438	3,506,281
화물 포장, 검수 및 계량 서비스업	389	15,977	984,429	594,269	166,815
그 외 기타 분류 안된 운송 관련 서비스업	53	403	80,789	27,723	5,683

출처 : 통계청, 운수업조사(https://kosis.kr/statHtml)

6.3 운송활동

운송활동은 그 지리적 범위에 따라 국내운송, 국제운송으로 나눌 수 있고, 운송수단에 따라 육상운송, 해상운송, 항공운송 등으로 나누는 것이 보편적이다. 육상운송은 다시 자동차와 철도로 나누기고 하고, 액체류의 경우 수도관, 도시가스망과 같이 파이프라인이 쓰이기도 한다.

재화를 공간적으로 이동시키는 행위에는 여러 가지 용어가 혼용되어 사용되고 있다. 유사한 의미로 쓰이고 있는 여러 용어를 정확하게 구분하기는 쉽지 않다. 운송(運送)이 가장 보편적으로 쓰이는 말이지만, 법률과 행정에서는 운수(運輸)라는 말이 더 자주 쓰인다. 장거리 간선운송은 수송(輸送)으로, 단거리 지선운송은 배송(配送)이라고 하고, 이 둘을 합한 수배송을 운송의 다른 이름으로 쓰기도 한다. 운반(運搬)은 구내에서의 짧은 이동행위이고, 배달(配達)과 택배(宅配)는 최근의 소비자 물류에서 소량의 상품 운송이라는 뜻으로 자주 쓰이고 있다.

6.3.1 운송수단

우리 인류는 공간적 제약을 극복하기위해 여러 도구를 만들어 써왔고, 그것이 운송수단이다. 특히 산업혁명 이후, 기계와 인공적 동력을 활용하기 시작했으며, 철도와 기차, 증기선과 자동차, 그리고 항공기가 차례차례 등장했다. 지금 이 네가지 대표적 운송수단이 활용되고 있으며, 그 일반적 특성은 다음 표와 같이 정리할 수 있겠다.

[도표 6-9] 화물 운송수단의 일반적 특성

구분	자동차	철도	선박	항공기
화물특성	소량	중량	대량	소량
운송거리	단거리	중거리	중/원거리	중/원거리
운송비용	중간	저렴	매우 저렴	고가
속도	중간	약간 느림	매우 느림	매우 빠름
기후의 영향	중간	작음	큼	아주 큼
안전성	중간	높음	낮음	높음
편의성	높음	중간	매우 낮음	낮음
중량제한	있음	약간 있음	거의 없음	큰 제약

운송 비용과 운송의 속도는 대개 반비례의 관계를 가지며, 여기서 안전성은 상품의 파손율로 평가한 것이다. 각 운송수단의 사고율에 더하여 운송기간의 길고 짧음이 상품의 파손율에 영향을 준다. 또한 파손율이 높고 운송기간이 길어지면 포장에 추가적 비용이 발생할 수 있다.

6.3.2 운송의 제약과 기술의 진보

각 운송수단의 대표적 특성을 꼽아 말하자면, 자동차의 최고의 장점은 편의성이다. 단거리에 있어서 문전(door－to－door) 운송을 스스로 완결할 수 있는 유일한 운송수단이다. 그러나 소량운송으로 인한 예산과 환경의 제약으로 중장거리 운송에는 적합하지 않다. 철도는 자동차에 비해 경제적이고 친환경적이지만, 철도(鐵道)라는 기본적 인프라가 필요하고, 자동차와 양 끝단에서 결합해야 한다. 선박은 가장 경제적인 운송수단이지만 속도가 느리고, 연결된 수면이 없으면 활용될 수 없다. 항공기는 가장 신속한 운송수단이지만 가장 운송비용의 제약이 크다. 동종, 동량의 화물의 운송에 선박보다 수십배의 운송비용이 발생한다.

이 네가지 운송수단에 덧붙여 파이프라인(pipeline) 역시 하나의 운송수단으로 볼 수 있다. 파이프라인은 액체와 기체화물을 경제적으로 매우 편리하게 운송할 수 있으나, 파이프라인 설비가 필요하고 액체 이외에는 활용될 수 없다.

이 모든 운송수단에서 기술이 진보가 발생하고 있다. 공통적으로는 컴퓨터와 인터넷을 활용한 전자화, 자동화가 가장 눈에 띄며, 그 외에도 특별한 용도의 운송수단이 개발되는 전용화(專用化), 속도의 개선, 대형화가 지속적으로 시도되어 왔다.

자동차는 대기오염의 주범으로 몰리고 있어 친환경화 기술이 급속히 도입되고 있다. 하이브리드(hybrid) 기술은 이미 대중화되었으며, 전기차도 도입되고 있는 한편, 수소차 개발이 경쟁에 들어간 상황이다. 지하철 등 도시철도는 이미 대중의 보편적 교통 인프라를 제공하고 있으며, 이러한 여객용 철도에서는 전기의 활용이 이미 일반화되었다. 장거리 여객과 화물철도에서는 고속화가 추진되고 있다. 선박은 규모의 경제를 활용한 저렴성으로 장거리 대량화물의 운송에 있어서 절대 강자이다. 속도의 개선에 많은 연구, 개발이 집중되고 있으나, 아직 상용화는 아직 갈 길이 멀어 보인다. 신속성이 주무기인 항공기는 대형화를 통한 운송비용의 절감을 추진하고 있다. 한편 선박과 항공기도 국제사회로부터 환경친화적 연료와 추진장치의 개발 압력을 받고 있다.

6.3.3 운송시장의 일반적 특성

제조업자나 유통업자는 운송서비스를 직접 생산하거나, 또는, 시장에서 구입할 수 있다. 다만, 철도와 파이프라인은 전통적으로 국가가 독점했으며, 선박과 항공기는 초기에 거액의 투자가 필요하고 운항에 특수성이 있어서, 운송서비스의 자가생산은 대부분 자동차에 집중된다.

즉, 자동차를 제외하고 대부분의 운송서비스를 시장에서 구입하지 않을 수 없다. 특히 수요자가 스스로 생산하기 어려운 해상운송 서비스와 항공운송 서비스는 세계적으로 커다란 시장이 형성되어 있으며, 거기서 운송업자들이 제공하는 서비스가 거래되고 있다. 한편, 일부 국가에서는 철도서비스의 민영화를 시도하고 있으며, 화물자동차 운송시장도 이미 형성되어 거대해지는 움직임도 있다.

이러한 운송시장의 특징과 동향을 크게 3가지로 요약해보면 다음과 같다.

첫째, 운송수단별로 시장이 형성되어 있다는 것이다. 즉, 화물자동차, 철도운송업, 해운업, 항공운송업 별로 시장이 형성되어 있고, 각각의 시장에서 활동하는 서비스 공급자들이 다른 운송시장에 진입하는 사례가 별로 없었다.

둘째, 중개시장이 별도로 존재한다는 것이다. 각 운송시장에서는 서비스 공급자와 수요자가 만나 거래를 하지만, 몇몇 대규모 수요자를 제외하고 다수의 소형 수요자들은 대리인을 통해 거래하는 특성을 가진다. 그들을 화물운송주선업자, 즉 프레이트 포워더(freight forwarder)라고 한다. 운송주선시장 역시 운송수단별로 구분되는 경향이 있으나, 최근 운송주선업자들이 복합운송인으로 성장하며, 운송주선시장의 벽은 허물어지고 있다.

마지막으로 운송시장 역시 빠르게 변화하고 있다는 것이다. 오랜 시간 정부(우체국)가 독점하던 소비자 물류시장에 민간운송업자, 즉 택배업자들이 뛰어들며 대형산업으로 성장하고 있다. 타인의 운송수단을 활용하는 복합운송업의 성장에 따라 운송수단별로 격리되어 있던 운송시장이 통합되어가는 추세를 보이고 있는 점도 특기할 만하다. 복합운송업자를 중심으로 일부 운송업자들은 운송뿐 아니라 물류의 전 영역으로 비즈니스를 확대하여 제3자물류업(3PL)으로 변신하고 있기도 하다.

이러한 움직임들은 지금까지 지속적으로 언급해온 바와 같이, 자유무역의 확대, 글로벌 기업의 성장, 규제완화의 세계적 조류에 따른 개방경제화 등 세계화(globalization)의 추세가 반영된 것이라 볼 수 있겠다.

6.3.4 국제운송의 구조

재화가 최초의 출발점에서 최종 목적지까지 도달하기 위해서는 여러 구간을 거쳐야 한다. 우리나라처럼 국토면적이 비교적 협소한 국가의 국내운송에서는 자동차 등 단일 운송수단을 이용하여 운송행위를 완결할 수 있지만, 원거리의 국제운송에는 다양한 운송수단이 개입할 가능성이 크다.

가장 크게는 대양을 횡단하는 대륙간 운송구간이 있다. 이 구간에서는 대양(deep sea)을 항해하는 대형선박이나 항공기를 이용할 수 밖에 없다.

이 구간은 대륙 내 운송으로 연계된다. 연계 수단으로 중소형 선박에 의한 근거리 연안운송(short sea)이나, 내륙운송 수단들이 활용된다. 주요 내륙운송 수단으로는 강과 운하를 이용하는 내수면 바지(barge), 화물열차와 트럭(lorry) 등의 화물자동차가 있다. 물론 동일한 대륙 내의 인접한 국가 간의 국제운송에는 내륙운송 수단으로만 국제운송이 완성될 수도 있고, 연안운송과 내륙운송을 연계하여 활용할 수도 있다.

[도표 6-10] 국제운송수단의 분업과 연계

Zone	Area	Transport sector	Vehicle
1	Inter-reglonal	Deep-sea shipping Air freight	Ship Plane
2	Short-sea	Coastal seas	Ship/ferry
3	Land	River ang canal Road Rail	Barge Lorry Train

각각의 운송구간과 각각의 운송수단은 이 과정에서 기본적으로 분업관계를 형성하고 있다. 전술한 바와 같이 각 운송수단의 경제적 특성이 매우 달라 운송수단간 경쟁은 발생하기 어렵다. 기본적으로 각 구간, 각 수단 내에서의 경쟁이 주된 경쟁관계이며, 운송수단 간의 경쟁은 매우 제한적이다.

최근의 추세는 협업구조의 형성이다. 복합운송의 발전으로 인해 각 운송구간과 각 운송수단이 door to door 일관운송을 위해 연계되고 있는 것이다. 이러한 운송수단 간 연계의 주체는 복합운송인 또는 물류통합자(global integrator)를 들 수 있겠다.

6.3.5 재화의 공정별 운송

[도표 6-11] 재화의 공정별 운송

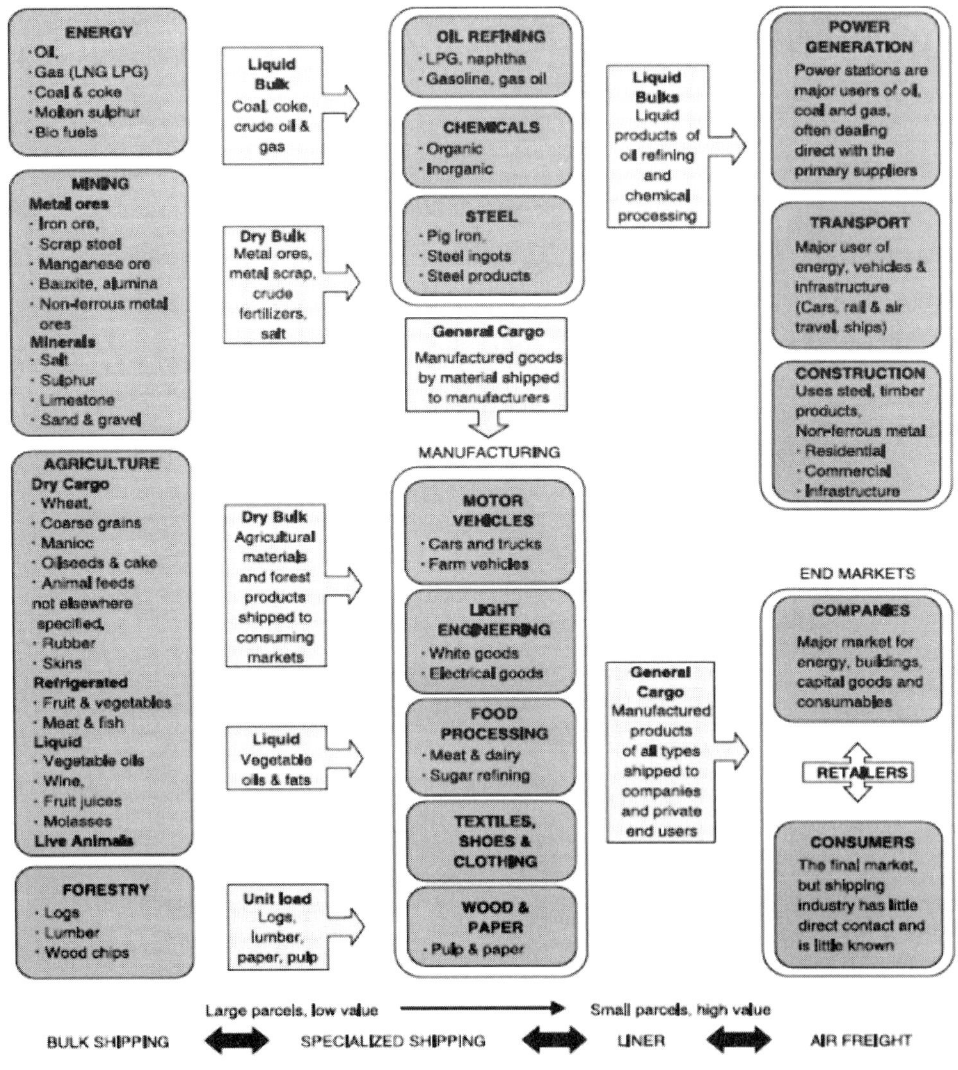

출처 : M.Stopford, Maritime Economics, 2009. p.55.

우리가 일상생활에서 쓰는 최종 완제품은 원자재의 채굴에서부터 시작하여 아주 먼 거리를 오랜 시간을 들여 여행한 것들이다. 그 과정 중에 원자재는 공정에 따라 중간재가 되고, 최종재가 되어 유통업자의 손을 거쳐 우리 손에 들어온다. 아이폰을 구성하고 있는 모든

부품의 이동 거리를 합하면 지구 둘레의 10배에 해당하는 40만km에 달한다고 한다.[1)]

이때 화물별, 공정별로 각각 다른 경제적 특성을 가진, 원자재, 중간재, 최종재의 운송에 각각 다른 운송수단이 투입되곤 한다. 즉, 원자재의 운송에는 전용화된 대형선박, 즉 벌크선이나 탱커선 등이 활용된다. 중간재에는 특수선이나 컨테이너 선박이 쓰이며, 최종재에는 컨테이너선과 항공기도 일부 사용되고 있다.

이처럼 국제운송의 구조는 실로 어마어마하게 길고 복잡하며, 경로에 따라, 화물에 따라, 공정에 따라 매우 다양하다. 국제운송시장에서 서비스 공급자들이 효율적으로 수요에 대응한 결과라 볼 수 있다.

6.3.6 운송의 경제 법칙

운송시장과 운송의 관리에서 기본이 되는 경제원리를 적어도 2가지는 숙지하고 있어야 할 것이다. 하나는 규모의 경제(economy of scale)이고, 둘은 거리의 경제(economy of distance)이다.

운송에 있어서 화물의 단위당 운송비는 화물의 크기가 증가할수록 감소한다는 것이 규모의 경제이다. 컨테이너 해운에서는 박스 레이트(box rate), 즉 컨테이너 1개당 운임을 기본으로 하기 때문에, 하나의 박스를 채울 수 없는 LCL 화물의 운송비는 높아질 수밖에 없다. 한 번에 더 많은 화물을 적재할 수 있는 운송수단에서 단위당 비용이 낮아지고, 해상운송에서는 한 번의 계약물량이 큰 화물일수록 단위당 코스트가 낮아진다.

정유시설로 향하는 원유는 한 번에 30만톤 가까이 운송된다. 이때 톤당 운임은 5$가 되지 않는다. 곡물은 5만톤 내외로 운송되며, 이때 톤당 운임이 10~20$로 상승한다. 운송량이 5천톤이 되지 않는 자동차에서는 톤당 운임이 100$ 이상으로 상승한다. [도표 6-12]에서는 이처럼 화물의 크기(parcel size)에 따라 단위당 해상운임이 그리는 규모의 경제를 아름답게 보여주고 있다.

---

1) E.Humes, Door to Door, Perennial, 2017.

[도표 6-12] 해상운송에서 규모의 경제

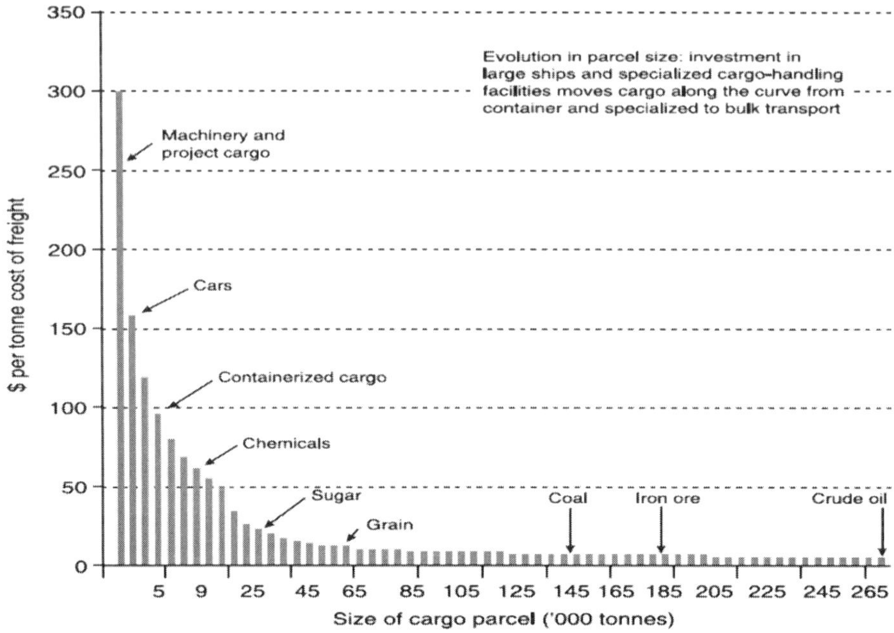

출처 : M.Stopford, Maritime Economics, 2009. p.55.

두 번째는 거리의 경제다. 거리의 경제는 화물의 단위당 운송비가 거리가 멀어질수록 감소한다는 것이다. 이는 운송수단의 운영에 들어가는 변동비용 이외에 기종점에서 화물의 하역에 들어가는 비용이 추가되어, 운송거리가 멀어질수록 하역비용이 거리 단위당 소액화 하는 현상이다. 다만 이는 각 운송수단의 특성에 따라 서로 다르게 나타난다.

[도표 6-13]에서 자동차 운송은 초기의 하역비용이 낮은 대신 운영비의 기울기가 가장 급하고, 선박은 하역비용이 높은 대신 운영비의 기울기가 가장 완만하다. 철도 운송은 그 중간 쯤에 위치하고 있다. 거리의 경제를 나타내는 이 그래프 상에서 단거리는 자동차가 유리하고 중거리는 철도, 원거리는 선박이 유리함을 알 수 있다. 각 화물의 특성과 시장의 상황에 따라 비용의 교차점이 다르게 나타날 수 있지만, A지점은 통상 400~600km 내외, B지점은 1,000~1,500km 정도로 알려져있다.

[도표 6-13] 거리의 경제

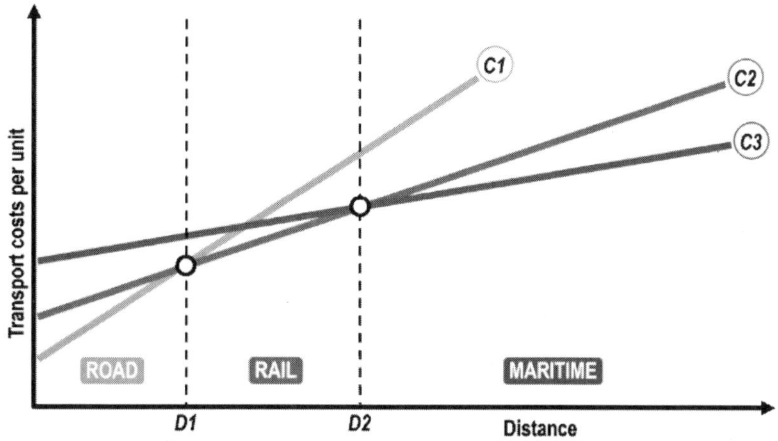

출처 : J. Rodrigue, The Geography of Transport Systems, Routledge, 2020.

6.4 운송의 관리와 국제운송업의 진화

6.4.1 운송의 관리

전술한 바와 같이 운송의 업무는 기업 물류비의 큰 부분을 차지하고, 대량의 에너지 소비로 인해 국가사회에는 환경문제라는 외부불경제를 야기하고 있다.

그렇기 때문에 제조업과 유통업 경영에 필수적인 운송업무는 효율적으로 관리되어야 한다. 기업에서는 운송과 관련하여 다음과 같은 문제에 대해 최적해를 찾아야 할 것이다.

1) 어떤 운송경로와 운송수단을 선택할 것인가?
2) 운송업무의 얼마만큼을 내부에서 수행하고, 얼마만큼을 외부 시장에서 구입할 것인가?
3) 운송업무를 수행할 내부 조직을 어떻게 설계할 것인가?
4) 외부에서 서비스를 구입할 때 어떤 기업의 서비스를 구입할 것인가?
5) 운송 관련 내외부 조직들을 어떻게 연계할 것인가?

그리고 운송의 문제는 국가사회의 문제이기도 하다. 그래서 정부도 운송과 관련하여 다음과 같이 질문해야 한다.

1) 운송의 인프라를 언제, 어디에, 얼마나 공급할 것인가?

2) 운송시장을 어떻게 조직하고, 어떻게 통제할 것인가?

3) 운송과 관련된 외부효과(주로 환경과 안전 문제)를 어떻게 관리할 것인가?

6.4.2 운송방식의 선택

먼저 기업의 입장에서 운송경로와 운송수단의 선택기준을 확인해보자. 이때, 특정 운송수단의 사용가능성과 운송비용이 가장 먼저 검토되어야 한다. 그리고 선택의 가능성이 있다면, 화물의 물리적 특성과 경제적 특성을 고려한다. 상품의 경제적 특성에는 운임부담력, 제품수명, 상품의 회전율과 계절성, 고객의 밀집도, 시장에서의 경쟁상황 등이 있다.

1) 운임부담력(運賃負擔力)은 당해 상품이 운임을 부담할 수 있는 능력을 의미하고, 대개 고가의 상품일수록, 중량과 부피가 작을수록 운임부담력이 높아진다. 운임부담력이 가장 높은 상품은 항공기의 높은 운임도 부담할 수 있다.

2) 제품수명이 짧은 상품은 신속한 운송이 필요할 것이다.

3) 상품의 회전율과 계절성은 운송의 내부화와 외부화를 결정하는 주요 요인이 된다. 높은 회전율은 다빈도 운송을 요구하게 되어 운송의 내부화를 지지하는 요인이 되며, 높은 계절성은 반대로 상시고용이 필요한 내부화 대신 외부시장으로의 구입을 선호하게 되는 요인이 된다.

4) 고객의 밀집도나 시장의 경쟁상황 등 수요측 요인 역시 운송조직에 영향을 준다. 고객이 지리적으로 밀집된 환경은 운송 코스트와 관리의 부담을 줄일 수 있다. 경쟁이 치열하면 높은 수준의 물류서비스가 필요해지므로, 통상 내부의 물류시스템을 고도화시켜야 한다.

6.4.3 소유냐 구매냐

운송서비스를 내부에서 자체 생산하느냐, 시장에서 구매하느냐의 결정은 매우 중요하다. 제5장에서도 다루었지만, 물류가 핵심적인 경쟁력을 제공하는 분야에서 기업들은 더 많이 내부화하려 할 것이다. 그럼에도 물류시장의 발달로 인해 시장에서의 가격이 하락하는 추세이고, 특히 운송의 경우는 외부시장을 자주 활용해왔다. 국제운송의 경우에는 더욱 그러하다.

그럼에도 불구하고, 전적으로 외부시장에 의존하는 것은 기업 경영상 어려운 결정일 수 있어서, 대부분 가장 핵심적인 기능은 내부에 남기고, 외부시장에서의 구매비율을 조정하는 것이 일반적일 것이다. 물류서비스의 외주비율을 결정하는 데에는 수요의 계절성, 거래비용과 관리비용, 초기 투자비와 고정비, 기업의 경영전략 등 5가지 조건을 검토해야 한다.

1) 수요의 계절성이 큰 경우 내부의 비대한 조직은 계절에 따라 유휴화하기 쉽다. 내부조직의 가동률을 높이려면 수요가 가장 작은 계절을 기준으로 내부조직을 구축해야 한다.

2) 시장에서의 거래비용이 큰 경우 내부화가 진전될 것이다. 단, 거래비용은 대개 정보의 수집, 분석비용으로 구성되는데, 인터넷 등 정보통신기술의 발전으로 인해 거래비용이 획기적으로 줄어들어 내부화의 필요성도 감소하고 있다.

3) 내부의 관리비용이 커지면 아웃소싱이 진전된다. 특히 운송부문은 본업과 관계가 옅은 특수 노동자들을 필요로 하는 분야이므로 제조업자들에게는 부담이 더 커질 수 있다.

4) 운송부문에 대한 초기의 투자비와 고정비가 크면 내부화가 곤란하다. 그렇기 때문에 대부분 해상운송과 항공운송으로 이루어지는 국제물류는 애초 내부화될 가능성이 높지 않다.

5) 마지막으로 물류에 대한 경영 전략적 결정이 있다. 물류비용이 전체 비용 중 큰 비중을 차지하거나 시장에서의 경쟁에 중요한 경우, 기업들은 물류 부문을 내부화하려 할 것이다. 석유화학, 철강 등 대규모의 운송이 필요한 산업 뿐 아니라, IKEA로 대표되는 가구업, Amazon 등 대형 유통업자들이 그러한 사례에 해당할 것이다.

6.3.4 운송인의 선택과 국제운송업의 진화

기업에 필요한 운송서비스의 전부 또는 일부를 아웃소싱하기로 결정했다면, 어떠한 운송인을 선택할 것인가가 마지막 문제가 된다. 가장 중요한 것은 운송의 가격과 서비스 수행능력을 살펴보아야 한다.

운송 서비스의 품질은 신속성, 신뢰성, 안전성, 편리성 등으로 구성되며, 서비스 제공자의 정보능력, 설비능력을 보고 판단할 수도 있다. 여러 차례의 거래에서 신뢰가 쌓이게 되면 보다 장기적이고 포괄적인 서비스의 아웃소싱으로 전환될 것이며, 나아가 전략적 협력관계를 형성할 수 있게 된다.

국제운송 분야의 서비스 공급자들도 진화하고 있다.

먼저, 기존의 해상, 항공의 운송업자들은 인수합병(M&A)과 수평적 글로벌 제휴를 통해 메가 캐리어(mega carrier)로 거듭나고 있다. 해운을 기반으로 한 Maersk, MSC, NYK, COSCO 등과 항공운송을 기반으로 한 UPS, DHL, FedEx 등이 그러한 사례에 포함된다.

두 번째는 선박, 항공기와 같은 운송자산 없이 정보를 기반으로 성장한 기업들이다. 대개 포워딩에 종사하다 무선박운송인(NVOCC)로 발전했으며, 지금은 정보기반 제3자물류(3PL) 서비스를 제공하기에 이르렀다.

그런 기업들 가운데, 자신의 네트워크를 전 세계로 확장시키고, 정보통신 능력에 기반하여 혁신적 서비스로 무장한 기업들이 나타나고 있다. 그런 기업들을 글로벌 물류통합자(global logistics integrator)라 할 수도 있겠다. 미국과 유럽 기반의 UPS, FedEx, DHL이 그 선두주자가 아닌가 한다.

생각해봅시다

이번 장에서 우리는 국제물류네트워크의 구축과 운영에 대해 공부했다. 여기서의 학습을 통해 물류네트워크와 물류거점, 운송시장과 국제운송의 구조, 운송의 관리와 국제운송업의 진화에 대한 이해를 높일 수 있기를 바란다.

오늘 강의과 관련해서 한가지 토의과제가 있다.
그것은 글로벌 물류기업 가운데 하나를 골라 그들의 경영전략을 조사하는 것이다. 그 내용에는 글로벌 사업전개 방식, 물류거점과 운송네트워크 전략, 글로벌 물류조직과 정보화가 포함되면 좋겠고, 그것을 통해 핵심적 성공요인을 찾아내기 바란다. 마지막 부분에 제시된 물류기업 이외에 국내외 다른 기업도 좋다.

참고문헌

국토교통부, [제1차 생활물류 서비스산업 발전 기본계획], 2022.
방희석, [국제운송론], 개정3판, 박영사, 2013.
송선욱, [국제운송론], 개정2판, 도서출판두남, 2009.
이충배, 김종칠, 윤영길, [국제물류론 제2판], 박영사, 2017.
전순환, [국제운송물류론] 제6판, 한올, 2016.
E.Humes, Door to Door, Perennial, 2017.
J.Rodrigue, The Geography of Transport Systems, Routledge, 2020.
M.Stopford, Maritime Economics, 3rd edition, Routledge, 2009.
산업통상자원부, (https://www.motie.go.kr/kftz/fta/intro.do)
통계청, 운수업조사. (https://kosis.kr/statHtml/)

7

해운의 산업조직

7.1 해운산업의 의의

본 장에서는 해운산업에 대한 전반적 이해를 돕기 위해 해운의 기능, 해운산업, 해운시장을 차례로 살펴보고자 한다.

7.1.1 해운의 기능

해운은 해상운송(海上運送)의 줄임말이다. 바다에서 선박을 이용한 운송행위를 말한다. 영어로는 maritime transport라는 말이 가장 공식적이다. Carriage by Sea라고도 하는데, 선박의 행위라는 Shipping이 가장 보편적으로 쓰이는 말일 것이다.

해운은 사람들의 교통수단으로도 쓰이고, 재화의 운송수단으로도 쓰인다. 원거리 여객의 운송은 항공기에 자리를 내어주었지만, 해상운송의 저렴성으로 인해 전 세계 재화의 약 80%가 선박을 통해 운송된다는 보고가 많다. 특히 국제무역에서는 그 비중이 압도적이고, 매년 100억톤 이상이 해상운송되고 있다. 무역강국인 우리나라의 경우 연간 12억톤에 달하는 수출입화물의 99.7%가 선박을 통해 운송되고 있다.

전술한 바와 같이, 모든 재화는 그 재화가 놓여있는 곳에 따라 가치가 다르다. 그것이 재화의 장소적 가치이고, 장소적 가치 차이를 가진 모든 재화는 더욱 가치가 높은 곳을 찾아 움직이려 한다. 누군가가 재화를 더 가치가 높은 곳으로 이동시켰다면, 그 장소적 가치의 차이가 바로 운송의 가치라 볼 수 있겠다. 장소적 가치의 차이로 인한 국가 간 재화의 이동이 무역이라면, 그것을 가능하게 하는 것이 국제운송이고 해운이다.

약 250년 전, 경제학의 아버지라 불리는 A. Smith는 그의 대표 저서인 국부론(The Wealth of Nations)에서 육상운송보다 훨씬 작은 비용이 드는 수상운송이 보다 큰 시장을 만들 수 있다고 이미 갈파한 바 있다.[1)]

분업으로 인한 생산성의 향상은 보다 큰 시장을 전제로 한다. 지금의 풍요로운 세상은 세계적 규모의 시장을 전제로 한 생산성의 향상에 기인한 것이고, 전 세계의 지구인들이 세계적 규모로 분업에 참여하고 있다. 그것을 가능케 한 해운은 그래서 세계 경제의 기초구조를 이루고 있다고도 할 수 있겠다.

---

1) M.Stopford, Maritime Economics, 3rd edition, pp.4~5. 원문은 다음과 같다. "As by means of water carriage a more extensive market is opened to every sort of industry than what land carriage alone can afford it, so it is upon the sea-coast, and along the banks of navigable rivers, that industry of every kind naturally begins to subdivide and improve itself, and it is frequently not until a long time after that those improvements extend themselves to the inland parts of the country."

7.1.2 해운산업의 정의

사람은 일하며 산다. 특정한 일을 지속하면 업이 되고, 그 가운데 돈벌이를 위한 업을 직업이라 하겠다. 같은 직업을 가진 사람이 많아지면 그 사람들을 한 묶음으로 일컬어 우리는 산업(産業)이라 말한다. 그래서 해운산업은 경제학적으로는 해상운송이라는 용역과 관련하여 해운의 이용자에게 이익을 공급하고, 이를 바탕으로 부를 창출하는 기업 또는 조직의 모임으로 정의할 수 있다. 시장경제체제 하에서는 통상적으로 상업적 해운서비스를 제공하는 기업들로 구성된다.2)

역사적으로 해운산업은 18세기 산업혁명 이전에는 존재감이 미미했다. 그전에도 해운이 없었던 것은 아니지만, 대부분 국가권력 또는 상인과 무역업자들이 자기 소유의 선박을 통해 해운서비스를 스스로 생산했다. 그때는 해운행위 자체를 무역행위와 구분하기 어려웠다.

대개 산업혁명을 전후하여 상인과 분리되어 해운서비스를 독립적으로 제공하는 해운업자들이 나타났고, 그들이 무역업자들에게 대가를 받고 서비스를 제공하기 시작했다. 그때부터 해운산업이 무역업으로부터 독립하여 하나의 산업을 이루었고, 증기선의 출현과 더불어 폭발적으로 성장해왔다.

해운산업이 유럽에 뒤진 아시아 등의 제3세계에서는 국가가 적극적으로 개입하여 해운산업을 설립, 보호, 육성하기도 했다. 그런 곳에서는 해운산업을 흔히 국가의 기간(基幹)산업으로 칭하기도 한다. 그러나 국가의 개입이 심한 곳에서는 산업의 발전이 더디어지는 것이 일반적 현상이다. 한편 1980년대부터의 전 세계적인 규제완화의 흐름은 현대 해운산업에도 큰 변화를 야기하고 있다.

7.1.3 해운산업의 구성

역사적으로 해운산업이 성립한 후, 산업의 규모가 확대되는 한편, 산업 내에서는 업무의 분화가 진전되어왔다.

소유 주체를 중심으로 보자면 구미 선진국에서는 민간기업을 중심으로 산업화가 진전되었지만, 아시아 등 후발 국가에서는 국가가 중심이 되어 산업을 육성한 역사가 있고, 아직 그 흔적이 다수 남아있다. 즉 해운산업의 주체는 민간기업만으로 구성된 것이 아니라 공기업적 성격을 가진 기업도 다수 참여하고 있다.

2) 오용식, 해운산업의 이해, 도서출판 서림, 2006, 7쪽.

해운에서 이익을 창출하는 방법도 분화되었다. 어떤 선주는 소유한 선박을 빌려주고 임대료를 받는 대선(貸船) 사업에 치중하는 한편, 이에 따라 선주(owner)에게 선박을 용선(傭船)하여려 운항하는 운항사업자(operator)가 있다. 이렇게 owner와 operator가 분화되자 그 선박의 관리를 전문으로 영위하는 선박관리업자(ship manager)가 나타났다.

선박을 운항하는 방법도 다양하다. 기본적으로, 정기적인 일정에 따라 선박을 운항하는 정기선(liner)과, 그때그때의 계약 여하에 따라 시장에 투입되는 부정기선(tramper)이 있다. 현대 산업자본이 거대화되면서 석유, 석탄, 철광석, 자동차, 액화가스 등 선박의 전용화도 진전되어 해운시장은 더욱 분화하고 있으며, 각 화물의 수요 특성에 따라 운항하는 방법도 다양하다.

선박의 전용화가 진전되고 이에 따라 해운시장이 분화되면서 산업내 경쟁은 주로 분화된 세분시장별로 나타난다. 즉, 유조선은 다른 유조선과 경쟁하고, 건화물선은 다른 건화물선과, 컨테이너선은 다른 컨테이너선과 경쟁할 뿐, 다른 세분시장에서 경쟁하기는 어렵다. 다만, 각 세분시장의 선박별 기술적 수준이 보편화되면서 세분시장 내에서의 경쟁은 세계적 수준이라 할 수 있다.

때로는 산업내 경쟁뿐 아니라 항공기, 철도, 파이프라인 등 다른 운송수단과도 경쟁할 수 있다. 그러나 각 운송수단의 경제적 장단점이 매우 뚜렷하기 때문에 운송수단 간에 전면적 경쟁이 발생하기는 어렵다. 오히려 지금은 복합운송과 국제물류의 기치 아래 운송수단 간 협업체제가 강조되고 있기도 하다.

7.1.4 해운시장의 구성

현대의 해운시장은 크게 벌크선 운송시장, 특수선 운송시장, 정기선 운송시장으로 구분할 수 있다. 이 구분은 선박의 전용화로 나타난 것이고, 특정한 화물에 특화하여 설계된 전용선들이 다른 화물의 운송에 전배되기 어려워 나타나는 것이다.

2차대전 이후 대량생산, 대량소비의 시대를 맞아 석유, 석탄, 철광석 등이 거대한 규모로 채굴되어 생산현장에 투입되기 시작했다. 그때 그 수요에 맞춰 거대한 석유 전용선과 거기에 버금가는 석탄, 철광석 전용선들이 등장했고, 그 선박들이 해운산업을 주도하고 있다. 그 선박을 벌크선이라고 하고, 그 시장 영역을 벌크선 운송시장이라 할 수 있다.

두 번째는 석유, 석탄만큼 수요가 거대하지는 않지만 충분한 크기의 운송수요를 가진 화물들이 있다. 자동차, 목재, 냉장화물, 화학제품, 액화가스 등이 그런 것들인데, 이러한 화물들은 운송, 보관, 하역에 특수한 설비가 필요한 것들이기도 하다. 해운업자들이 그 수요의 크기와 특성에 걸맞는 전용선박을 개발해 대응해왔고, 이 시장을 특수선 운송시장이라고 한다.

그러나 모든 화물에 특수선을 만들어 대응하기도 어렵다. 원자재에서 중간재, 최종재로 공정이 진행될수록 품목은 다양해지고 각 품목당 중량은 줄어들기 때문이다. 그러한 소량 다품종 화물의 운송수요에는 정기선으로 대응해왔고, 현대적 정기선의 대표 선박은 컨테이너선이다. 컨테이너 전용선은 컨테이너만 적재할 수 있도록 설계된 선박이지만, 컨테이너는 너무 크지만 않으면 어떠한 화물이라도 그 안에 담을 수 있다.

다음 [도표 7-1]에서는 생략되어 있지만, 각 해운서비스 수요에 대응하는 선대(fleet)의 공급에는 각 선종별로 용선시장(charter market)이 조직되어 있고, 용선시장에서는 대선자(owner)와 용선자(charterer)가 선박 임대차 계약을 통해 해운서비스의 생산에 가장 중요한 선박을 거래하고 있다.

[도표 7-1] 해운시장의 구성

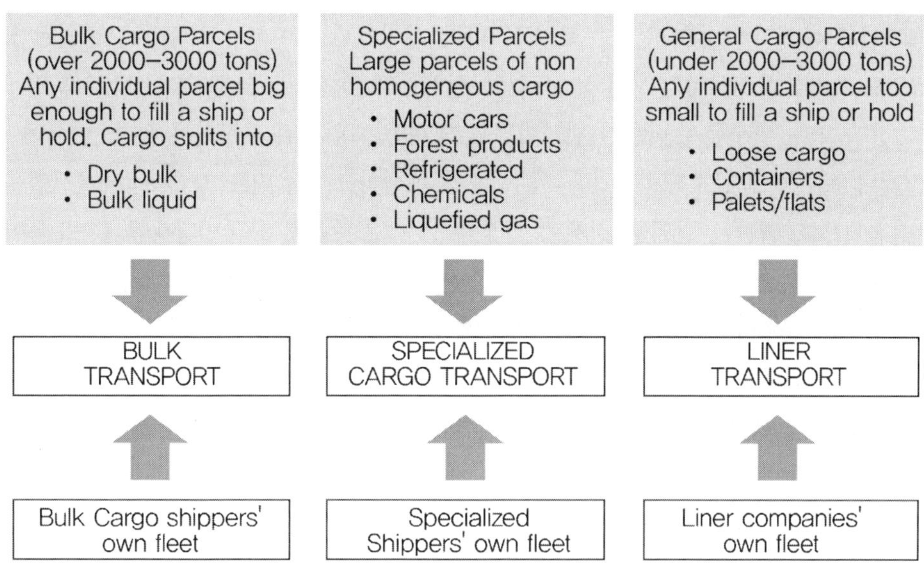

출처 : M.Stopford, Maritime Economics, 3rd edition, p.60.

7.1.5 해운산업의 범위

우리나라에서 해운산업을 규율하는 법률은 해운법이다. 해운법은 해상운송의 질서를 유지하고, 공정한 경쟁을 유도하여, 해운업의 건전한 발전을 목적으로 하고 있다. 이 법에서는 해운업을 크게 해상여객 운송사업, 해상화물 운송사업, 기타사업으로 구분하고 있다.

해상여객 운송사업은, 내항 정기/부정기 여객운송사업, 외항 정기/부정기 여객운송사업, 순항 여객운송사업, 복합 해상여객 운송사업으로 구분하고, 해상화물 운송사업은 내항 화물운송사업, 외항 정기 화물운송사업, 외항 부정기 화물운송사업으로 구분하고 있다. 내항(內港) 운송은 국내 항만 간의 운송이고, 외항(外港) 운송은 출발지와 도착지 가운데 하나 이상은 국외의 항만일 경우를 말한다. 출발지와 목적지가 같은 경우 순항(巡航)이라고 한다.

기타사업으로는 해운중개업, 해운대리점업, 선박대여업, 선박관리업의 4가지 업종을 해운업의 일부로 규정한다. 해운법상 해운중개업은 해상화물운송의 중개, 선박의 대여, 용대선 또는 매매를 중개하는 사업으로 규정되어 있다. 해운대리점업은 해상여객운송사업이나 해상화물운송사업을 경영하는 자를 위하여 통상 그 사업에 속하는 거래를 대리하는 사업이고, 선박대여업은 본인이 소유하고 있는 선박을 다른 사람에게 대여하는 사업으로 정의된다. 선박관리업은 선박소유자로부터 기술적, 상업적 선박관리, 해상구조물 관리, 선박 시운전 등의 업무의 전부 또는 일부를 수탁하여 관리활동을 영위하는 업으로 규정되어 있다.

그러나 해운법에서는 해운산업을 너무 좁게 해석하고 있을지도 모른다. 해운산업을 해운과 직접적으로 연관된 산업군 전체로 확장해서 이해하는 것이 국민경제에 더 도움이 될 수 있다. 즉, 해운산업의 핵심은 여객이든 화물이든, 내항이든 외항이든, 정기선이든 부정기선이든, 선박의 운항에 있을 것이다. 하지만, 선박 운항을 지원하는 4개의 기타 사업군 이외에도 선박과 관련된 사업군, 항만과 관련된 사업군 및 해운산업의 소프트 인프라에 해당되는 부분까지 함께 생각해야 해운업 전반에 대한 이해를 심화시킬 수 있는 것이다.

[도표 7-2] 해운법 상 해운산업의 구성

해운업	해상여객 운송사업	내항정기/부정기, 외항정기/부정기, 순항여객운송, 복합해상여객운송
	해상화물 운송사업	내항화물운송, 외항정기, 외항부정기
	기타사업	해운중개업, 해운대리점업, 선박대여업, 선박관리업

선박사업에는 조선업, 선박기자재 제조업, 선박수리업, 선급 등이 포함되고, 항만사업에는 터미널과 같은 하역업, 검수, 감정 등 항만운송관련사업, 예도선 등 선박입출항 지원서비스가 포함될 것이다. 해운의 소프트 인프라로는 해상보험, 선박금융, 통관, 관련 법률서비스, 해운관련 연구 및 교육서비스가 포함된다.

[도표 7-3] 해운산업과 관련 비즈니스

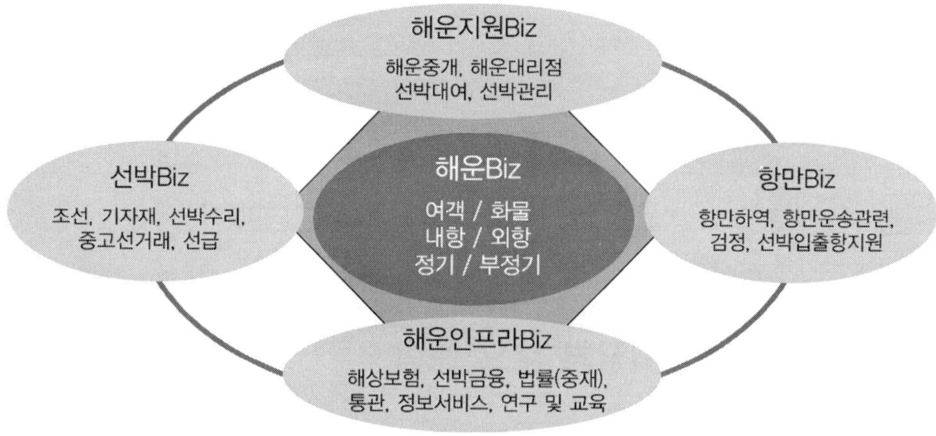

7.1.6 해운산업과 국민경제

이처럼 해운관련산업을 폭넓게 정의하면, 해운산업이 국민경제에 매우 중요한 역할을 담당하고 있음을 알 수 있다.

해운서비스의 수출과 수입은 국제수지에 직접적 영향을 주고, 관련산업에 대한 파급효과도 크다. 즉, 해운은 조선에, 조선은 철강과 기계산업에 영향을 주는 것이다. 그리고 비상시 물류간선망의 구축도 큰 부분이라 할 수 있다. 과거 전쟁의 수행에 해운은 주요 보급수단으로 기능해왔고, 현재는 대규모 재난 시 국민의 라이프 라인으로 기능한다.

영국에서도 해운산업을 매우 폭넓게 정의하고 있으며, 이를 바탕으로 구축한 maritime London은 해사 클러스터의 모범사례로 꼽히고 있다.

[도표 7-4] maritime London

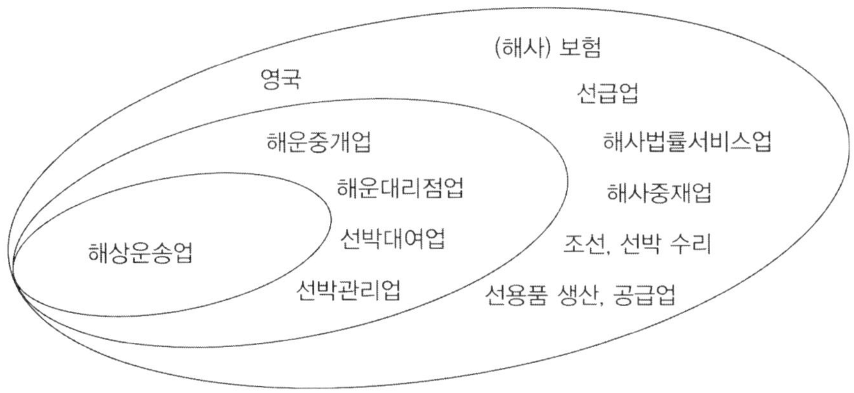

출처 : British shipping: Chartering a new course(영국정부 보고서, 1998년 발간, 2003년 수정)

7.2 세계 해운시장의 수요 동향

제3장에서 소개한 바와 같이 해운은 전세계 무역과 경제의 성장을 견인하는 역할을 해왔다. 본 절에서는 해운시장의 최근 수요 동향을 살펴보자. 여기서 해운 수요의 화물 품목별, 지역별 분포를 확인할 것이다. 그리고 관심이 집중되는 컨테이너 부분에 대해 더 알아본다.

7.2.1 국제해상무역 추이

세계의 국제 해상무역량은 2015년 100억톤을 돌파했다. 1996년의 50억톤에서 100억톤까지 배증하는데 약 20년이 걸렸고, 이 기간 중의 연평균 증가율은 약 3%다. 100억톤을 돌파하고도 COVID-19 이전까지는 매년 3억톤 내외로 물동량이 증가하여 2019년 약 120억톤에 달했다. 2020년 팬데믹 이후로는 변동성이 커진 상황이다.

해상무역은 경제활동과 밀접한 관련을 가진다. 세계의 경제활동이 활발할수록 무역량도 증가한다. 또한 역으로 무역이 경제적 활동을 자극하기도 한다. 다만, 2008년 금융위기 이전과 이후의 분위기는 약간 다르다. 금융위기 이전에는 해상무역의 증가가 세계 경제성장을 상회했지만, 이후 동기화되는 경향이 강하게 나타나고 있다.

[도표 7-5] 세계 GDP와 해상무역의 변화율 추이(단위, 연평균 변화율, %)

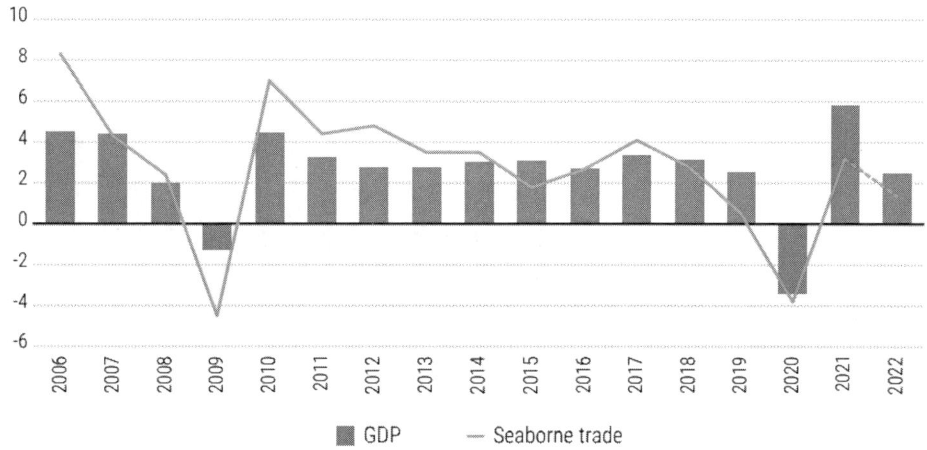

출처 : UNCTAD, Review of Maritime Transport 2022, p.5.

7.2.2 대표화종별 국제해상무역

가. 대표 화종별 물동량

화종별로 보면 원유, 석유제품, 액화가스, 화학제품 등 액체류 화물(tanker trade)이 전체의 약 30%, 메인 벌크(main bulk), 즉, 철광석, 석탄, 곡물 등 입자 형태의 원자재 화물이 또 약 30%, 나머지 건화물이 40% 정도를 차지하고 있다. 나머지 화물에는 고체 형태의 중간재와 부분품, 완제품이 대종을 이루며, 그 가운데 일부가 컨테이너를 통해 운송된다.

다음 페이지의 [도표 7-6]을 통해 각 품목별 해상운송수요의 최근 특성을 확인할 수 있다. 즉, 1980년대까지 총 해상화물의 절반에 달하던 액체화물은 1990년대 이후 그 증가세가 더디어졌다. 그것에 반해 메인 벌크는 크게 확대되어 2000년대에 들어서 전체 액체 화물량을 능가하게 되었다.

[도표 7-6] 최근 국제해상무역 추이 - 대표화종별(단위: bil.ton)

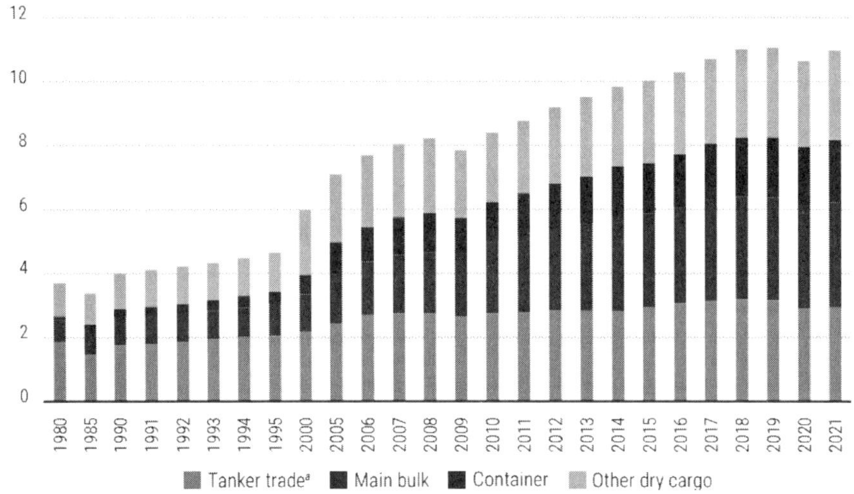

출처 : UNCTAD, Review of Maritime Transport 2022, p.8.

한편 기타 건화물(other dry cargo)에서 컨테이너 부분을 따로 분리해서 살펴보면, 최근 컨테이너 화물의 증가속도가 가장 빠른 것을 확인할 수 있다. 2000년 전체화물의 10%에 불과하던 컨테이너 화물은 20년 사이 3배 이상 증가했고, 지금은 총 화물의 20% 가까이를 점하게 되었다.

나. 해운의 총수요

해운서비스는 화물을 먼 곳으로 이동시키는 서비스이므로, 해운서비스의 생산량은 화물의 중량에 거리를 곱하여 계산해야 서비스의 총 산출량을 더 정확하게 나타낼 수 있다. 이처럼 중량과 거리를 곱한 단위를 톤-마일(ton-mile)이라 하고, 1톤을 1마일 옮기면 1톤마일이 된다. 참고로 해상무역에서 1톤은 통상 1,000kg이고, 1마일은 1,852m를 말한다.

[도표 7-7]에서 확인할 수 있는 바와 같이 전세계 국제 해운산업의 총 산출량은 2002년의 30조 톤마일에서 2022년의 60조 톤마일로 배증했다. 이는 물동량의 증가속도와 거의 일치하는 수준으로, 물동량이 증가함에 따라 톤마일도 증가한 것으로 볼 수 있다. 이 60조 톤마일이라는 거대한 산출량을 같은 해 총 화물량으로 나누면 약 5,500마일, 즉 약 1만km가 전체 해상화물의 평균 이동거리가 된다. 이 거리는 대개 부산에서 미국의 LA까지의 항해거리에 해당한다.

[도표 7-7] 국제해운의 총산출 추이

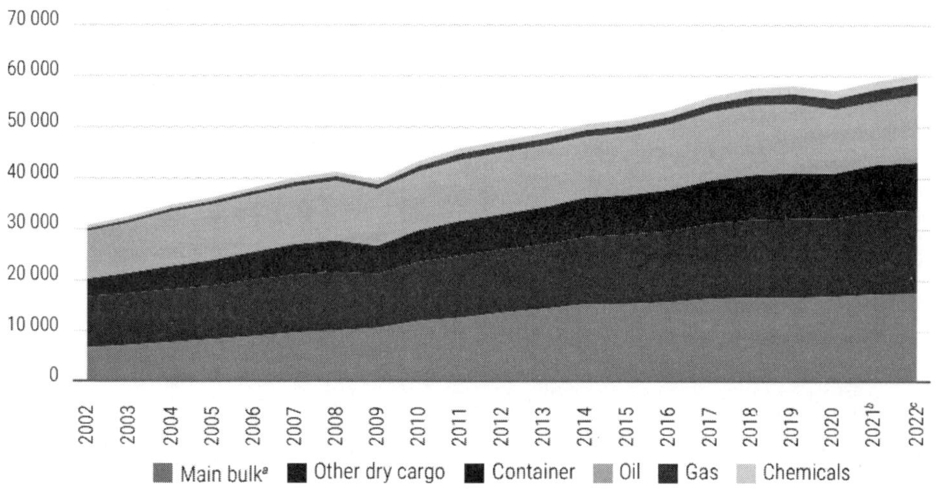

출처 : UNCTAD, Review of Maritime Transport 2022, p.5.

다만, 각 화물별로 살펴보면, 톤마일의 변화가 물동량의 변화와 정확히는 일치하지 않는다는 것에도 주의할 필요가 있다. 즉, 어떤 화물은 점차 더 멀리 이동하고 있고, 그렇지 않은 화물도 있다. 2000년대 이후 컨테이너 화물은 평균 이동거리가 조금씩 감소하는 추세에 있는 반면, 액화천연가스(LNG)는 점차 확장되고 있다. 평균 이동거리가 확장되는 화물에 대해서는 물동량의 증가에 비해 더 많은 선복량의 증가가 필요하고, 반대의 경우에는 덜 필요하게 된다. 따라서 해운업자는 화물별 물동량 뿐 아니라, 평균 이동거리에도 주의를 기울여야 한다.

7.2.3 국제해상무역의 지역별 분포

세계 해상화물은 모든 지역에 골고루 분포하지도 않고, 전반적으로 증가하고는 있다지만 지역별 해상무역의 변화율도 제각각이다. 무엇보다 지역별 입항(수입) 화물과 출항(수출) 화물의 불균형이 심한 특징을 보이고 있다.

[도표 7-8]은 국제 해상무역의 지역별 분포와 불균형을 나타내고 있다. 도표에서 loaded(선적)은 수출화물을 뜻하고, discharged(양하)는 수입화물을 의미한다.

지역적으로 보면, 수출화물이 가장 많은 곳도 아시아이고, 수입화물이 압도적으로 많은 곳도 아시아지역이다. 물량으로 보았을 때 아시아지역은 전 세계 수출화물의 40% 이상이 출항하고, 수입화물의 60% 이상이 입항하고 있다. 수입화물이 20% 이상 많은 것이다. 반면 오세아니아에서는 수출화물이 수입화물보다 10배 이상 많고, 아메리카와 아프리카에서도 수출화물이 수입화물보다 많다.

대개 지역별로 국제수지가 어느 정도 밸런스를 맞추고 있다고 가정하면, 아시아지역은 원자재의 수입이 많고 제품의 수출이 많은 곳이라 볼 수 있다. 수출화물량의 비중이 수입화물에 비해 높은 곳을 반대로 원자재를 수출하고 완제품을 수입하는 지역일 것이다. 다들 짐작할 수 있듯이, 수출입 양면에서 아시아지역의 비중이 최근 크게 확대되었음도 부기할 만하다.

[도표 7-8] 해상화물의 지역별 분포(단위 : %)

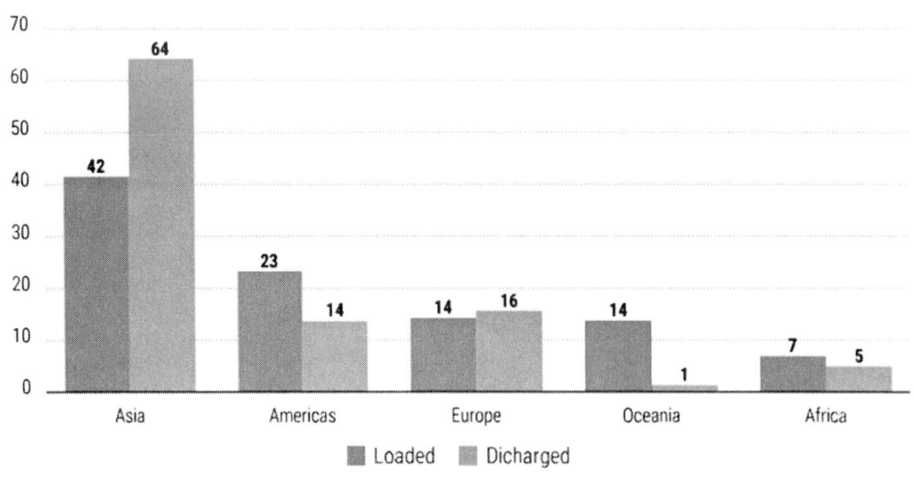

출처 : UNCTAD, Review of Maritime Transport 2022, p.6.

7.2.4 컨테이너 화물량 추이

전술한 바와 같이 컨테이너 화물은 최근 성장이 가장 빠른 곳이고, 그래서 더 관심이 집중되는 해운 분야다. 2009년의 큰 하락세가 있었지만, 그 해를 제외하고 컨테이너 화물량은 최근 20년간 지속적으로 성장해왔다. 그것도 2000년대 중반까지 연간 10%를 넘나드는 고속성장을 지속했다. 그것이 금융위기 이후에는 5% 내외로 둔화된 것이 수요 측면에서의 가장 큰 변화라 할 수 있겠다. 한편 팬데믹으로 인해 2020년 감소로 전환된 컨테이너 시장 수요는 이듬해 10%가 넘는 성장세로 반등했다.

[도표 7-9] 컨테이너 시장의 최근 추이(단위 : 백만TEU, %)

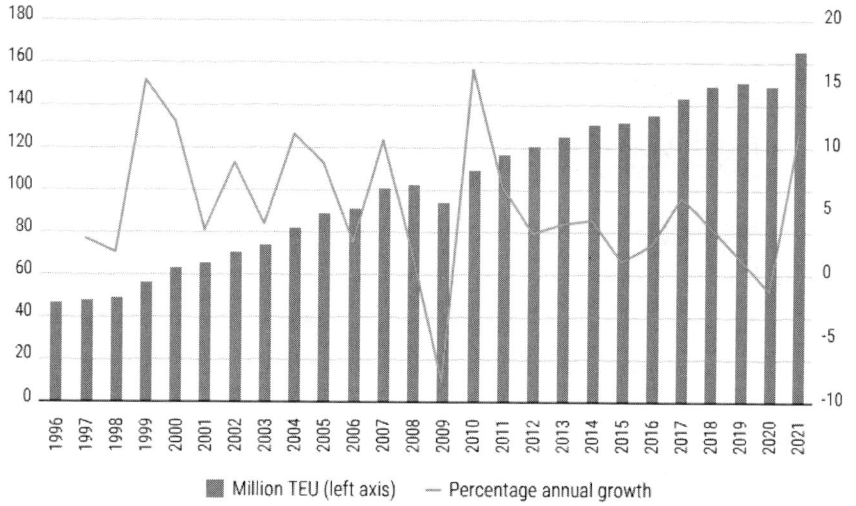

출처 : UNCTAD, Review of Maritime Transport 2022, p.9.

가. 항로별 분포

컨테이너 해상 운송시장은 주로 항로에 따라 형성되며, 크게 3가지 시장으로 나누어볼 수 있다.

먼저 가장 큰 선박들이 투입되는 주동서항로(main east-west) 시장이 있다. 세계 경제의 3대 축을 이루는 유럽, 북미, 동아시아를 잇는 대양을 횡단하는 시장이고, 여기에는 가장 큰 선박들이 투입된다.

두 번째로 기타 동서항로(non-mainlane east-west), 아프리카, 남미, 오세아니아 간의 남남항로(south-south), 유럽과 아프리카, 북미와 남미, 동아시아와 오세아니아를 서로 잇는 남북항로(north-south) 시장이 있다. 항로거리와 시장규모는 동서항로에 비해 짧고 소규모이며, 중형 선박이 주로 투입된다.

세 번째는 역내항로(intra-regional) 시장이다. 시장의 규모는 작지 않지만, 항로거리가 가장 짧아 소형선박이 주로 투입되는 시장이다.

[도표 7-10] 국제 해상 컨테이너 물동량 최근 추이

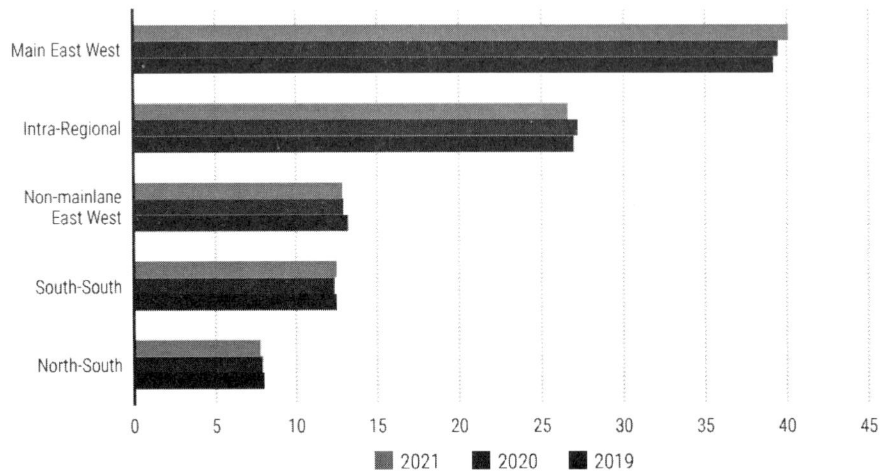

출처 : UNCTAD, Review of Maritime Transport 2022, p.10.

이 가운데 주 동서항로 시장의 특성을 보면 동아시아와 북미를 잇는 태평양 항로(trans-pacific) 시장이 가장 크고, 동아시아와 유럽을 잇는 인도양 항로(Asia-Europe) 시장이 거기에 버금간다는 것을 알 수 있다. 대서양항로(trans-atlantic) 시장은 두 시장에 비해 규모가 훨씬 작다.

컨테이너선은 대개 각 시장에서 왕복 운항하며 서비스를 제공하는데, 문제는 왕항(outbound)과 복항(inbound) 항로 사이에 불균형이 매우 크다는 것이다. 태평양 항로시장에서 동향(east-bound) 항로의 물동량은 서향(west-bound) 항로의 2~3배에 달하고, 인도양 항로시장에서는 그 반대의 현상이 일어난다. 대서양 항로시장에서는 그 불균형이 상대적으로 작다.

이런 왕항과 복항의 불균형은 컨테이너 선사들에게 복잡한 운영상의 문제를 야기한다. 선사들은 왕복항로 전체의 비용을 고려해야 하고, 시장에서의 운임은 항로의 방향에 따라 큰 차이를 보이며 별도로 형성된다.

[도표 7-11] 주 동서항로 시장의 상황(단위: 백만TEU, %)

	Trans-Pacific			Asia–Europe			Transatlantic		
	Eastbound	Westbound		Eastbound	Westbound		Eastbound	Westbound	
	East Asia-North America	North America-East Asia	Total Trans-Pacific	Northern Europe and Mediterranean to East Asia	East Asia to Northern Europe and Mediterranean	Total Asia-Europe	North America to Northern Europe and Mediterranean	Northern Europe and Mediterranean to North America	Total Transatlantic
2018	20.7	7.4	**28.0**	7.0	17.3	**24.3**	3.0	4.5	**7.5**
2019	19.9	6.8	**26.7**	7.2	17.5	**24.8**	2.9	4.6	**7.6**
2020	20.6	6.9	**27.5**	7.2	16.8	**24.0**	2.7	4.5	**7.2**
2021	24.8	6.8	**31.6**	7.2	19.3	**26.5**	2.9	5.3	**8.2**
2022	26.1	6.6	**32.7**	6.6	19.6	**26.3**	3.0	5.8	**8.9**
2017–2018	7.1%	1.0%	**5.4%**	-0.9%	5.6%	**3.7%**	4.5%	5.7%	**5.2%**
2018–2019	-3.6%	-7.4%	**-4.6%**	2.8%	1.4%	**1.8%**	-2.5%	3.4%	**1.1%**
2019–2020	3.2%	1.3%	**2.8%**	-0.2%	-4.1%	**-3.0%**	-7.1%	-3.0%	**-4.6%**
2020–2021	20.4%	-1.6%	**14.9%**	-0.4%	14.7%	**10.2%**	6.5%	18.7%	**14.1%**
2021–2022	5.4%	-3.0%	**3.6%**	-7.6%	1.8%	**-0.8%**	4.3%	9.5%	**7.7%**

출처 : UNCTAD, Review of Maritime Transport 2022, p.11.

7.3 세계 해운시장의 공급 동향

세 번째로 시장의 공급동향을 살펴본다. 해운서비스의 주 생산요소는 선박이라는 대형 자산이다. 2021년 기준 전세계의 화물선대는 6만척이 넘고, 그 운송능력은 20만 중량톤에 달한다. 여기서는 세계 선대의 선종별 규모와 구성을 확인한다. 덧붙여 주요 선주국과 조선국을 살펴보고, 컨테이너선 공급 부분의 주요 특성을 확인한다.

7.3.1 세계 선대의 선종별 구성

앞 절에서 살펴보았듯이 해운의 수요는 매우 다양하다. 화물의 품목별, 지역별, 항로별로 매우 복잡하게 구성되어있다. 해운서비스의 공급자는 그 다양한 서비스에 대응해야 한다. 대개 특정한 화물에 특화된 여러 종류의 선박 투입을 통해 대응해왔고, 그 결과 선박의 종류별로 각각 분화된 시장이 만들어졌다. 여기서 제시하는 여러 종류의 선박은 각각 다른 시장에서 활동하고, 그러므로 해운시장은 선종별로 분화된 부분시장을 통칭하는 것이라 할 수 있다.

[도표 7-12] 주요 선종별 세계 선대 현황(단위 : 천DWT, %)

Principal types	2020		2021		Percentage change 2021 over 2020
Bulk carriers	879 725	*42.47%*	913 032	*42.77%*	*3.79%*
Oil tankers	601 342	*29.03%*	619 148	*29.00%*	*2.96%*
Container ships	274 973	*13.27%*	281 784	*13.20%*	*2.48%*
Other types of ships:	238 705	*11.52%*	243 922	*11.43%*	*2.19%*
Offshore supply	84 049	*4.06%*	84 094	*3.94%*	*0.05%*
Gas carriers	73 685	*3.56%*	77 455	*3.63%*	*5.12%*
Chemical tankers	47 480	*2.29%*	48 858	*2.29%*	*2.90%*
Other/not available	25 500	*1.23%*	25 407	*1.19%*	*-0.36%*
Ferries and passenger ships	7 992	*0.39%*	8 109	*0.38%*	*1.46%*
General cargo ships	76 893	*3.71%*	76 754	*3.60%*	*-0.18%*
World total	**2 071 638**		**2 134 640**		***3.04%***

출처 : UNCTAD, Review of Maritime Transport 2021, p.xvi.

2021년 기준 세계 해운시장에서 가장 큰 규모의 선대는 건화물선(bulk carrier)이다. 선박의 운송능력을 나타내는 재화중량톤(DWT)으로 환산해서 9억톤을 넘고, 전 세계 선종의 40% 이상을 구성하고 있다.

두 번째는 유류선대(oil tanker)이다. 석유류 등 액체화물에 특화된 선박을 tanker라고 말한다. 탱커선의 선복량은 약 6억 재화중량톤으로 전 세계 선복의 약 30%를 점하고 있다.

세 번째는 컨테이너선(container ship)이고, 2.8억 DWT로 세계 선복의 약 13%를 점하고 있다. 컨테이너선과 화물을 공유할 수 있는 일반화물선(general cargo ship)의 선복량 4%에 미치지 못하고 있다.

그 외에 가스선대(gas carrier)의 선복확장 속도가 최근 매우 빠르며, 소형의 케미컬 선대도 해운시장의 주력 선대 중 하나로 꼽을 수 있다.

2021년 기준 전세계 총 선복량은 21억 dwt로 이것은 해운시장의 잠재적 총공급량에 해당한다. 이 잠재적 총공급이 연간 10회 회전하면 210억톤의 화물이 이동된다는 뜻이다. 그러나 같은 해 총 해상물동량이 약 110억톤이므로, 전세계 총선복의 연간 회전율은 5~6회에 그치고 있다는 것도 알 수 있다. 생산성이 높다고 보기는 어려운 회전율이다.

7.3.2 선종 구성의 변화

[도표 7-13]과 같이, 선종별 선복량의 역사적 데이터를 보면 최근 해운시장의 변화가 역동적이라는 것을 알 수 있다.

1980년대 탱커선대(oil tanker)는 총 선복의 절반 가까이를 점유하는 가장 큰 시장이었다. 그것이 지난 30여년간 건화물선(dry bulk carrier)이 주도하는 시장으로 바뀌어, 2018년에 탱커선대의 비중은 30%로 감소했으며, 건화물 선대가 40% 이상으로 성장했다.

또한 원자재 이외의 일반화물(general cargo) 시장에서는 컨테이너선이 비중을 확대해가며 재래의 일반화물선(general cargo ship) 비중을 크게 축소시키고 있다. 컨테이너 선대가 1980년 1.6%에서 2018년 13%대로 증가하는 동안 일반화물선대는 17%에서 4%로 축소되었다.

마지막으로, 기타 선박의 비중이 커지고 있는 것에도 주목할 필요가 있다. 이것은 해운시장이 더욱 다변화되어 특화된 선박들이 더 많이 나오고 있다는 뜻이기 때문이다.

[도표 7-13] 세계 화물선대의 선종별 구성의 변화

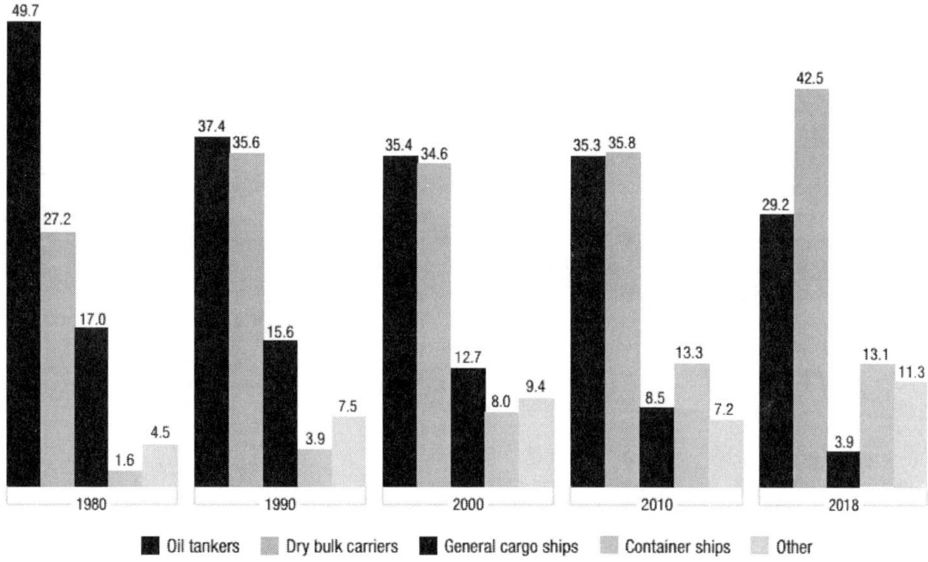

출처 : UNCTAD, Review of Maritime Transport 2018, p.24.

7.3.3 선복량의 확대 추이

2008년의 금융위기로 인해 시장이 붕괴된 후 10여년간, 해운시장은 팬데믹으로 인한 일시적 회복 이전까지 장기적으로 침체에 빠져 회복되지 못했다. 이 장기적 침체의 원인은 세계 선복량의 확대와 관련이 깊다.

1970년대의 석유위기에서 벗어난 1980년대 중반 이후, 해운시장의 수요는 몇 번의 짧은 쇼크 이외에 장기적으로 견조롭게 성장해왔다고 볼 수 있다. 그런데2010년대의 장기적 침체는 수요보다 공급의 문제일 가능성이 높다.

즉, 해운시장이 초호황기였던 2000년대 중반 이후, 해운산업에 쏟아져 들어오는 현금이 대량으로 조선소에 재투입되었다. [도표 7-14]에서 보이듯이, 2004년부터 2013년에 세계 선복량은 연평균 7% 증가를 10년간 지속하여, 이 기간 동안 선복량을 약 2배로 확대되었다. 다만, 수요량의 확대는 공급량 증가의 절반에 불과해서, 이때 커진 수급의 격차가 조정되지 않았던 것이다. 많게는 신조선 1척당 1천억원 이상이 소요되는 이 거대 자산을 처분하기는 쉽지 않다. 이때 대량공급된 선박들이 시장에서 빠져나가야 수급이 균형을 되찾을 것이다.

[도표 7-14] 2000년대 이후의 해운시장 수급상황

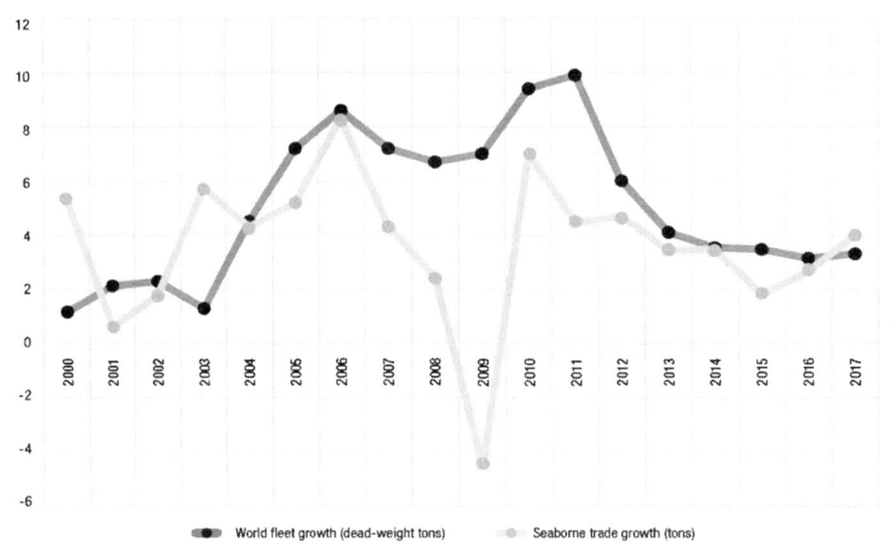

출처 : UNCTAD, Review of Maritime Transport 2018, p.45.

이처럼 2000년대 중반부터 붐을 이룬 신조선의 발주는 또 조선업계에 거대한 호황과 더불어 거품을 만들었다. 특히 드라이벌크 부문이 극심하다. 2010년대에는 그 거품이 터져 발주량이 크게 줄었고, 따라서 화물선에 주력하던 동아시아의 조선업계가 경영에 큰 곤란을 겪었다. 2010년대를 거치면서 대부분의 선종에서 주문량이 크게 줄고 있지만, 액화천연가스(LNG) 선대는 확대되었으며, 컨테이너선대에 대한 주문도 크게 줄지 않았다.

[도표 7-15] 최근의 선종별 발주량 추이

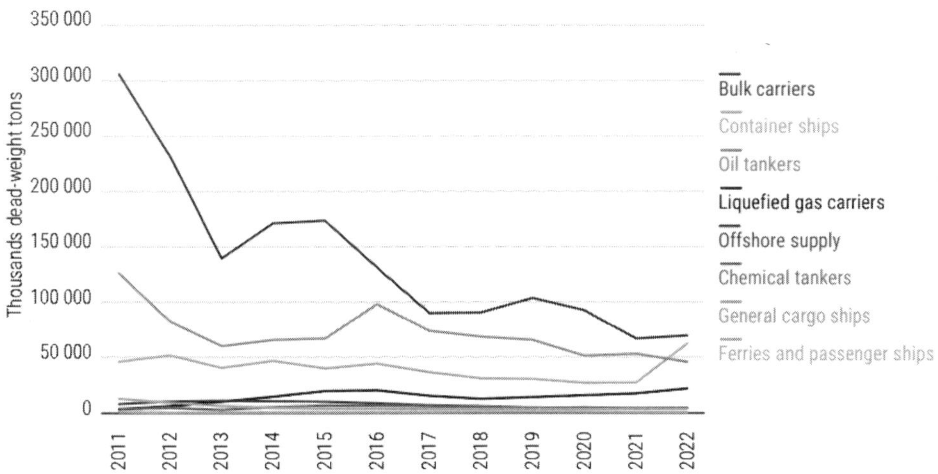

출처 : UNCTAD, Review of Maritime Transport 2022, p.47.

7.3.4 주요 선주국과 선박의 등록

2022년 기준 전 세계에는 5만 5천척 이상의 외항 선박이 운영되고 있다. 척수 기준으로는 중국인이 가장 많이 보유하고 있고, 그리스인과 일본인이 뒤를 잇고 있다. 재화중량톤을 기준으로 하면 그리스, 중국, 일본의 순이다. 이 세 나라의 선주들이 전 세계 선복의 40% 이상을 차지하고 있으며, 여기에 우리나라를 포함하여 상위 35개국이 척수 기준으로 약 90%, 톤수 기준으로는 약 95%의 선박을 소유하고 있다.

[도표 7-16] 주요 선주국과 등록선대 현황

	Country or territory of ownership	Number of vessels			Deadweight tonnage				
		National flag	Foreign flag	Total	National flag	Foreign flag	Total	Foreign flag as a % of total	Total as a % of world
1	Greece	620	4 246	4 870	55 715 512	328 703 344	384 430 215	85.51	17.63
2	China	5 357	2 599	8 007	113 035 546	163 977 083	277 843 335	59.19	12.74
3	Japan	933	3 070	4 007	35 970 817	200 656 470	236 638 365	84.8	10.85
4	Singapore	1 371	1 400	2 799	67 869 137	68 312 248	136 243 709	50.16	6.25
5	Hong Kong, China	861	948	1 822	72 061 117	39 473 538	111 587 729	35.39	5.12
6	Republic of Korea	804	867	1 680	14 767 539	77 501 218	92 302 014	84	4.23
7	Germany	185	2 036	2 221	6 976 526	72 616 389	79 592 915	91.23	3.65
8	Bermuda	2	505	507	26 137	63 381 136	63 407 273	99.96	2.91
9	Norway including Svalbard and Jan Mayen Islands excluding Bouvet Island	982	1 002	1 987	18 980 244	40 945 002	59 931 039	68.33	2.75
10	United Kingdom of Great Britain and Northern Ireland including Channel Islands and Isle of Man	363	1 014	1 380	9 376 891	49 222 876	58 746 865	84	2.69
11	United States of America including Puerto Rico	774	1 001	1 783	10 193 014	44 123 048	55 113 272	81.23	2.53
12	China, Taiwan Province of	150	856	1 014	6 590 724	48 326 874	54 974 072	88	2.52
	Subtotal, top 35 shipowners	**22 172**	**25 951**	**48 323**	**588 320 562**	**1 471 461 279**	**2 062 880 823**	**71.44**	**94.63**
	Rest of the world unknown	*3 173*	*2 558*	*6 714*	*33 495 841*	*56 785 576*	*117 177 484*	*48.46*	*5.37*
	World	**25 345**	**28 509**	**55 037**	**621 816 403**	**1 528 246 855**	**2 180 058 307**	**71.08**	**100**

출처 : UNCTAD, Review of Maritime Transport 2022, p.39.

선박은 사람이 사는 공간이기도 하고, 안전과 환경에 문제를 일으킬 수 있어서, 특정한 국가에 등록되어 그 나라의 법규가 선내에 적용되어야 한다. 그런데, 누가 소유하든 외항선박은 해외의 국가에 등록하여 그 나라의 법을 따르게 할 수도 있다. 이러한 행위를 편의치적(FOC, flag of convenience)이라 한다. 세금이 싸고 규제가 덜한 나라를 찾아 현지법인을 세우고 그 법인 소유로 선박을 등록하는 것이다. 세무행정 능력이 없고, 법집행 의사도 약한 파나마, 리베리아, 마샬 아일랜드 등의 조세회피처(tax haeven)가 주로 선택되고 있으며, 그러한 국가에서는 외국인의 선박도 등록이 가능하도록 개방등록(open registry)을 허용하고 있다.

[도표 7-16]에서 'foreign flag'로 표시되어 있는 것이 편의치적을 의미하고, 전 세계외항선대가 척수 기준으로는 약 60%, 톤수 기준으로는 75% 이상이 편의치적을 선택하고 있다. 그리스, 일본, 독일, 영국, 미국 등 주요 해운 선진국들의 경우 톤수 기준으로 90%에 육박하는 선대가 외국에 등록하고 있다.

우리나라의 경우, 척수 기준으로는 약 절반이 편의치적을 선택하나, 톤수를 기준으로 하면, 80%로 상승한다. 대형선박일수록 편의치적이 많다는 뜻이고, 다른 나라에서도 동일한 현상이 나타난다. 이러한 편의치적은 자본과 노동, 국가권력의 분리를 의미할 수 있으며, 해운산업에서만 나타나는 매우 흥미로운 현상이기도 하다.

7.3.5 선박의 건조지역 및 해체지역

화물선에 한정해서 말하자면, 현재 세계의 3대 조선강국은 모두 동아시아에 위치한다. 조선업에서 차지하는 중국, 한국, 일본 3개국의 비중이 톤수 기준으로 90%를 넘는다. 이 세 나라는 10여년 전 조선 호황기 때 큰 수익을 올렸지만, 지금은 모두 불황에 신음하고 있다.

그런데 이 나라들이 원래부터 선박을 잘 만든 것은 아니었다. 역사적으로 보면 세계 조선업의 주도권은 영국에서 유럽대륙, 일본, 한국, 중국의 순으로 뚜렷하게 전달되어왔다. 중국에 이어 주도권을 가질 국가도 있을 것이다. 최근 필리핀과 베트남도 조선업에 뛰어들었다.

선박의 해체지역은 주로 인도양 연안국이다. 현재 방글라데시, 파키스탄, 그리고 인도에서 세계 선박의 90%가 해체된다. 최근에는 튀르키에도 해체업에 뛰어들었다. 이 지역을 주목할 필요가 있다. 왜냐하면, 일본이나 우리나라, 그리고 중국도 조선업을 해체에서부터 시작했기 때문이다.

[도표 7-17] 주요 조선국(2021년, 천GT)

	China	Republic of Korea	Japan	Philippines	Rest of the world	Total	Percentage
Bulk Carriers	13 764	960	5 730	624	73	**21 151**	35%
Oil Tankers	4 791	6 376	2 064		358	**13 589**	22%
Container ships	4 170	4 675	1 954		131	**10 929**	18%
Gas Carriers	918	7 052	159		10	**8 138**	13%
Ferries and passenger ships	390	50	83	20	1 567	**2 110**	3%
General cargo ships	1 017	56	223		256	**1 552**	3%
Offshore vessels	641	402	9		317	**1 370**	2%
Chemical tankers	662	109	226		50	**1 047**	2%
Other	510	6	278		97	**892**	1%
Total	**26 863**	**19 687**	**10 726**	**643**	**2 859**	**60 780**	
Percentage	*44%*	*32%*	*18%*	*1%*	*5%*	***100%***	

출처 : UNCTAD, Review of Maritime Transport 2022, p.46.

[도표 7-18] 주요 해체국(2021년, 천GT)

Vessel type	Bangladesh	Pakistan	India	Türkiye	China	Rest of the world	World total	Percentage
Oil tankers	4 565	2 200	1 044	318	42	45	**8 213**	53.6
Bulk carriers	2 011	477	133	112	60	22	**2 815**	18.4
Offshore vessels	160	116	470	274	37	125	**1 182**	7.7
Liquefied gas carriers	703		35	7		7	**751**	4.9
Ferries and passenger ships	101	178	316	148	1	6	**748**	4.9
Chemical tankers	150	13	430	9		3	**604**	3.9
General cargo ships	113	62	41	82		190	**489**	3.2
Container ships	42		101			27	**170**	1.1
Other	182		80	86		8	**356**	2.3
Total	**8 025**	**3 045**	**2 649**	**1 036**	**140**	**433**	**15 329**	**100.0**
Percentage	*52.4*	*19.9*	*17.3*	*6.8*	*0.9*	*2.8*	***100.0***	

출처 : UNCTAD, Review of Maritime Transport 2022, p.48.

7.4 해운시장과 사이클

본 절에서는 해운시장에서 가격 결정의 원리와 가격의 움직임인 사이클에 대해 살펴본다. 해운시장의 수요와 공급, 수요곡선과 공급곡선의 특징, 마켓 사이클과 최근의 추이, 그리고 향후전망에 대해 이야기한다.

7.4.1 Sea Trade 1949-2005

[도표 7-19]는 2차대전 이후 해운의 수요와 공급을 장기적으로 보여주고 있다. 막대그래프로 표시된 해운의 수요량은 2차대전 직후 연간 약 5억톤에서 2010년대 중반 100억톤으로 70여년만에 20배 확대되었다. 같은 기간 동안, 등록총톤수(GRT, gross registered tonnage)로 표시된 세계의 선복량은 약 8천만톤에서 12억톤으로 15배가량 확대되었다.

[도표 7-19] 해운시장의 장기 추이

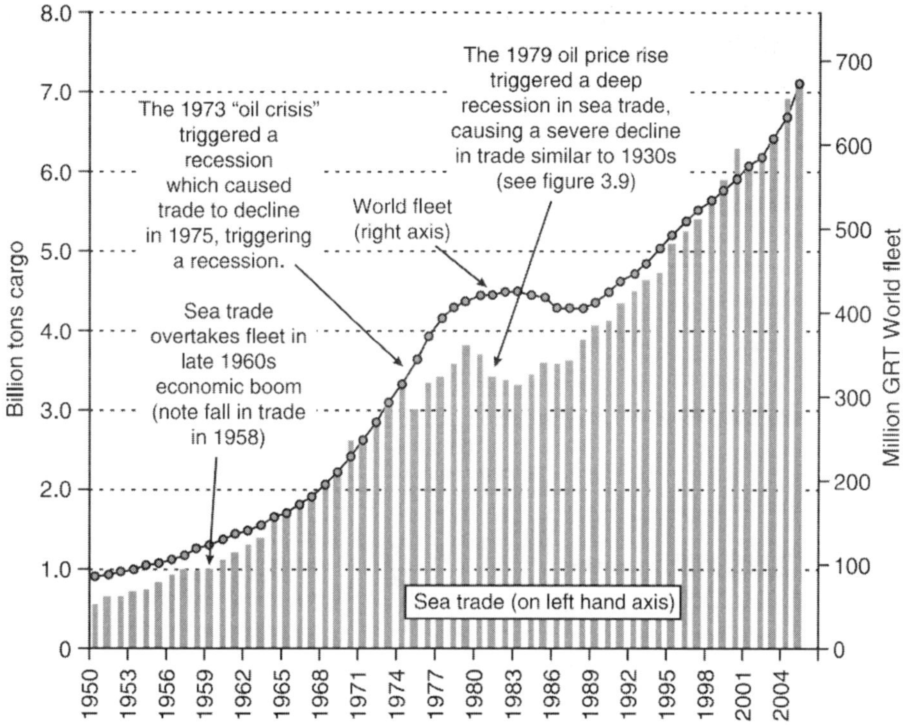

출처 : M.Stopford, Maritime Economics, 3rd edition, p.120.

해운의 수요와 공급이 모두 장기적으로 크게 확대되어왔지만, 수요와 공급의 확대 페이스가 서로 다르다는 것에 유의할 필요가 있다. 수요가 공급보다 빠르게 확대될 때는 운임이 상승할 것이고, 그 반대의 경우 운임이 하락할 것이다. 수요가 공급보다 빠르게 확대되던 때는 전후 회복기인 1950~60년대, 그리고 1990년대에서 2000년대 중반까지다. 반대로 공급이 수요를 앞질렀던 것은 1970~80년대 오일쇼크와 그 영향이 컸던 시기이고, 2000년대 후반 이후에서 팬데믹 이전까지도 그러했다. 운임이 상승할 때는 호황기로 해운사업자들에게 현금이 축적되고, 하락할 때는 불황기로 해운업 경영이 곤란을 겪게 될 것이다.

7.4.2 해운 수요와 공급의 결정요인

세계적 해운 연구자 M. Stopford에 따르면 해운의 수요와 공급은 크게 각각 다섯가지 요인의 영향을 받아 결정된다.

[도표 7-20] 해운시장의 수요 공급 모델

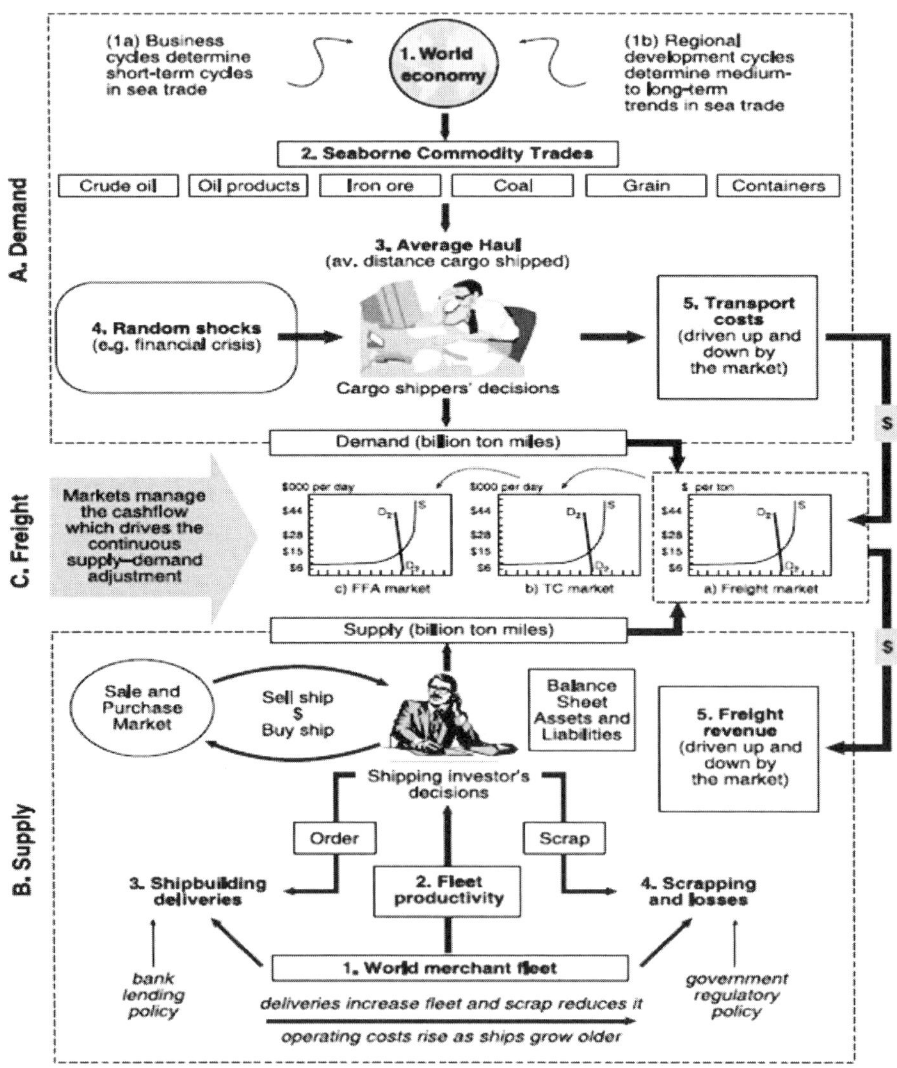

출처 : M.Stopford, Maritime Economics, 3rd edition, p.120.

수요요인은 1) 세계경제(world economy), 2) 상품교역량(seaborne commodity trade), 3) 평균 운송 거리(average haul), 4) 랜덤 쇼크(random shock), 5) 운송비용(transport cost)이다. 그것들이 해운서비스의 수요자인 화주(cargo shipper)의 해운서비스 구매 의사결정에 영향을 준다.

공급요인은 1) 세계 선복량(world merchant fleet), 2) 선대의 생산성(fleet productivity), 3) 신조선 인도량(shipbuilding deliveries), 4) 선박 해체 멸실량(scrapping and losses), 5) 운임수입(freight revenue)이다. 이 요인들이 해운서비스 공급자인 선주(shipping invester)의 해운서비스 판매 의사결정에 영향을 준다.

해운서비스 수요자들과 공급자들의 수많은 의사결정이 시장에서 만나 가격인 운임(freight)을 결정한다. 현물시장(freight market)에서 결정된 가격은 용선시장(TC market), 선물시장(FFA market)과 서로 연계되어 있다.

또, 이렇게 결정된 가격이 다시 화주에게는 운송비용 요인으로, 선주에게는 운임수입요인으로 반영된다. 즉, 시장에서 결정된 가격이 다시 수요자와 공급자의 의사결정의 한 요인이 되므로, 시장에서 결정된 가격에 의해 수요와 공급이 연결되어 조정되고 있는 것이다.

7.4.3 공급곡선과 수요곡선

전술한 바와 같이 해운시장에서 수요와 공급에 영향을 주는 요인은 다수 존재한다. 다만, 경제적 분석을 위해 다른 요인을 배제하고 가격이 수요와 공급에 미치는 영향을 확인해 보자. 통상 공급곡선과 수요곡선은 가격에 대한 공급과 수요의 반응을 나타내는 것이다.

먼저 해운의 공급곡선은 [도표 7-21]의 (a)와 같이 중간에 변곡점을 가지는 하키스틱의 형태를 가진 것으로 상정된다. 즉, 공급곡선은 가격이 낮은 수준에서는 가격의 변동에 따라 공급량의 변동이 크고 가격이 변곡점을 넘어서면 가격의 변동에도 공급량의 변동이 작은 형태를 보인다. 즉, 이러한 형태의 해운 공급곡선은 탄력성이 큰 구간과 작은 구간이 공존하는 것이고, 해운 공급의 보편적 양상을 표현하고 있다.

한편 (b)의 수요곡선은 가격의 변화에 따른 변동성이 매우 작은 것으로 나타난다. 그래서 수직에 가까운 비탄력적 형태를 띄고 있고, 이 역시 일반적 해운수요의 특성을 나타내고 있다. 그러한 수요곡선과 공급곡선이 만나는 점에서 가격이 결정된다.

세계 선복량이 고정되어 있다고 상정하는 단기(short term)의 경우, 하키스틱 형태의 공급곡선이 고정된 상태에서 수요곡선만 움직이며 운임수준이 변동한다. D1에서 D2로 수요곡선이 이동할 때 수요량의 변화는 크지만 공급곡선이 탄력적인 구간 안에서 움직이기 때문에 가격의 변동(F1-F2)은 크지 않다. 다만 D2에서 D3로 수요곡선이 움직이면, 수요량의 변화는 작아도 공급곡선이 비탄력적인 구간으로 이동하여 가격의 변동(F2－F3)이 커지는 특징을 보여준다. 이러한 특성은 수요가 축소되어 수요곡선이 왼쪽으로 움직일 때도 마찬가지로 나타난다. 즉, 공급곡선이 고정된 단기에는 운임이 안정적인 경우와 불안정한 경우가 공존하고 있는 것이다.

[도표 7-21] 해운시장의 단기 균형

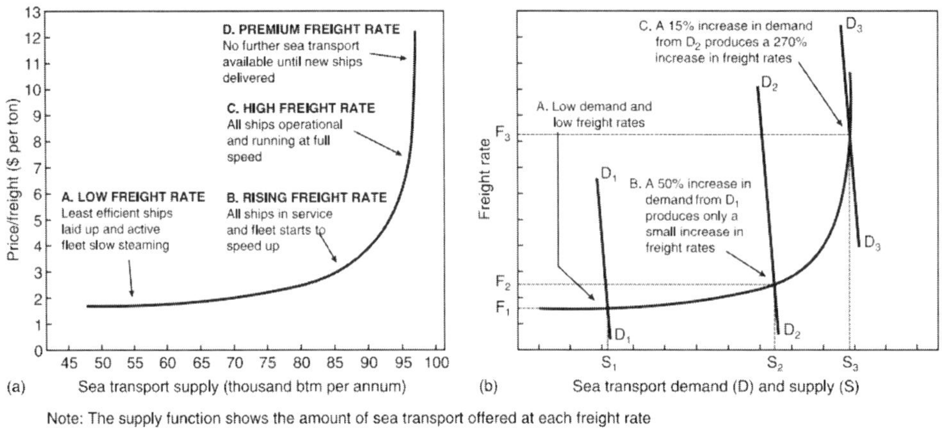

출처 : M.Stopford, Maritime Economics, 3rd edition, p.165.

7.4.4 시장 사이클

전술한 단기균형에서는 공급곡선이 고정된 것으로 가정하지만 실제로는 수요곡선의 움직임과 마찬가지로 공급곡선도 끊임없이 움직일 수 있다. 다만 단기간에도 변동이 심한 수요곡선과는 달리 공급곡선의 움직임은 매우 둔중한 것으로 평가된다. 공급이 수요의 변동을 따라잡는데 시차가 있다는 뜻이고, 그렇기 때문에 해운시장은 통상 변동성이 심한 시장으로 인식되고 있다.

시장의 사이클이란 수요곡선과 공급곡선의 움직임이 만들어내는 가격의 장기적인 움직임이다. 일반적으로 바닥(trough)에서 회복기(recovery)를 거쳐 정점(peak)에 이르고, 이윽고 붕괴(collapse)하는 4가지 단계를 가진다. 이 4가지 단계가 5~10년을 주기로 무한 반복된다는 것이 해운의 시장 사이클이지만, 다음 사이클의 주기와 진폭이 이전 사이클과 같은 형태로 나타난다는 보장이 없다. 회복이 지연되어 바닥이 길어질 수도 있고, 진폭이 작았다가 커질 수도 있다. 반대의 경우도 얼마든지 있다. 그래서 다음 사이클을 읽고 미래의 운임수준을 예측하는 것은 매우 어려운 일이다.

[도표 7-22] 해운시장 사이클의 4단계

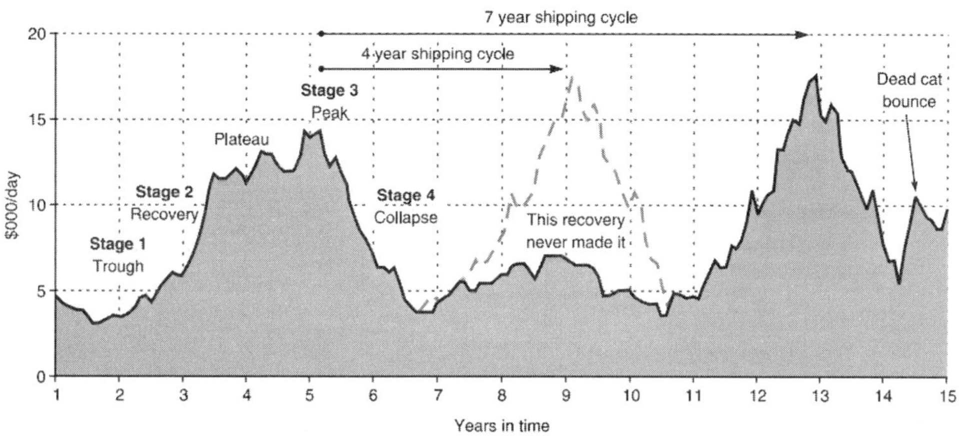

출처 : M.Stopford, Maritime Economics, 3rd edition, p.97.

7.4.5 해운시장과 선박시장의 관계

시장의 사이클을 읽어 미래를 대비하기 위해서는 해운시장과 밀접한 관계를 가진 선박시장에 대한 이해가 무엇보다 중요하다.

해운시장은 좁게는 해운서비스가 거래되는 시장을 말한다. 거기서 화물운송 서비스가 거래되고 운임(freight)이 결정되므로 운임시장(freight market)이라고도 한다. 이 운임시장에서 해운서비스의 공급자, 즉 선사는 무역업자, 즉 화주에게 서비스를 제공하고 운임을 수취한다. 이 운임수입은 해운산업의 주 수입원이다.

운임시장(freight market)에서 가격, 즉 운임이 올라가면, 해운업자들은 추가적 수입을 올릴 수 있고, 그들은 선복을 확보하기위해 2. 중고선시장(sales & purchase market)으로 간다. 중고선시장에서는 선사간 선박의 거래가 이루어지는 시장이다. 여기서 공급자보다 수요자가 많으면 중고선의 가격이 올라간다. 그러면 몇몇은 조선소에 신조선의 건조를 발주한다. 이것이 3. 신조선시장(shipbuilding market)이다. 여기서는 선사와 조선소 간에 거래가 이루어진다. 시간이 지나 신조선의 발주와 인도가 많아지면, 1. 운임시장(freight market)에 공급이 많아지고 운임이 내려간다. 그러면 많은 선사들이 재무적 압박을 받게 되고, 그들이 자사 보유의 중고선을 매물로 내어놓게 된다. 이러한 상황에서 중고선 시장에도 공급이 많아져 중고선가가 내려갈 가능성이 높으며, 팔리지 않은 중고선은 4. 해체시장(demolition market)으로 향하게 된다.

해체시장은 선박을 해체하여 고철을 생산하는 선박재활용(recycle) 시장이다. 해체시장이 활성화되어 운임시장의 선박 공급이 충분히 감소하면 다시 운임이 반등할 가능성이 높아진다.

[도표 7-23] 운임시장과 선박시장

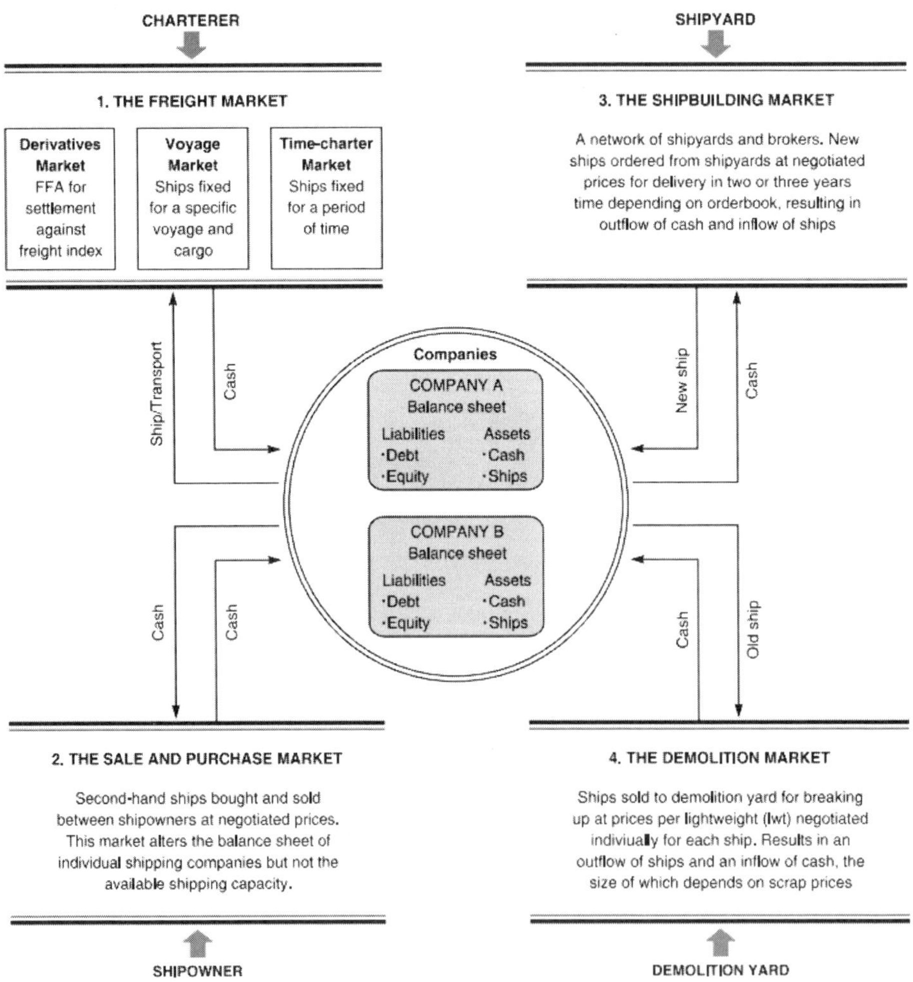

출처 : M.Stopford, Maritime Economics, 3rd edition, p.204.

7.4.6 해운시장에서의 조정

상기한 운임시장과 선박시장은 상호 연동되어 움직이므로, 이 가운데 하나만 생략해도 전체 시장의 움직임을 이해할 수 없다. 모든 시장에서의 움직임은 의사결정자인 해운산업의 선주들이 보유하고 있는 현금(cash)의 변동에 따른다. 무엇보다 핵심은 운임시장(freight market)에서 전달되는 현금의 수량이다. 거기서 많은 현금이 들어오면 중고선시장을 거쳐 신조선시장을 약동시키고, 적어지면 또 중고선시장을 거쳐 해체시장이 활기를 띨 것이다. 이러한 과정이 해운시장의 사이클을 형성하고 있다.

운임시장에서 운임이 올라가면 중고선가가 덩달아 올라가고, 신조 발주량이 많아져 조선업에 활황이 찾아온다. 그 결과 공급량이 많아지면 운임이 떨어지고, 덩달아 중고선가가 내려가며, 해체량이 많아진다. 신조가 줄고 해체량이 충분히 많아지면 운임시장에 공급이 줄어 운임이 회복된다.

해운시장에서는 기본적으로 이러한 사이클이 반복된다. 역사적으로 한 사이클에 평균 8년 정도가 소요되었는데, 2008년 금융위기로 시장이 붕괴된 뒤 2020년 팬데믹으로 인한 일시적 반등 이외에 아직 본격적으로 회복의 추세를 보이지 못하고 있다.

[도표 7-24] 해운시장에서의 조정과 사이클

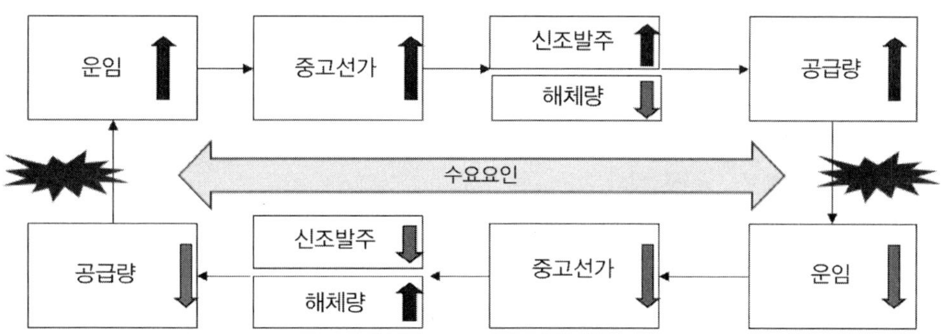

생각해봅시다

이번 장에서 우리는 해운의 산업조직에 대해 공부했다. 여기서의 학습을 통해 해운산업의 의의, 세계 해운시장의 수요와 공급동향, 해운시장의 사이클에 대한 이해를 높일 수 있었기를 바란다. 다음 과제를 통해 해운시장을 더 자세히 살펴보자.

1. 드라이벌크 시황에 관한 최근의 자료를 조사해 미래를 전망해보자.

2. 탱커 시황에 관한 최근의 자료를 조사해 미래를 전망해보자.

3. 컨테이너 시황에 관한 최근의 자료를 조사해 미래를 전망해보자.

참고문헌

길광수, [해운항만물류 경영전략 – 이론과 실제], 월드오션, 2018.
김영모, [아틀라스 해운경제사], 한국선장포럼, 2021.
양창호, [컨테이너선 해운경제], 박영사, 2022.
오용식, [해운산업의 이해], 도서출판 서림, 2006.
정봉민, [해운경제학], 블루&노트, 2015.
한국해양수산개발원, [해운통계요람], 각년호.
武城正長, [便宜置籍船と国家], 오용식, 구경모, 박성재 역, [편의치적선과 국가], 피엔씨미디어, 2021.
British shipping: Chartering a new course(영국정부 보고서, 1998년 발간, 2003년 수정)
Marc Levinson, The BOX, 김동미 역, [박스 – 컨테이너 역사를 통해 본 세계경제학], 21세기북스, 2008.
M.Stopford, Maritime Economics, 3rd edition, Routledge, 2009.
Shuo Ma, Economics of Maritime Business, Routledge, 2021.
UNCTAD, Review of Maritime Transport, 각년도.
UNCTAD (https://unctad.org/)

8

해운실무

8.1 정기선과 부정기선

앞 장에서 국제물류에서 가장 중요한 운송행위인 해운의 산업조직에 대해 학습했다. 본 장에서는 뒤이어 해운 실무지식의 기초를 확인하고자 한다.

해운산업을 선박의 운영형태에 따라 분류하자면 크게 정기선과 부정기선으로 나누어볼 수 있다. 여기서는 먼저 정기선과 부정기선을 정의하고, 정기선해운의 실무와 부정기선해운의 실무를 약술한다.

8.1.1 정기선과 부정기선의 정의

정기선(liner)은 미리 정해진 일정에 따라 규칙적으로 운영되는 선박이다. 육상운송의 고속버스와 같이 출발지와 경유지, 도착지를 미리 정하고 출발, 도착시각과 운임도 미리 공표한다. 즉, 일정(schedule), 경로(route), 운임(tariff)을 미리 정하고 운영하는 선박이다. 부산, 인천항에서 일본과 중국을 오가는 카페리선, 부산, 광양항에 기항하는 컨테이너 선박은 대부분 정기선이다.

부정기선(tramp)은 정기적, 규칙적으로 운영하지 않는 선박이다. 육상운송의 전세버스와 같이, 필요할 때마다 계약하고, 계약 시에 일정, 경로, 운임이 협상에 의해 정해진다. 정기선이 아닌 형태로 운영되는 모든 선박들은 부정기선이라 볼 수 있다.

왜 어떤 선박들은 정기적으로 운영하고 다른 배들은 그러하지 않을까? 그것은 버스회사의 영업전략과 똑같다. 고속버스는 개별 수요에 대응하는 방식이고, 전세버스는 단체 수요에 대응하는 방식이다.

해운에도 다양한 수요가 존재하고, 그 가운데 다수가 가진 작은 수요에 대응하는 방식이 정기선이다. 정기선은 불특정 다수의 소량 화물을 모으기 위해 수요가 있을 만한 노선에 일정과 운임을 미리 공표하여 개개인이 찾아오게끔 만드는 방식이라 할 수 있다. 반면, 부정기선은 소수의 대량 화물에 대응하는 방식이다. 대량의 화물을 가진 화주를 찾아내거나 찾아오게끔 만들고, 소수의 대량 수요에 협상을 통해 대응하는 방식이다.

역사적으로 보면, 범선 시대에는 정기선이라는 운영방식이 사실상 성립하기 어려웠다. 그 시절에도 '계절풍이 시작되면' 정도의 방식으로 운영되기도 했으나, 사실상 증기선이 투입되면서부터 정기선이 본격화되었고, 그 전의 해운은 대부분 부정기선 방식이었다.

19세기 초 증기선의 상용화가 정기선 시대의 개막을 알리는 것이었으나, 아직도 부정기선은 건재하다. 해운의 수요자로 소량 화물의 화주들도 많지만, 대량 화물의 화주는 그 숫자는 적어도 그들이 가진 수요의 규모는 매우 크기 때문이다. 전 세계의 해운 수요 중 정기선 화물은 20% 정도에 불과하고, 나머지는 모두 부정기선 수요에 해당하는 것이다.

다만 부정기선 해운은 20세기에 들어 그 성격이 크게 바뀌었다. 석탄, 석유, 철광석 등 산업의 원료를 대량으로, 지속해서 필요로 제철소, 발전소, 정유공장 등 대형 산업자본이 속속 등장했고, 그들은 산업 원료의 안정적 공급을 위해 해운 서비스를 반정기적인 것으로 만들었다.

부정기선이 아직 법적인 용어이기는 하나 그러한 대량 수요에 대응하는 벌크선대 중 과거의 tramp 방식으로 운영되는 선박이 많지 않은 것도 현대적 해운의 실상이라 할 수 있겠다.

8.1.2 정기선과 부정기선 운영의 특성

해운선사 중 정기선과 벌크선을 모두 운영하는 곳도 있으나, 대부분은 정기선 또는 벌크선에 특화되어 있고, 이러한 정기선사와 벌크선사의 운영조직 구조는 특기하여 비교할만하다.

현대의 대형 정기선사는 대부분 컨테이너선사이고, 대양을 횡단하는 대형 컨테이너선은 주로 정요일 서비스(weekly service), 즉 매주 정해진 요일에 특정 항구에 선박을 기항시키는 운영방식을 채택하고 있다. 이 서비스체제를 유지하려면 북태평양 항로에 최소 6척, 동아시아-유럽 간의 인도양 항로에는 12척 이상의 대형선박이 필요하다. 보유, 운영하는 선박이 증가하고, 수많은 불특정 소형 화주를 상대로 일주일에 수천, 수만개의 컨테이너 화물을 확보해야 한다. 조직이 방대해질 수밖에 없다.

반면 벌크선사는 조직 규모를 확대할 필요가 그다지 크지는 않다. 단 1척의 선박으로도 회사를 운영할 수 있으며, 고객은 소수에 불과하다. 물론 수백척의 선박을 운영하는 대형 벌크선사도 있지만, 상대적으로 정기선사에 비하면 조직이 슬림하고 구조가 단순하다고 볼 수 있다.

[도표 8-1] 정기선 운송과 부정기선 운송의 비교

구분	정기선운송	부정기선운송
선박	정기선(주로 컨테이너선), 고가, 구조복잡	부정기선(주로 전용선, 겸용선), 저가, 구조단순
조직	대형조직	구조단순
운항형태	규칙성, 반복성(고정된 항로, 정해진 운항일정에 따라 반복적 · 규칙적 운항)	불규칙성(지역별, 시기별 불규칙적 운항, 항로 및 운항일정이 정해져 있음)
운임	공정/표정운임표(tariff): 사전에 작성 · 공표된운임	변동운임(수요와 공급에 의한 완전경쟁으로 운임률 결정)
화물	불특정다수 화주의 소량화물, 공산품 등의 일반화물(general cargo)이나 포장화물(packaged cargo), 컨테이너화물 등	단일 화주의 대량의 산화물(원유, 석탄, 광석, 곡물, 비료, 시멘트, 원목, 철강 등)
화물가치	고가	저가
운송계약	개품운송계약(선화증권)	용선운송계약(용선계약서)
여객취급	제한적으로 취급(Car-Ferry)	전혀 취급하지 않음

출처 : 전순환, 국제운송물류론 제5판, 한올, 2015. 91쪽.

8.1.3 운송계약의 주체

국제무역에서 수출자와 수입자 가운데 누군가는 운송계약을 체결하고 운임을 지불해야 한다. 제4장에서 소개한 바와 같이, 대개 인코텀즈의 정형거래조건에 따라 운임을 지불해야 하는 자가 운송계약을 체결한다. EXW와 F조건에서는 수입자, 즉 매수인이 해상운송계약을 체결하고, C와 D 조건에서는 수출자 즉, 매도인이 해상운송계약을 체결한다. 복합운송 조건(FCA, CPT, CIP)은 복합운송의 특성 상 주로 컨테이너 화물에서 쓰이고, 해상운송 조건(CFR, CIF, FAS, FOB)은 비컨테이너 화물에 주로 쓰이고 있다.

정기선 화물의 경우 복합운송인(freight forwarder)이 화주를 대리해서 선사와 운송계약을 체결하는 경우가 많다. 부정기선의 경우 전문적인 용선 중개인(chartering broker)이 선사와 화주를 연결하는 역할을 담당하지만, 계약은 선사와 화주 간에 직접 체결된다.

[도표 8-2] 정형거래조건과 운송계약의 주체

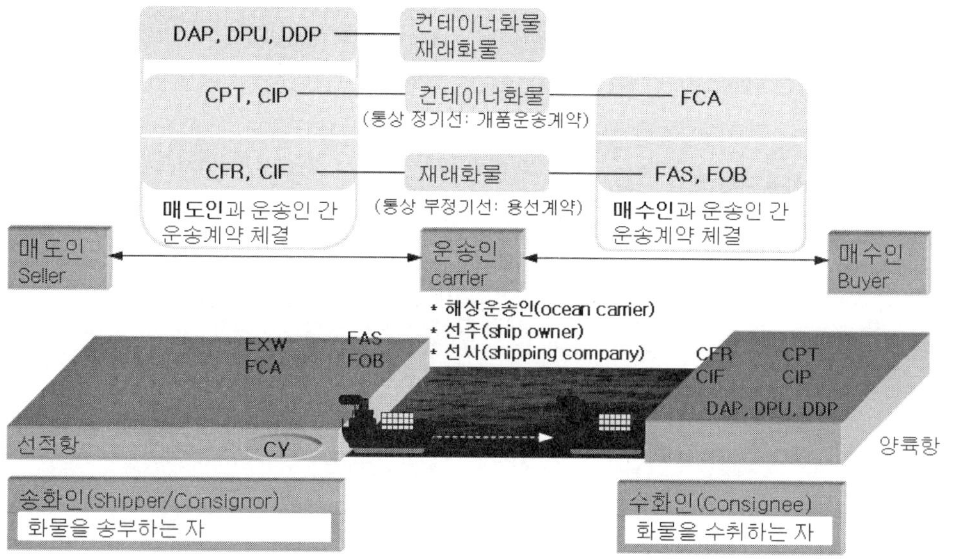

출처 : 전순환, 국제운송물류론 제5판, 한울, 2015. 100쪽.

8.2 정기선 해운의 실무

이 절에서는 정기선 해운의 실무에 대해 알아본다. 여기서 정기선은 주로 컨테이너선을 말하지만, 컨테이너선 이외에도 일반화물선이라고 부르는 재래정기선과 다목적선(MPP), 자동차용 RORO선, 카페리 등 화객선 등도 정기선의 형태로 운영되는 경우가 많다.

8.2.1 정기선 운송계약 절차

컨테이너선 등 정기선의 운송계약 절차를 다시 한번 확인해보자.

먼저 화주는 여러 정보를 통해 선박의 운항 일정을 확인하고, 적절한 선박을 선택하여 선적요청서(shipping request)를 작성한다. 근래에는 인터넷 상에서 모든 것이 이루어질 수 있다. 선사는 화주의 선적요청을 받아들이면 선박원부에 기입하고 선복예약서(booking note)를 교부하여 계약이 성립한다. 그 후 화주는 화물을 선적하고 선하증권(bill of lading)을 수령함으로써 계약이 완료된다.

[도표 8-3] 정기선 운송계약 절차

① 운항일정의 확인	화주는 해운회사의 홈페이지 또는 해상운송정보사이트를 방문하여 운항일정(sailing schedule) 확인.
② 선적요청서의 작성	화주는 인터넷 상의 홈페이지에서 계약신청의 의사표시로서 선적요청서(shipping request; S/R) 작성.
③ 선복원부에의 기입 (Booking)	해운회사는 계약승낙의 의사표시로서 운송계약예약서 (Booking note)를 작성함으로써 운송계약 성립.
④ 선복예약서 교부	해운회사는 운송계약이 성립하면 송화인에게 선복예약서(booking note) 교부.
⑤ 물품선적 후 선화증권 수령	화주는 물품을 선적한 후, 선화증권 수령

출처 : 전순환, 국제운송물류론 제5판, 한올, 2015. 101쪽.

8.2.2 정기선의 서비스망

가. 정기선 서비스 사례 - 북태평양 항로

[도표 8-4]는 H사가 제공하고 있는 태평양 항로의 서비스상품의 한 사례이다. PS6로 칭해진 이 서비스는 중국의 칭다오에서 시작해 닝보, 부산을 기항하고 태평양을 횡단하여 LA에 이르고 오클랜드를 거쳐 다시 태평양을 서쪽으로 횡단하여 일본의 고베를 거쳐 칭다오에 이르는 루프를 형성하고 있다. 이 서비스 루프의 완성에는 42일이 소요되며, 정요일 서비스를 제공하기위해 6척의 선박이 필요하다. H사는 이 서비스를 포함하여 동아시아와 북미대륙을 잇는 서비스망을 16개 운영하고 있다. 이 가운데 뉴욕 등 북미의 동해안 지역으로 가는 서비스도 포함되어 있으며, 대서양에 진출하기 위해서는 파나마운하를 통과하거나 아예 인도양과 대서양을 지나 반대편으로 서비스 항로를 제공하는 경우도 있다.

[도표 8-4] 정기선 서비스 사례 - 북태평양 항로

Pacific South 6 (PS6)

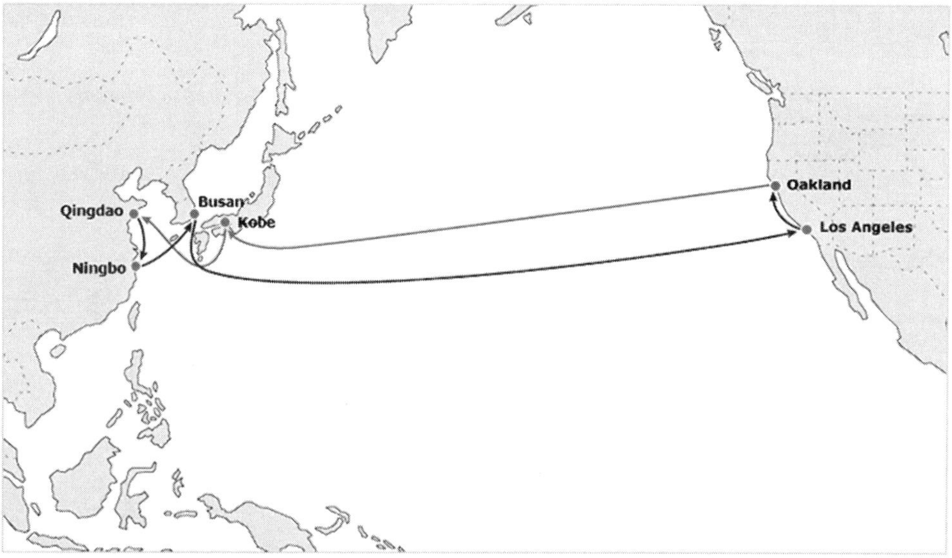

Port Rotation and Schedule

Calling Port	Terminal	Arrival	Departure
Qingdao, China	Qingdao Qianwan Container Terminal	FRI	SUN
Ningbo, China	Beilun Second Container Terminal (phase 3)	MON	WED
Busan	Pusan New Port	THU	FRI
Los Angeles, CA	Trapac Terminal, Los	THU	TUE
Oakland, CA	Trans Pacific Container Service	WED	THU
Kobe	Rokko 6/7 Container Terminal	TUE	TUE

출처 : https://www.hmm21.com/e-service/general/schedule/serviceNetwork/

나. 정기선 서비스 사례 - 극동~유럽의 예

극동과 북유럽을 잇는 항로는 왕복거리가 4만km에 달하는 가장 긴 항로이며 컨테이너선의 서비스망에서 12주~14주가 소요된다. 즉 정요일 서비스의 제공에 12척에서 14척의 초대형선이 투입되는 세계 최대의 항로망이라 할 수 있다. 이 서비스망을 줄여 지중해 지역까지만 서비스를 제공하는 루프도 있으며, 수에즈 운하를 통과하지 않고 중동에서 그치는 서비스도 있다. H사에서는 북유럽에 11개 서비스망, 지중해에 5개, 중동지역에 5개의 서비스 네트워크를 제공하고 있다. 고객들에게 이러한 범세계적 네트워크를 제공하기 위해서 수많은 선박이 필요하고, 그것이 정기선사 간 제휴의 기본적 이유이다.

[도표 8-5] 정기선 서비스 사례 - 유럽 항로

Far East Europe 2 (FE2)

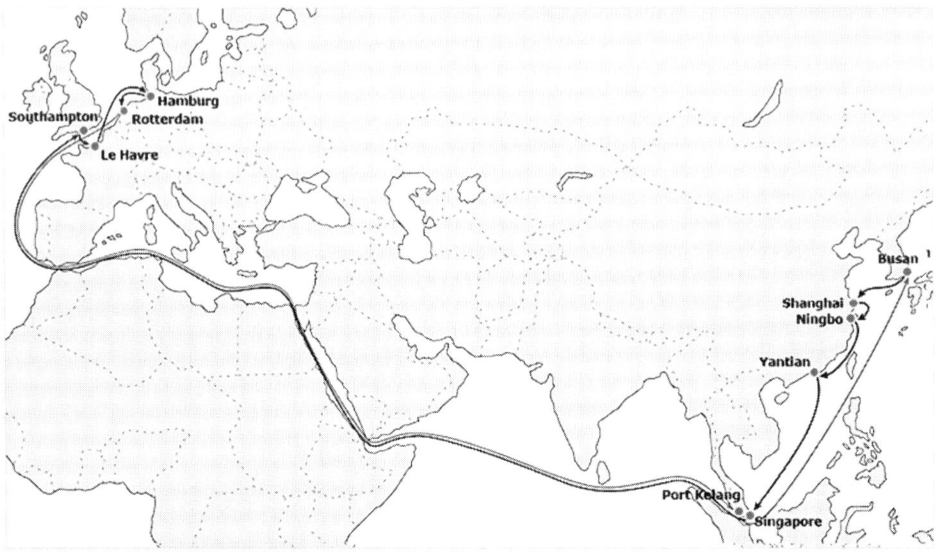

Transit Time / [Eastbound]

unit : days

From/To	Singapore	Busan	Shanghai,CHina	Ningbo, China	Yantian
Southampton	34	43	46	51	55
Le Havre	31	40	43	48	52
Hamburg	26	35	38	43	47
Rotterdam	23	32	35	40	44

Transit Time / [Westbound]

unit : days

From/To	Rotterdam	Southampton	Le Havre	Hamburg
Busan	38	44	48	50
Shanghai,CHina	34	40	44	46
Ningbo, China	31	37	41	43
Yantian	27	33	37	39
Singapore	22	28	32	34

출처 : https://www.hmm21.com/e-service/general/schedule/serviceNetwork/

다. 근거리 서비스

컨테이너선의 서비스망은 원거리에 국한되지 않는다. [도표 8-6]은 S선사에서 제공하는 동아시아지역 역내 서비스망을 표현하고 있다. 이 선사에서는 한-중, 한-일, 중-일, 한-러 및 아시아 역내 서비스를 제공하고 있다. 각각의 서비스 루프의 완성에 1~3주일이 소요되는 서비스망이고, 원거리 서비스에서보다 작은 선박이 주로 투입된다.

극동지역의 한중일 사이에는 부산항을 중심으로 이런 근거리 서비스망이 거미줄처럼 얽혀있고, 그것이 부산항의 환적화물 경쟁력의 원천이기도 하다. 한중일 뿐 아니라 세계의 모든 지역에서 역내 서비스망이 형성되어 있고, 그것이 원거리 서비스망과 연계되기도 한다. 아시아 역내 항로망의 컨테이너 물동량은 원거리 항로망의 물동량을 상회한다는 보고가 많다.

[도표 8-6] 근거리 항로망의 사례

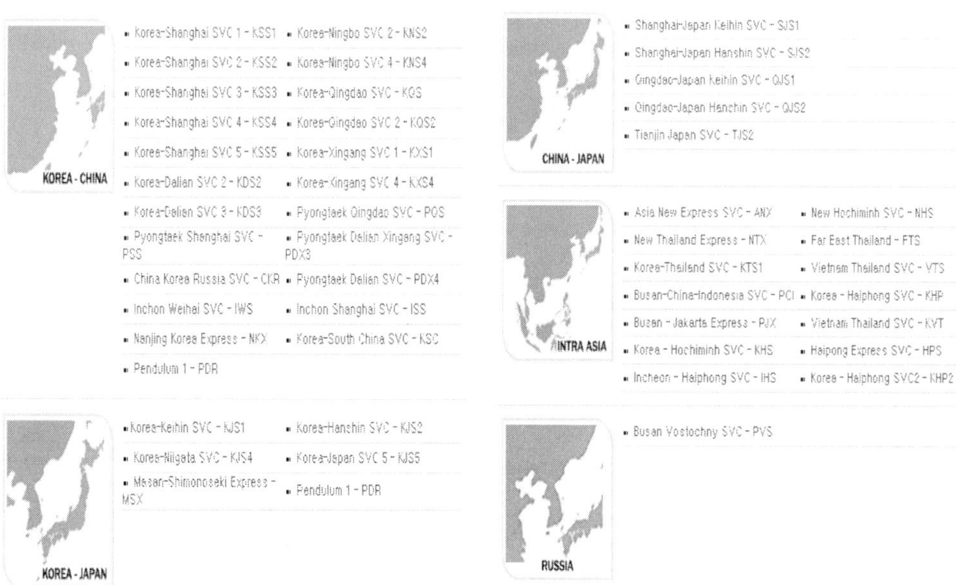

출처 : http://www.sinokor.co.kr/kr/index.html

라. 동북아 카페리 네트워크

컨테이너선뿐 아니라 카페리(car ferry)와 같은 화객선도 정기화물 서비스를 제공한다. 우리나라에서는 서해안의 인천, 평택, 군산 등지에서 중국을 잇는 노선이 많고, 부산에서 일본을 잇는 노선이 있다. 동해안 지역에서 러시아를 잇는 서비스가 운영되기도 한다. 우리나라 외에 중국과 일본, 일본과 러시아를 잇는 노선도 운영된다.

카페리 선사는 대개 1~2척의 선박으로 1일 1회 왕복 또는 주 2~3회 왕복의 형태로 운영되고 있다. 카페리는 화객선이므로 기본적으로 여객과 화물을 함께 취급한다. 팬데믹 이전에는 한중노선과 한일노선 합하여 20여개의 노선에 30여척의 선박이 투입되어 연간 100만명 이상의 여객을 RORO 화물과 함께 취급했으나, 외교관계, 감염병 등의 영향을 크게 받을 수 있다.

[도표 8-7] 동북아 카페리 네트워크

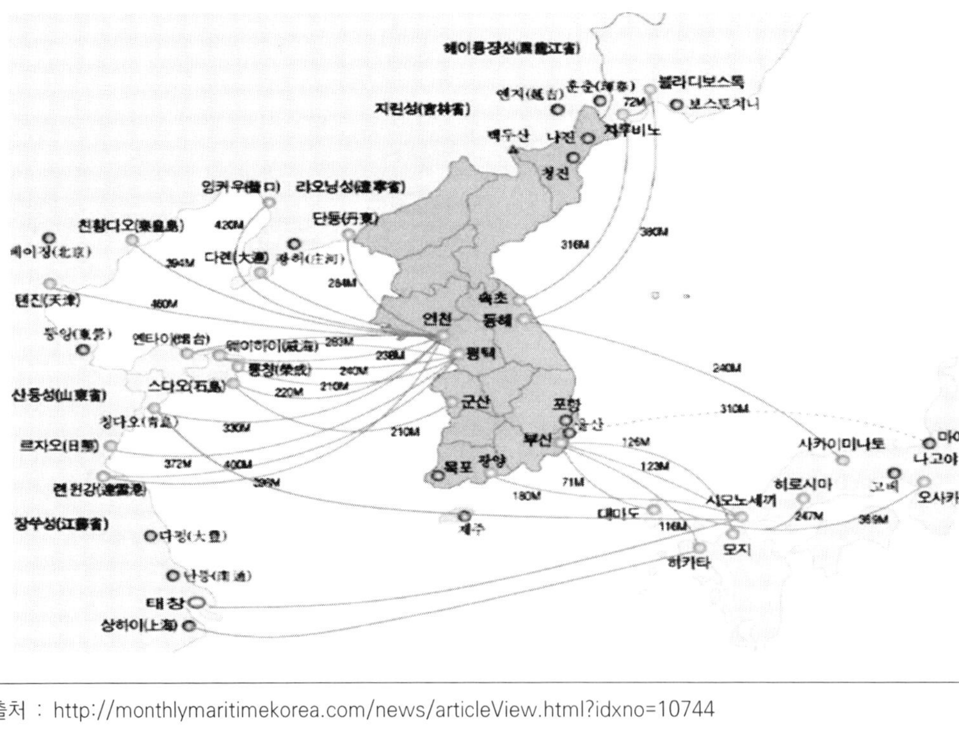

출처 : http://monthlymaritimekorea.com/news/articleView.html?idxno=10744

8.2.3 정기선 동맹과 제휴

해운선사들은 대개 세분된 모든 해운시장에 참여하는 것이 아니라 특정 부분시장에서 활동하는 경향이 강하다. 원유, 드라이벌크, 컨테이너 등으로 전문분야가 나뉘어져 있는 것이 일반적이다.

컨테이너로 대표되는 정기선사들을 살펴보면, 대양항로의 정기선 시장에서는 주로 유럽 선사들과 아시아 선사들이 활동하고 있다. Maersk, MSC, CMA-CGM, Hapag-Lloyd는 유럽의 대표 선사들이고, COSCO, ONE, EverGreen, HMM은 동아시아의 주요 선사들이다.

이 선사들은 주로 동서항로를 중심으로 글로벌 네트워크를 제공한다. 그리고, 아무리 운항선복이 많아도 전세계 항로에 네트워크를 제공하는 것은 어려운 일이므로 제휴그룹을 만들어 공동운항하는 형태를 취한다. 이것이 글로벌 제휴(global alliance)의 형태로 동맹체제를 형성하고 있다.

[도표 8-8] 글로벌 정기선 동맹

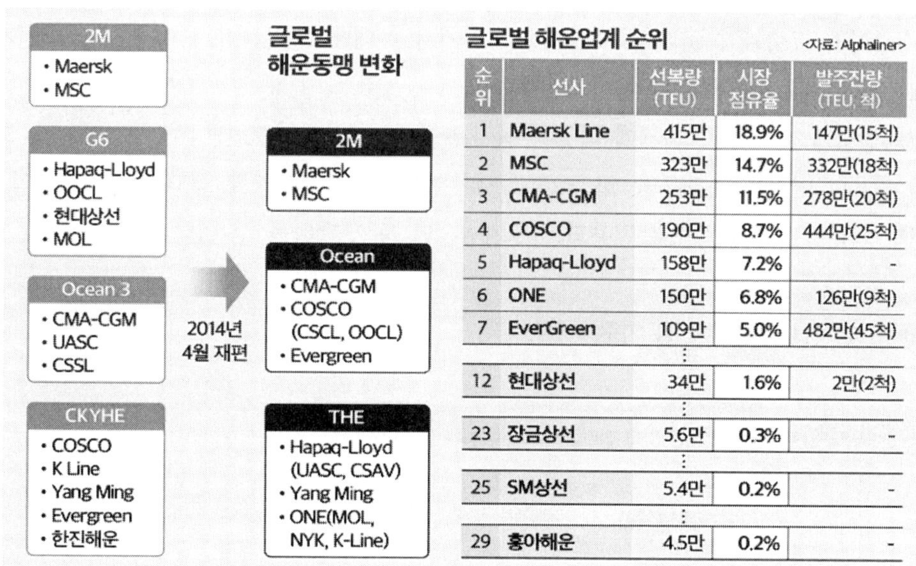

순위	선사	선복량 (TEU)	시장 점유율	발주잔량 (TEU, 척)
1	Maersk Line	415만	18.9%	147만(15척)
2	MSC	323만	14.7%	332만(18척)
3	CMA-CGM	253만	11.5%	278만(20척)
4	COSCO	190만	8.7%	444만(25척)
5	Hapaq-Lloyd	158만	7.2%	-
6	ONE	150만	6.8%	126만(9척)
7	EverGreen	109만	5.0%	482만(45척)
12	현대상선	34만	1.6%	2만(2척)
23	장금상선	5.6만	0.3%	-
25	SM상선	5.4만	0.2%	-
29	흥아해운	4.5만	0.2%	-

출처 : http://www.newstomato.com/one/view.aspx?seq=816042

그러나 동맹체제는 안정적인 것이 아니고, 수시로 이합집산하는 경향을 보여왔다. 2023년 현재, [도표 8-8]과 같이 2M, Ocean, THE 등 3개의 동맹이 정기선시장의 동서항로를 장악하고 있고, HMM은 2022년 THE Alliance 그룹에 새로이 가입했다.

8.2.4 정기선 운임

정기선의 운임은 대개 위탁화물의 중량을 기준으로 산정하지만, 때에 따라서 화물의 용적을 기준으로 할 수도 있고, 고가품의 경우 가격을 기준으로 산정할 수도 있다.

선박의 적재용량에는 한계가 있다. 재화중량톤(DWT) 이상의 화물을 선적할 수 없으므로 대개는 화물의 중량이 기준이 되는 것이다. 다만 가볍지만 부피가 큰 화물은 선박의 공간을 그만큼 많이 차지하게 되므로 용적을 기준으로 운임이 결정된다. 가구류, 섬유제품 등이 대표적이다. 고가품은 취급이 까다롭고 파손시 위험부담이 크므로 때로는 가격기준이 적용되는 경우도 있다.

다만, 컨테이너가 활용되는 경우 선사들은 무차별운임(FAK, freight all kind rate)을 적용한다. 컨테이너 안에 뭐가 들었든 규격별 개수당 요금을 적용하는 것이다. 이를 박스요율(Box rate)이라고도 한다. 다만, 행선지에 따라 달라지고, 냉장컨테이너 등 특수컨테이너는 적용되는 요율이 달라짐은 물론이다.

정기선 운임은 지급시기에 따라 선지급도 있고 후지급하는 경우도 있다. 정형거래조건에서 수출자가 운송계약을 체결하는 C, D조건에서는 대개 선지급이고, 수입자가 책임지는 E, F조건에서는 후지급이 되는 것이 보편적이다.

부과방법에 따라서는, 가격에 따르는 종가운임, 물량이 작아도 내야하는 최저운임, 최저운임의 적용도 어려운 소포운임, 화물, 장소, 화주에 따라 차별적으로 부과되는 차별운임, 운송거리를 기준으로 일률적으로 적용되는 무차별운임 등으로 나눌 수 있다.

[도표 8-9] 정기선 운임의 산정 기준

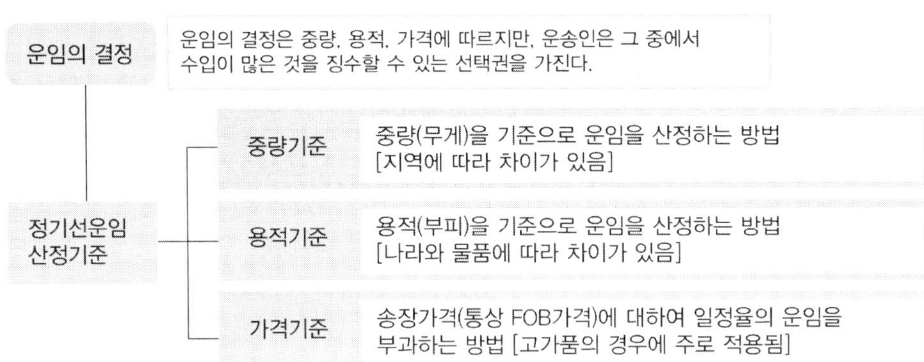

출처 : 전순환, 국제운송물류론 제5판, 한올, 2015. 92쪽.

특수운임으로는, 해운동맹과 관련된 특별운임과 경쟁운임, 복합운송과 관련된 접속운임, 지역운임, 통운임이 있고, 컨테이너에 적용되는 Box rate가 있다. Box rate에는 통상 FAK가 적용되나, 화물의 특성에 따라 특별한 관리가 필요하면 Class rate나 특수컨테이너 운임(Commodity Box rate)이 적용되기도 한다.

미국의 신해운법은 해운동맹을 무력화시키기 위해 1984년 제정된 것으로, 그 법에서 개별선주와 화주간 장기운송계약에 근거한 기간물량운임(Time Volume Rate)과 우대운송계약(Service Contract) 및 선사의 독자운임 결정권을 인정한 것이다.

할증운임(surcharge)은 정기항로에서 수시로 발생하는 운송조건 및 환경변화에 대처하기 위해 기본운임에 일시적으로 할증하여 부과하는 것이다. 여기에는 중량장척화물, 양륙항 선택 및 변경, 외항(out port), 체선 및 체화, 유가 및 환율의 변동, 환적 등에 부과한다.

[도표 8-10] 정기선의 운임 구조

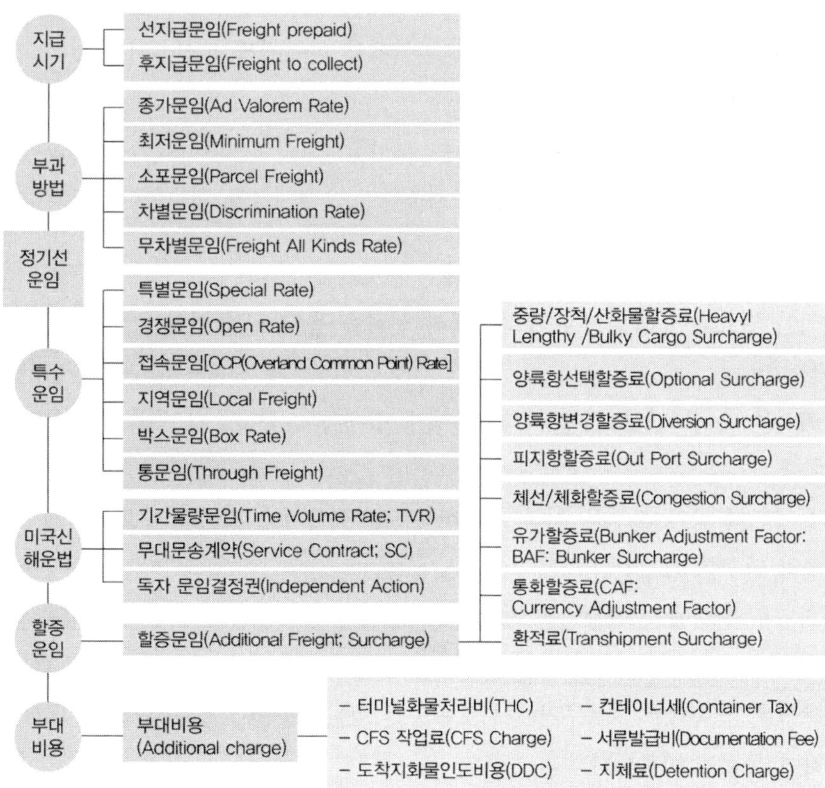

출처 : 전순환, 국제운송물류론 제5판, 한올, 2015. 94쪽.

이러한 운임 이외에도 여러 가지 부대비용이 발생한다. 대표적인 것으로 터미널에서의 하역, CFS 작업, 도착지 내륙운송, 컨테이너세, 서류발급에서 부대비용이 발생하고, 선사가 대여한 장비를 기간 내 반환하지 않은 경우 지체료를 납부해야 한다.

8.2.5 선적과 양륙의 절차

정기선의 선적 절차를 다시 한번 개략적으로 확인해보자.

1) 송화인은 선복을 요청하고, 선사가 승낙하여 운송계약이 성립된다. 운송인은 송화인에게 선복확정서(booking note)를 교부한다.

2) 운송계약이 체결되면 선사는 선박당 적화예약목록(booking list)을 작성하여 화주, 하역사, 본선에 통지한다.

3) 송화인은 수출통관을 마치고 화물을 준비하여 터미널에 대기시킨다.

4) 선사가 본선에 선적을 지시하고 선적의 과정에 검수, 검량인이 참여한다.

5) 검수, 검량을 거쳐 선적이 완료되면 본선에서 화주에게 본선수취증(mate's receipt)을 발급하고, 화주는 본선수취증을 선사에 제출하여 선하증권(B/L, bill of lading)과 교환한다.

6) 선적화물에 문제가 있는 경우 화주는 보상장(letter of indemnity)을 제출하여 Clean B/L을 발급받고, 그것을 신용장 통지은행에 제출하여 수출대금을 회수한다.

한편 양륙의 개략적 절차는 다음과 같다.

1) 선적이 완료되면 송화인은 수화인에게 선적을 통지하고, 선사는 본선 도착 전에 착선일정을 통지한다.

2) 수화인은 수입대금을 신용장 개설은행에 결재하고 선하증권 등을 수취하여 화물 인수를 준비한다.

3) 본선이 입항하면 본선은 선사에 적화목록을 제출하고 선사는 수화인에게 도착을 통지하며 화물의 인수를 요청한다.

4) 수화인은 선사에 선하증권을 제시하고, 선사는 선하증권을 회수하며 화물인도지시서(D/O)를 발급한다.

5) 수화인은 양륙되어 보세구역에서 보관중인 화물에 대해 수입통관을 마치고 인도지시서를 제시하여 물품을 반출한다.

6) 운송서류가 도착하지 않은 상태에서 물품 반출시, 개설은행의 보증서(letter of guarantee)를 첨부하는 것이 관습이기도 하다.

8.3 부정기선 해운의 실무

이 절에서는 부정기선 해운의 실무에 대해 알아본다. 여기서 부정기선이라 함은 정기선이 아닌 모든 화물선을 말한다. 대형 탱커와 건화물선 및 특수화물 전용선과 정기적으로 운항하지 않는 일부 일반화물선도 여기에 포함된다.

8.3.1 부정기선 운송계약과 해운거래소

정기선의 경우 불특정 다수의 소규모 화주를 상대하므로, 선사가 주도하여 서비스 네트워크를 구성하고 그것을 널리 홍보하여 사람과 화물을 불러 모은다. 부정기선은 대조적으로 소수의 대규모 화주를 상대로 서비스를 제공하므로, 운송계약 체결 당시 서비스의 내용이 협상에 의해 구성된다.

부정기선 운송계약을 체결하기 위해서는 수요를 가진 화주와 공급능력을 가진 선주가 만나야 한다. 지금은 용선중개인(chartering broker) 간의 인터넷망에 의해 계약이 추진되지만, 해운업 역사의 초기에는 해운거래소(shipping exchange)라는 특별한 장소가 활용되기도 했다.

여러 해운도시에 해운거래소가 개설되었지만, 그 가운데 가장 유서깊고 규모가 큰 곳이 런던의 발틱 거래소(Baltic exchange)다. 발틱 거래소는 런던의 커피하우스에서 출발했다고 한다. 그 커피 하우스에서 선주와 화주가 만나 거래하던 것이 발전하여 전 세계적 해운거래소가 되었고, 지금도 46개국 600여개에 달하는 회원 브로커로 구성된 전세계 해운의 심장과 같은 곳이다. 런던 이외에도 뉴욕, 오슬로, 도쿄, 홍콩 등에 거래소가 설치되었고, 지금은 그 곳들보다 상하이와 싱가포르의 거래소가 활발하다.

[도표 8-11] 세계의 해운거래소

해운거래소	런던시장(London Market)	Greek, British Owners
	뉴욕시장(NewYork Market)	Continental Owners
	오슬로시장(Oslo Market)	Norwegian Owners
	동경시장(Tokyo Market)	Japanese Owners
	홍콩시장(Hongkong Market)	Sale & Purchase
	기타시장(Other Local Market)	Paris, Hamburg, Athens, Milan 등

출처 : 전순환, 국제운송물류론 제5판, 한울, 2015. 137쪽.

8.3.2 용선계약

가. 용선계약의 개요

부정기선의 경우 운송계약은 대부분 화주 한 사람의 화물에 대한 운송계약이 일반적이다. 그래서 선박 1척 전부를 화주가 전용해서 활용하므로 용선(傭船)계약이라고 한다. 용선계약의 목적은 크게 다음의 두 가지로 나누어볼 수 있다.

하나는 선주(owner)와 운항자(operator) 사이의 용선계약이다. 어떤 해운 선사는 소유한 선박을 임대하는 것으로 수익을 얻는데 주력하려는 선사가 있다. 이런 선사는 선주(owner) 또는 선박 임대사업자라 볼 수 있다. 한편 선사는 선박을 임차하여 운송서비스를 제공하는데 주력하는 선사가 있다. 이런 선사는 운항자(operator)라 볼 수 있다. 이런 경우의 용선계약은 선박 임대차계약이고, 그 조건에 따라 주로 나용선과 정기용선이라는 계약방식이 활용된다.

다른 경우는 운항자(operator)와 화주(shipper) 사이의 용선계약이다. 이 때 실제 화주는 선박이 필요다기보다 운송서비스가 필요한 것이다. 그러나 선박 한 척을 배타적으로 전속시켜 운송시키므로 용선계약이라고 하지만 전자와 달리 선사 또는 운항자는 운송서비스를 제공한다. 주로 항해용선과 COA라는 계약방식이 활용된다.

[도표 8-12] 용선계약의 개요

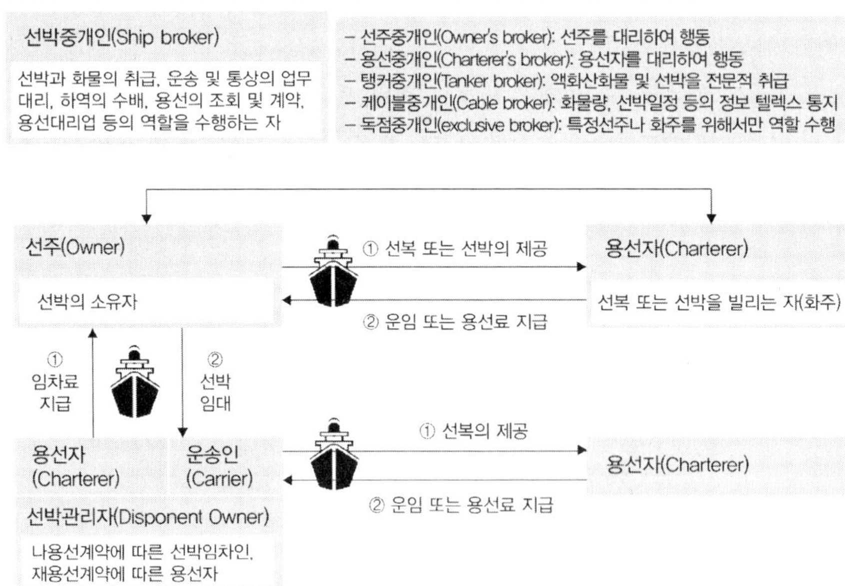

출처 : 전순환, 국제운송물류론 제5판, 한올, 2015. 150쪽.

나. 용선계약의 절차

전술한 바와 같이 용선계약을 원하는 선주와 용선자는 대개 중개인들에게 용선 중개를 의뢰한다. 의뢰를 받은 중개인들은 자기들의 네트워크를 활용하여 최적의 거래대상을 선별하고 이를 각각의 의뢰인들에게 보고한다. 선주와 용선자는 용선거래의 제반 조건을 검토하고, 서로 승낙하면 용선계약이 성립한다. 이때 증거로 쌍방 간에 용선계약서(Charter Party, C/P)를 합의하여 작성한다.

[도표 8-13] 용선계약의 절차

① 용선계약의 중개 의뢰	화주는 자신의 화물을 운송할 선박을 수배하기 위하여 용선중개인(charter broker)을 통하여 화물의 수량, 선적항, 양륙항, 선적시기, 운임 등 모든 조건에 적합한 선박을 주선해 주도록 의뢰
② 조회(Inquiry)	화주의 의뢰를 받은 중개인은 화주의 제조건에 적합한 선복의 유무를 선박회사에 조회(Inquiry)하게 된다.
③ 확정청약 (Firm offer)	선사는 화주가 요구하는 제조건과 운항채산을 검토한 후, 계약의 조건 및 유효기간을 명시하여 화주에게 용선계약의 체결을 신청
④ 용선계약의 성립	화주가 그 청약의 유효기간내에 승낙하면, 선박회사와 화주사이에 합의가 이루어져 용선계약이 성립
⑤ 용선계약서(Charter Party; C/P)의 작성	양자간의 합의내용을 선복확정서(Fixture Note)에 기재 · 작성하고 이 확정서에 의거 정식 용선계약서를 작성 · 서명하여 각자 보관

출처 : 전순환, 국제운송물류론 제5판, 한올, 2015. 148쪽.

다. 용선계약의 종류

용선계약은 해당 선복의 전부를 대상으로 하는 전부용선(whole charter)이 일반적이지만, 선복의 일부를 빌리는 일부용선(partial charter)도 있다. 일부용선의 경우 후술하는 항해용선에서 일부 사용될 뿐이다.

보다 일반적인 분류는 용선계약의 특성에 따라 나뉜다. 운송대상 화물을 초점으로 하는 항해용선(voyage charter), 선원을 포함하여 운항능력을 구비한 선박에 대한 특정기간 전용계약인 정기용선(time charter), 운항의 준비가 갖춰지지 않은 선체의 임대차계약에 해당하는 나용선(bareboat charter) 계약이 그것이다.

[도표 8-14] 용선계약의 분류

용선운송계약 Contract of sea carriage by charter party	해상운송인(선주)이 항해의 전기간 또는 항해에 대해서 일정기간 동안 선복(ship's space)의 일부 또는 전부를 제공하여 물품을 운송하기로 약정하고 용선자(charterer)가 그 보수로서 운임을 지급하기로 약정하는 계약
용선운송계약 ─ 일부용선 Partial charter party	선복(ship's space)의 일부를 빌리는 계약
용선운송계약 ─ 전부용선 Whole charter party	선복(ship's space)의 전부를 빌리는 계약
전부용선 ─ 항해용선 Voyage/Trip charter party	운송인이 특정항구에서 특정항구까지 선복(ship's space)의 사용을 허용하는 계약
전부용선 ─ 기간(정기)용선 Time charter party	운송인이 일정기간을 정하여 (XX일부터 XX일까지) 선복(ship's space)의 사용을 허용하는 계약
전부용선 ─ 나용선 (Bareboat charter party)/ 선박임대차 (Demise charter party	용선자(선박임차인)가 계약기간을 일정기간으로 정하여 기간에 따라 임차료를 계산하고 선주로부터 선박 자체만을 임차하는 것

출처 : 전순환, 국제운송물류론 제5판, 한올, 2015. 141쪽.

라. 용선계약의 주요 특성

항해용선(V/C, voyage charter)은 선주가 용선자에게 운송행위를 제공하는 계약이다. 이때, 선주는 운항자(operator)이며, 용선자는 실제 화주(shipper)이다. 선적지에서 양륙지까지의 하나의 항해를 용선기간으로 하며, 용선료는 화물의 종류와 선적량을 기준으로 정해진다. 선주는 모든 비용을 부담해야 하나 물론 이 비용은 용선료에 포함된다. 용선자는 계약에 따라 화물관련 비용을 추가로 부담할 수 있다. 선주가 선박의 운항을 지휘하나 항해계획은 용선계약에 따라야 할 것이다. 항해용선은 정기용선이나 나용선에 비해 계약 기간이 짧으므로 현물(spot) 거래라고도 하고, 1회성 항해용선은 과거의 전통이 그대로 남아있는 계약이라 할 수 있다. 대량의 원자재를 지속적, 안정적으로 공급받기를 원하는 화주는 항해용선계약을 자동적으로 연장하는 연속항해용선(CVC, consecutive voyage charter)를 자주 활용하고 있다.

정기용선(T/C, time charter)은 선주가 용선자에게 운송능력을 제공하는 계약이다. 즉, 선원을 포함해 운송능력을 갖춘 선박을 약정된 기간동안 용선자에게 빌려주는 계약이 정기용선이다. 용선료는 물론 약정기간에 비례한다. 선주는 운송능력을 갖추는데 필요한 제반비용인 선비(船費, 운항준비비)를 부담하지만, 물론 이것이 용선료에 반영되어야 한다. 용선자는 용선료 외에 연료 등 변동비에 해당하는 선박 운항비를 추가로 부담한다. 선장 등 선원의 관리는 선주가 해야 하지만 용선자의 의도대로 선박을 움직여야 한다. 즉, 운항의 지휘권이 용선자에게 있다. 정기용선은 벌크선대와 특수선대의 선주와 대형화주 사이에 활용되기도 하지만, 컨테이너선대의 소유자와 운영자 간에 이루어지기도 한다. 한진해운은 유럽의 컨테이너 선주사로부터 장기적 정기용선을 통해 운항능력을 크게 확장하기도 했고, 그것이 결국 파산의 원인이 되기도 했다.

나용선(裸傭船, bareboat charter, BBC) 계약은 벌거벗은 선박(bare boat)을 빌린다는 뜻이다. 이처럼 나용선은 선박의 껍데기, 즉 선체를 빌리는 계약이다. 즉, 운항능력이 없는 선박을 빌려와 용선자가 운항능력부터 채우고 선박을 운영해야 한다. 이 때문에 이 계약은 자금 능력이 부족한 선사가 선박을 장기임대하거나 할부 구입하는 형태로 선박을 보유하는 것이다. 그러므로 약정기간은 장기가 되며, 장기 임차료를 용선료로 지불한다. 용선료는 정기용선에 비해 기간 대비 가장 저렴할 것이다. 선주는 선박을 소유하는데 들어가는 비용을 부담하고 그것이 용선료에 포함된다. 나머지는 모두 용선자가 부담한다. 이렇게 선박을 확보한 용선자는 이 선박을 항해용선이나 정기용선을 통해 재용선하여 수익을 올려야 한다. 나용선 계약 중 용선기간 후 구입에 대한 약정이 부가된 계약을 국적취득조건부 나용선(BBC/HP, BBC hire purchase)라고 한다.

[도표 8-15] 항해용선, 정기용선, 나용선의 비교

구분	항해용선	정기용선	나용선
계약의 본질	운송행위 제공	운송능력 제공	운송수단 제공
용선의 기간	선적지 - 양륙지	약정기간 (중기)	약정기간 (장기)
용선료	선적량에 비례	기간에 비례	임차료
선주의 부담	화물이외의 전체	선비	간접선비+선박보험
용선자 부담	화물관련 비용	운항비	직접선비+운항비
운항의 지휘	선주	선주	용선자
상사의 지휘	용선자	용선자/화주	재용선자/화주

마. 선주와 용선자의 비용 분담

각 용선계약에 따라 용선료에 포함되는 비용이 있고, 그렇지 않은 비용이 달라진다. 용선료에 포함되지 않는 비용은 계약 당사자의 추가지출분이 되므로, 유의할 필요가 있다.

항해용선에서는 선주사가 거의 모든 비용을 부담하고 계약에 따라 항만에서의 하역비와 리스크를 화주인 용선자가 일부 나누어 부담한다. 선주사는 자사가 부담해야하는 모든 비용을 용선료에 포함시켜야 하고, 그런 만큼 용선료는 올라갈 것이다.

정기용선에서는 운항능력을 갖춘 선박이 전제가 되므로, 선박의 운항능력을 갖추는 데 소요되는 비용인 운항준비비를 선주사가 부담한다. 여기에는 선원과 수리비, 보험료 등이 포함되어야 하고, 당연히 용선료에 포함된다. 용선자는 용선료 이외에 선박을 운항하는데 필요한 모든 비용과 화물관련 비용을 부담한다.

나용선 계약에서는 선주가 선박소유에 들어가는 비용(주로 세금과 금융비용)만 부담하고, 나머지 제반 비용은 용선자가 부담한다. 소유 관련 비용 이외에 보험과 선체수리는 계약내용에 따라 달라진다.

선박을 임대하거나 서비스를 제공하는 선사는 자사 부담분을 모두 용선료에 포함시키려 할 것이다. 따라서 용선료는 항해용선이 가장 크고, 정기용선, 나용선의 순으로 용선료가 낮아지면서 용선자의 추가 부담이 늘어나기 마련이다.

[도표 8-16] 각 용선계약의 비용부담 관계

구분	항해용선	정기용선	나용선
Time Risk in Port	C / O	Charterer	Charterer
Loading/Unloading	C / O	Charterer	Charterer
Port Charges	Owner	Charterer	Charterer
Bunkers	Owner	Charterer	Charterer
Time Risk at Sea	Owner	Charterer	Charterer
Soliciting for Cargo	Owner	Charterer	Charterer
Manning	Owner	Owner	Charterer
Repair/Maintenance	Owner	Owner	C / O
Insurance	Owner	Owner	C / O
Capital Cost	Owner	Owner	Owner

8.3.3 항해용선계약

용선계약서는 선주와 용선자가 필요에 따라 협의하여 계약서를 작성하지만, 모든 내용을 개별로 약정하기는 곤란하여 공인된 서식을 사용하는 것이 일반적이다. 그리고 국제적인 해운 관련기관에서 화종 별로 다양한 표준 서식을 제공하고 있으며, 국제선주협회(BIMCO, Baltic international maritime council)의 서식들이 가장 널리 쓰이고 있다. [도표 8-17]은 BIMCO에서 제공하는 일반용 표준 항해용선 계약서(Gencon 2022)의 서식이다.

가. 용선계약의 주요 내용

항해용선계약은 선주와 실제 화주 간 운송서비스 제공에 관한 계약이다. 따라서 운송의 내용에 관한 것과 그 조건이 중요하다.

항해용선계약서에 포함되는 주요 내용으로는 BIMCO의 GENCON 서식에서와 같이, 선주와 용선자 등 계약당사자, 용선되는 선박의 명세, 운송될 화물의 명세, 항행구역, 적재항과 양륙항, 운임과 지급조건, 하역비 부담조건, 정박기간, 체선료와 조출료, 선화증권, 대리점, 중개인과 중개료, 유치권과 위약금, 법적 관할권, 면책조항 등이 있다.

[도표 8-17] 표준 항해용선계약서

BIMCO GENCON 2022

UNIFORM GENERAL CHARTER **PART I**

1. Shipbroker	2. Place and Date
3. Owners/Place of business (full style address, email)	4. Charterers/Place of business (full style address, email)
5. Vessel (i) Name: (ii) IMO Number: (iii) Class/Classification Society: (iv) P&I Club:	6. GT/NT (i) GT: (ii) NT: 7. DWT all told on summer load line in metric tons (about)
8. Present position (Cl. 1)	9. Expected ready to load (about) (Cl. 1)
10. Loading port(s) or place(s) (Cl. 1)	11. Discharging port(s) or place(s) (Cl. 1)
12. Cargo (also state quantity and margin in Owners' option, if agreed) (Cl. 1) (i) Part cargo (yes/no): (ii) Commodity(ies): (iii) Quantity: (iv) Margin/tolerance:	
13. Cargo transfer operations (state whether Charterers are permitted to use barges/lighters) (Cl. 3(e))	
14. Freight rate (state rate or lumpsum and amount and currency) (Cl. 7(a))	15. Freight payment (state how and when payment is to be made and name of beneficiary and bank account) (Cl. 7(a))
16. Cargo handling gear (state if Vessel's cargo handling gear shall not be used) (Cl. 4(c))	
17. Laytime (if separate laytime for loading and discharging is agreed, fill in (i) and (ii). If total laytime for loading and discharging, fill in (iii) only) (Cl. 10(b)) (i) Loading (state days or rate, and if SHINC or SHEX): (ii) Discharging (state days or rate, and if SHINC or SHEX): (iii) Total laytime for loading and discharging (state days or rate, and if SHINC or SHEX):	
18. Laydays/Cancelling (Cl. 9(d), 14(a))	19. Demurrage (state rate and whether per day or pro rata) (Cl. 13(a))
20. Freight Tax (state for whose account) (Cl. 25(c))	21. Vessel's agents (state party to nominate) (Cl. 26)
22. General Average (Cl. 29)	23. Brokerage commission and to whom payable (Cl. 35)
24. ETA Notices for loading (Cl. 8) to be given to:	25. ETA Notices for discharging (Cl. 8) to be given to:
26. Notice of Readiness for loading (state party(ies) for notices) (Cl. 9(a))	27. Notice of Readiness for discharging (state party(ies) for notices) (Cl. 9(a))
28. Owners' contact details for operational notices (Cl. 36)	29. Charterers' contact details for operational notices (Cl. 36)
30. Email address for receipt of arbitration notices and communications on behalf of Owners (Cl. 37)	31. Email address for receipt of arbitration notices and communications on behalf of Charterers (Cl. 37)
32. Law and Arbitration (choose law and arbitration venue. If alternative (e)(Other) is chosen, Clause 37 must be appropriately filled in or replaced, failing which alternative (a)(English law/London arbitration) shall apply) (Cl. 37)	
33. Additional clauses (state numbers, if agreed)	

It is mutually agreed that this Charter Party shall be performed in accordance with the terms and conditions contained in Part I, including additional clauses, if any agreed and stated in Box 33, as well as Part II. In the event of a conflict of terms and conditions, the provisions of Part I shall prevail over those of Part II to the extent of such conflict.

The party responsible for issuing the final execution version of this Charter Party warrants that it is an Authentic BIMCO Template procured from a properly authorised source and that all modifications to it are clearly visible. "Authentic BIMCO Template" means a BIMCO-approved standard contract in an editable electronic format.

Signature (Owners)	Signature (Charterers)

나. 장기적 항해용선

항해용선은 기본적으로 1회성 계약이지만, 연속적, 장기적인 계약도 가능하다. 지속적, 안정적인 원자재의 공급이 필요한 화주의 니즈에 따라 장기간의 계약도 가능하다. 여기에는 수 차례의 항해용선을 지속하는 연속항해용선계약(CVC), 선박을 지정하지 않고 특성 선사와 약정 기간 동안의 서비스를 계약하는 수량계약(COA, contract of affreightment), 특정 선박을 지정하여 장기간에 걸쳐 서비스를 계약하는 전용선계약(contract of specialized carrier)이 포함된다.

CVC, COA, 전용선계약의 경우에는 계약에 따라 거의 정기적으로 선사가 화주에게 서비스를 제공하게 되며, 이는 항해용선의 변형된 형태로 간주할 수 있다. 특히 COA 계약은 선박을 특정하기 않기 때문에 다른 용선계약과는 구별되며, 용선계약으로 보기 어려운 기업 간 계약적 특성을 가지고 있다.

[도표 8-18] 해운서비스 거래에 관한 여러 계약 형태

구분	내용
항해용선계약 Voyage Charter	선적항에서 양하항까지 선주가 용선자에게 특정 선박으로 운송서비스를 제공하는 1회성 계약
연속항해용선계약 Consecutive Voyage Chater	선적항에서 양하항까지 선주가 용선자에게 특정 선박으로 운송서비스를 제공하는 항해용선을 수 항차 지속하는 계약
전용선계약 Contract of specialized carrier	특정 전용선박을 대상으로 선박의 내용 연한까지 용선자가 배선권을 가지는 계약
장기수량계약 Contract of Affreightment	약정된 기간 동안 화주가 선박의 지정 없이 선사에게 운송을 위탁하는 계약

다. 항비/하역비 부담조건

항해용선 계약에서 선주는 용선료를 수취하고 운송서비스를 제공하지만, 항비와 하역에 소요되는 비용에 대해서는 계약 당시 교섭을 통해 결정해야 한다.

여기에는 다음과 같이 통상 3가지 방법이 활용되고 있다.

1) Gross term

선주가 선적항과 양륙항에서 항비와 하역비를 일체 부담하는 조건이다. 단, 부선료, 체선료, 할증료 등 특수한 비용은 용선자가 부담할 수 있다.

2) Net term

화주가 선적항과 양륙항에서 항비와 하역비 일체를 부담하는 조건이다. 화주가 자신의 하역시설을 선적항과 양륙항에서 보유하고 있는 경우에 활용될 수 있다.

3) FIO(Free in and out)

FIO 조건에서 항비는 선주가 부담하고 하역비는 화주가 부담한다. 다만 하역비에 있어서는 선적항에서 화주가 부담하고 양륙항에서 선주가 부담하면 FI(free in) 조건으로, 반대로 선적항에서 선주가 부담하고 양륙항에서 화주가 부담하면 FO(free out) 조건을 활용하여, 서로 분담할 수도 있다.

라. 정박기간 약정

항해용선에서는 통상 하역을 위해 정박하는 기간(lay time)을 미리 약정해둔다. 이 기간이 길어지면 선박의 가동률이 줄어 선주가 그만큼 손해를 보기 때문이다. 약정방법은 보통 CQD, RL, WWD 조건 등을 활용한다.

1) CQD(Customary Quick Dispatch, 관습적 조속하역)

CQD 조건은 당해 선적항, 양륙항에서 하역방법, 하역능력의 관례를 따라 약정하는 방법이다. 불가항력에 의한 지연을 허용하고, 휴일, 야간작업 등은 항구의 관례를 따른다.

2) RL(Running Laydays, 연속 24시간)

RL 조건은 어떠한 원인에도 관계없이 하역 개시일로부터 종료까지의 모든 날짜를 정박기간으로 산입하는 조건이다.

3) WWD(Weather Working Days, 호천작업일)

WWD 조건은 기상이 양호하여 작업이 가능한 날만 정박기간으로 포함하는 조건이다. 포장되지 않은 드라이벌크 화물은 기상조건에 영향을 받기 때문에 이 조건을 활용한다.

정박기간의 약정에 따라 허가된 기간을 초과하면 화주는 선주에게 별도로 약정된 체선료(demurrage)를 지급해야 한다. 반대로 약정기간 이전에 하역을 완료하여 선박의 운영에 이득을 주면 선주가 용선자에게 조출료(dispatch money)를 지급한다.

마. 면책조항

면책조항(exception clause)은 전쟁, 천재지변 등 일정한 종류의 위험이나 우발적 사고 등으로 인해 손해가 발생하는 경우, 운송인의 책임을 일정수준 면제하는 조항을 뜻한다. 항해용선계약의 약관에는 전쟁조항, 동맹파업조항, 결빙조항, 이로조항, 기타 선주면책조항이 이에 해당한다.

1) 전쟁조항(war clause)

선박의 등록국이 참전하거나, 전쟁으로 항만이 봉쇄되는 경우 계약의 해지에 관한 것이다.

2) 동맹파업조항(strike clause)

선적항에서 파업으로 선적이 불가능한 경우와, 양륙항에서 파업으로 하역이 불가능한 경우를 대비한 조항이다.

3) 결빙조항(ice clause)

선적항 또는 양륙항에서 결빙으로 하역이 불가능한 경우를 대비한 조항이다.

4) 이로조항(deviation clause)

인명구조 등 정당한 사유로 선박이 항로를 이탈하여 발생하는 손실에 대해 선주는 책임지지 않는다.

5) 기타 선주면책(owner's responsibility clause)

선주는 신의성실의 원칙 하에 자신의 과실로 인한 화물 손상, 인도 지연 등에 대해 책임을 지지만, 기타 원인에 대한 손실에 면책된다.

8.3.4 정기용선

정기용선(time charter)은 기간용선이라고도 하며, 선원의 배승 등 운항능력을 완비한 선박을 일정 기간 동안 전체적으로 빌려쓰는 용선계약이다. 선주(선박대여자)는 항해준비가 끝난 선박을 공여하고, 용선자가 선장을 통해 선박의 운항을 지시할 권리를 가진다.

정기용선은 선사들 중 선주와 운항자들 간에 체결되기도 하고, 선사와 실제 대형화주 간에 체결되기도 한다. 석유회사가 자사가 구입한 원유의 운송을 위해 탱커선사의 유조선을 정기용선하는 경우, 정기용선은 사실상 운송서비스를 제공하는 계약에 가깝다. 그러나 영업력이 부족한 유럽의 컨테이너 선주가 선박이 부족한 아시아의 컨테이너 운항사에게 선박을 제공하는 경우에는 선박의 임대차 계약적 성격을 갖추고 있다고 볼 수 있다.

정기용선에서는 용선자가 지불하는 용선료 이외에 선박을 운항함에 따라 발생하는 비용은 기본적으로 모두 용선자의 부담이다. 따라서 정기용선에서는 선박의 성능이 가장 중요한 핵심이다. 그래서 선박의 성능을 계약서에 자세히 기재한다. 적재능력과 연비, 속력 등 제시된 성능을 달성하지 못하면 문제가 생길 가능성이 높다.

정기용선의 계약 역시 선주와 용선자가 필요에 따라 협의하여 계약서를 작성하지만, 항해용선과 마찬가지로 모든 내용을 개별로 약정하기는 곤란하여 공인된 서식을 사용하는 것이 일반적이다. 여기서는 BIMCO의 일반용 표준 정기용선 계약서(Baltime 1939, 2001년 개정)의 서식을 소개하며, 주요 내용을 살펴보자.

1) 계약당사자

선주와 용선자를 표기한다.

2) 선박의 표시

선박명, 총톤수, 순톤수, 선급, 지시마력, 재화중량톤수, 적화용적, 만재최고속력, 연료소비량 등을 기입한다.

3) 선박의 인도와 반선

선박의 위치, 용선기간, 반선장소 및 일정을 기재한다. 반선시에는 용선개시시와 동일하게 양호한 상태로 반선되어야 하며, 연료량에 대해서는 따로 약정한다.

4) 항행구역 및 취급화물 제한

용선기간 중 항행가능 구역(trade limit)을 기입하고, 선적화물은 적법한 것에 한한다. 항행구역을 벗어날 경우, 위험화물의 선적에는 선주의 승인이 필요하다.

5) 용선료

용선료는 통상 개월당, dwt당으로 계산되며, 선지급이 일반적이다. 선박 사고 발생시 용선자의 귀책사유가 아니면 용선료의 지급이 중지된다.

이외에 정기용선계약서에는 일반적으로 선주의 책임과 면책, 재용선, 법적 관할권에 대한 조항이 포함된다.

[도표 8-19] 정기용선계약서의 사례

BIMCO

BALTIME 1939

(REVISED 2001)
UNIFORM TIME CHARTER

PART I

1. Shipbroker	2. Place and date of Charter
3. Owners/Place of business	4. Charterers/Place of business
5. Vessel's Name	6. GT/NT
7. Class	8. Indicated brake horse power (bhp)
9. Total tons d. w. (abt.) on summer freeboard	10. Cubic feet grain/bale capacity
11. Permanent bunkers (abt.)	12. Speed capability in knots (abt.) on a consumption in tons (abt.) of
13. Present position	14. Period of hire (Cl. 1)
15. Port of delivery (Cl. 1)	16. Time of delivery (Cl. 1)
17. (a) Trade limits (Cl. 2)	
(b) Cargo exclusions specially agreed	
18. Bunkers on re-delivery (state min. and max. quantity) (Cl. 5)	19. Charter hire (Cl. 6)
20. Hire payment (state currency, method and place of payment; also beneficiary and bank account) (Cl. 6)	
21. Place or range of re-delivery (Cl. 7)	22. Cancelling date (Cl. 21)
23. Dispute resolution (state 22(A), 22(B) or 22(C); if 22(C) agreed Place of Arbitration must be stated) (Cl. 22)	24. Brokerage commission and to whom payable (Cl. 24)
25. Numbers of additional clauses covering special provisions, if agreed	

It is mutually agreed that this Contract shall be performed subject to the conditions contained in this Charter which shall include PART I as well as PART II. In the event of a conflict of conditions, the provisions of PART I shall prevail over those of PART II to the extent of such conflict.

Signature (Owners)	Signature (Charterers)

생각해봅시다

이번 장에서 우리는 해운의 실무에 관해 학습했다. 여기에서 정기선과 부정기선, 정기선 해운의 실무, 부정기선의 실무에 대한 이해를 높일 수 있었기를 바란다.

해운실무에 대한 다음 과제를 수행하며 해운에 대해 더 생각해보자.

1. 정기선업계의 글로벌 제휴 현상을 조사하고, 최근의 변화요인을 분석해보자.

2. 대형화주는 용선계약 외에 COA 계약을 통해 운송서비스를 구매하기도 한다. COA 계약은 특히 CVC 계약과 어떻게 다른지 조사해보자.

3. 장기화된 불황과 강화된 환경규제로 인해 해운업계는 경영이 어려운 상황이다. 국내외 선사들의 타개책을 조사해보자.

참고문헌

기회원, 김명재, 노창균, [최신해운경영론], 도서출판두남, 2010.
류동근, 김창수, 윤방섭, 신한원, [해운기업경영론], 박영사, 2009.
박명섭, [국제해운론], 법문사, 1997.
박현규, 이원철, [해운론], 한국해사문제연구소, 1991.
여기태, [해상운송론], 도서출판 두남, 2013.
이종인, [국제해상운송론], 효성출판사, 2001.
전순환, [국제운송물류론 제6판], 한올, 2016.
Peter Lorange, Dr hc. Shipping company strategies: Global management under turbulent conditions. Emerald Group Publishing Limited, 2005.
뉴스토마토(http://www.newstomato.com/)
장금상선(http://www.sinokor.co.kr/)
BIMCO(https://www.bimco.org/)
HMM (https://www.hmm21.com/)

국제물류론

9

항만과 국제물류

9.1 항만의 정의와 설비

본 장에서는 항만의 산업조직에 대한 이해를 돕고자 한다. 항만은 해상운송과 육상운송이 결절하는 국제물류에 있어서 가장 중요한 거점이고, 또한 현대 도시의 중요한 공간이기도 하다. 그래서, 항만에는 재미있는 이야깃거리가 아주 많다. 본 장의 학습을 통해 항만에 흥미를 가질 수 있었으면 한다.

9.1.1 항만이란?

우리나라의 항만법에는 항만을 선박의 출입과 사람이 타고 내리거나 화물을 선박에 싣고 내리는 시설이 구비된 곳으로 정의하고 있다. 항만법은 항만의 지정·개발·관리·사용 및 재개발에 관한 사항을 정한 법이다.

교통경제학에서 항만은 해상운송과 육상운송의 연결점 또는 공통의 접속영역으로 정의된다. 보다 광의의 해석으로는 해운과 내륙운송을 연결하는 공통접속영역으로서 물류, 생산, 생활, 정보생산 및 국제교역 기능과 배후지 경제발전을 위한 기지 역할을 수행하는 종합공간으로 볼 수 있다.[1] 이러한 정의는 법과 경제학적 정의에서 배후지의 개념이 추가된 것이다.

항만에 있어서 문제의 소지는 전 세계 교역량의 약 80%와 우리나라 수출입량의 99%가 항만을 통과하고 있다는 것에 있다. 이는 항만이 경제와 교역에 매우 중요한 기능을 수행한다는 것을 의미한다.

9.1.2 항만의 기능

사람과 재화가 바다와 육지로 통하는 접점인 항만에서는 여러 가지 일들이 발생한다. 주로 어떤 재화가 출입항 하는가에 따라 항만이 갖추어야 할 설비가 달라지고, 그것에 따라 항만을 구분할 수 있다.

부산이나 인천시민은 항만이라고 하면 주로 컨테이너 화물을 생각하기 쉽겠지만, 가장 숫자가 많은 항만은 어항(fishing port)들이다. 어선이 드나들고 해산물이 바다에서 육지로 들어오는 곳으로, 우리나라에서만 1천개가 넘는 어항이 있다. 화물선과 여객선이 주로 이용하는 항만도 있고, 레저 보트가 주로 이용하는 마리나(marina)도 항만의 일종이다. 군함

1) 이철영, 항만물류시스템, 효성출판사, 1998.

들이 주로 이용하는 군항(naval port)도 있다. 어떤 항만은 하나의 기능에 특화된 것도 있고, 다른 항만은 여러 기능을 복합적으로 수행하는 경우도 있다.

재화의 출입항을 기준으로 가장 많은 대량의 재화가 이용하는 항만은 상업항(commercial port)과 공업항(industrial port)이다.

공업항은 대형 설비산업의 원자재와 생산품을 주로 취급하는 항만이다. 대개 항만의 인접 배후지에 정유공장, 제철공장, 발전소 등이 자리하고 있고, 대형 벌크선을 통해 원료를 받고, 석유제품, 철강제품 등의 생산품 역시 항만을 통해 내보낸다. 우리나라에서는 울산, 포항, 여수, 대산 등이 대표적인 공업항이다.

상업항은 공업 원자재보다 중간재, 최종재를 주로 취급하고, 지금은 컨테이너선이 주로 이용하는 항만이다. 공업항보다는 환경이 좋아 여객선들도 상업항을 이용하는 경우가 종종 있다.

[도표 9-1]은 상업항이 갖추어야 할 여러 가지 기능과 관계를 보여주고 있다. 해상운송과 육상운송의 결절점이 항만이고, 결절점의 기능을 수행하기 위해 해상으로는 선박입출항 지원시스템과 육상으로는 내륙운송 지원시스템을 갖추어야 한다. 항만의 주요 기능은 하역, 이송, 보관이며, 항만의 기반시설과 정보관리체제를 통해 모든 기능들이 통합되고 조정된다.

[도표 9-1] 항만의 기본적 기능과 관리체제

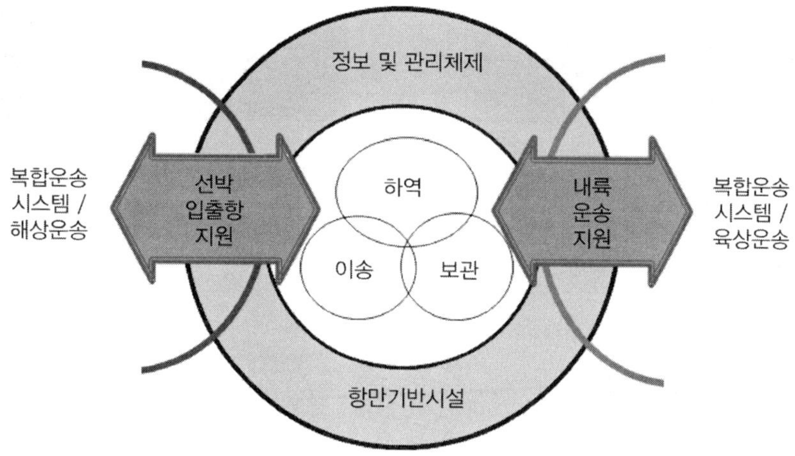

9.1.3 국제물류시스템과 항만

전술한 바와 같이 현대적 상업항은 컨테이너화의 진전과 함께 컨테이너의 해륙상 연결 거점으로 변화하고 있다. 컨테이너 터미널을 통해 해상운송과 육상운송이 결합되며, 터미널 운영사(TOC, terminal operating company)로 불리는 항만하역 사업자가 해상운송 사업자와 육상운송 사업자를 유기적으로 연결하는 것이 그 시스템의 기본적 패턴이다.

그러나 상업항만에서 터미널 운영사와 운송사업자만 활동하는 것은 아니다. 그들 외에도, 항만당국, 금융 및 보험기관, 장비 제조업자, 설비 유지수리 사업자, 선박관련 사업자, 브로커와 포워더, 관련 정보사업자 등 항만은 많은 사람들이 함께 어울려 일하는 곳이기도 하다.

[도표 9-2] 컨테이너 항만 중심의 국제물류 시스템

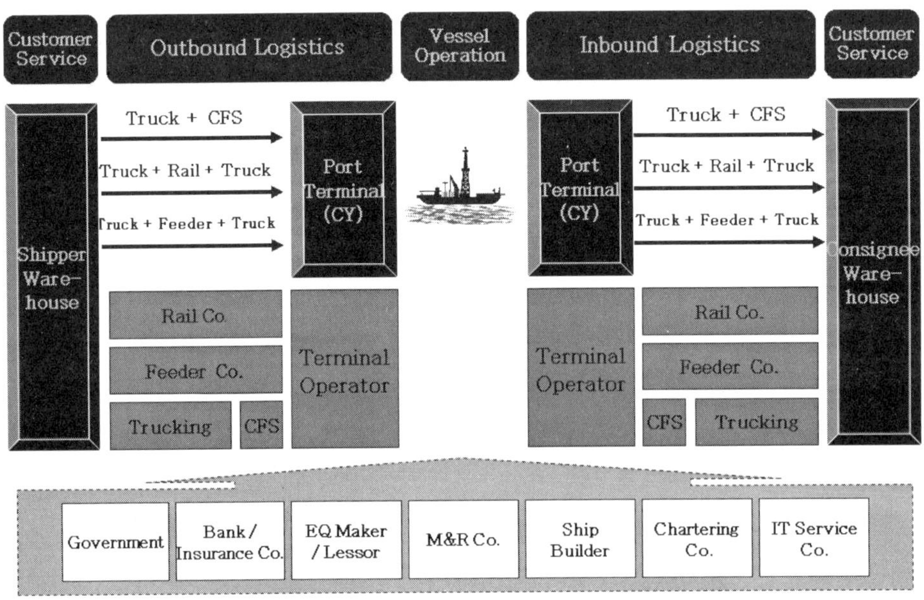

9.1.4 항만의 기본시설

항만은 그 기능을 수행하기 위해 적합한 시설을 갖추어야 한다. 상업항의 기본적 시설은 크게 다음의 4가지로 구분할 수 있다.

1) 수역시설은 선박의 통항과 관련된 시설이다. 선박의 안전한 통항을 위해 항만당국은 항로를 준설하고, 항로표지를 설치하며, 묘박지와 선회장을 지정해야 한다.

2) 외곽시설은 항만의 기능을 유지하기 위한 시설이다. 파도를 막는 방파제, 모래의 유입을 막는 방사제, 조류의 유입을 막는 방조제, 해안의 침식을 막는 제방과 호안, 수위를 유지하기 위한 수문과 갑문시설들이 그것이다.

3) 계류시설은 선박을 계류하고 재화의 하역을 위한 기초시설이다. 수면 매립으로 만드는 안벽과 물양장, 매립하지 않은 계류시설인 잔교와 부잔교, 탱커선를 위한 돌핀 등이 여기에 해당한다.

4) 화물하역 및 보관을 위한 시설로 크레인 등의 하역기계류, 밀폐된 창고시설, 벽이 없는 상옥(上屋), 지붕이 없는 야적장 등이 대표적이다.

예로부터 부산은 천혜(天惠)의 양항(良港)이라 불려왔다. 항만에 상술한 여러 가지 시설을 갖추는 데에는 대규모의 자본투자가 필요하다. 천혜의 양항이라 함은 큰 자본투자 없이도 항만의 기능을 잘 수행할 수 있다는 뜻이다. 준설이 불필요한 깊은 수심, 방파제 없어도 잔잔한 해수면, 선박이 닻을 내리기 좋은 바다 바닥의 토양 등이 그 조건이다.

[도표 9-3] 천혜의 양항 - 부산항

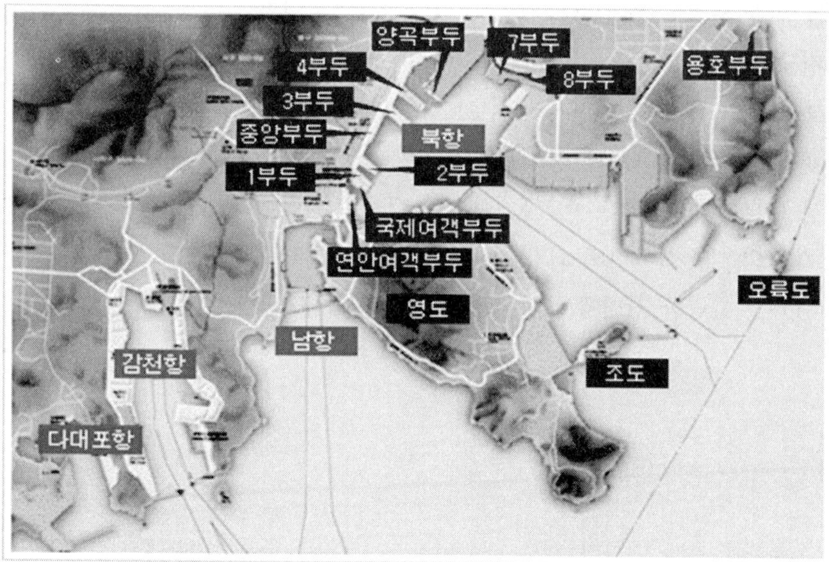

출처 : 부산항만공사

부산항처럼 산을 옆에 두고 있는 항만들은 대개 수심이 깊다. 항로준설비용을 줄일 수 있다. 또 영도와 조도가 자연방파제의 역할을 하므로 방파제 건설비용을 크게 줄일 수 있었다. 남항 앞바다는 선박들이 닻을 내리고 대기하는 최적의 묘박지다. 그것이 100여년 전부터 1부두에서 8부두에 이르는 우리나라 최초의 근대적 항만이 부산에 건설된 주요 이유다. 우리나라에서 컨테이너 전용부두도 부산항에서 먼저 설치되었다.

그러나 '천혜의 양항'이라는 개념은, 지금은 큰 의미가 없다. 자본의 축적과 기술의 발전으로 인해 과거에 비해 인공적으로 항만을 쉽게 건설할 수 있게 되었기 때문이다. 중국에는 천혜의 양항이 적으나 지금 중국의 초대형 항만들은 거의 모두가 인공적 항만들이다.

9.1.5 다양한 형태의 계류시설

계류시설은 선박을 육지와 연결하는 항만의 기본 중의 기본시설이다. 이 계류시설에는 다음과 같이 4가지의 형태가 있다.

1) 안벽(岸壁, wharf)은 해수면을 매립하여 만든 땅으로 대형 선박을 단단히 계류하고 하역되는 무거운 화물을 일시적으로 장치하기 위해 건설된다. 대량의 자본이 투하되어야 한다.

2) 잔교(棧橋, pier)는 해수면을 매립하지 않고 선박을 계류하기 위해 설치한 일종의 다리(bridge)이다. 안벽에 비해 건설비를 절감할 수 있으나 무거운 화물을 장치할 수 없다. 주로 여객선을 위한 시설로 설치된다.

3) 부잔교(浮棧橋, floating platform)은 해수면 위에 소형 뗏목(pontoon)을 고정시켜 선박을 계류하고 사람의 통행을 돕는다. 레저보트용 마리나에 주로 설치된다.

4) 돌핀(dolphine)은 잔교의 형태로 만들지만 액체화물의 하역을 위한 파이프라인이 배후의 저유탱크시설과 연결된다. 이것은 중소형 탱커용 시설이다. VLCC와 같은 초대형 유조선은 20m 이상의 대수심이 요구되기 때문에 돌핀에 계류하기 어렵다. VLCC는 대개 먼 바다에 닻을 내리고 묘박한 상태에서 파이프를 연결하여 하역한다.

[도표 9-4] 여러 형태의 계류시설

출처 : 왼쪽 위부터 시계방향으로 안벽, 잔교, 돌핀, 부잔교임.

9.1.6 컨테이너 터미널의 주요 설비

[도표 9-5]는 전형적인 컨테이너 터미널의 개요도이다. 번호의 순서에 따라 그 구조를 확인해보자.

1) 선박이 접안하는 곳이 안벽(berth)이다. 최근의 초대형 컨테이너선이 안전하게 접안하기 위해서는 15~16m의 수심이 요구된다. 따라서 안벽 인근의 해저를 수시로 준설할 필요가 있다.

2) 갠트리크레인이 있는 곳이 적양장(apron)이다. 선박과 야드크랙터가 컨테이너를 주고받는 곳으로 크레인 기사와 검수사가 일하는 곳이다.

3) 마샬링야드(marshalling yard)는 선박에 적재할 컨테이너를 일시적으로 보관하는 곳이다. Transfer crane이나 Straddle carrier와 같은 기중기를 써서 여기서 컨테이너를 야드 트랙터로 실어 에이프런으로 보낸다.

4) 스토리지(storage) 야드는 선박에서 양하한 컨테이너를 보관하는 곳이다. 화주가 컨테이너를 반출할 때까지 주로 여기에 장치된다.

5) 컨테이너 조작장(CFS)은 LCL 수출화물을 FCL로 통합하는 곳이고, 또 FCL 수입화물을 화주별로 나누기도 하는 곳이다. Stacker, Handler 등의 소형 하역장비가 여기서 쓰이기도 한다.

그 외에 컨테이너 터미널 내에는 사무실, 관제탑, 정비소, 게이트 등의 시설이 필요하고, 최근에는 터미널 전역에 걸쳐서 자동화가 더욱 진전되어가고 있다.

[도표 9-5] 컨테이너 터미널의 내부 구조

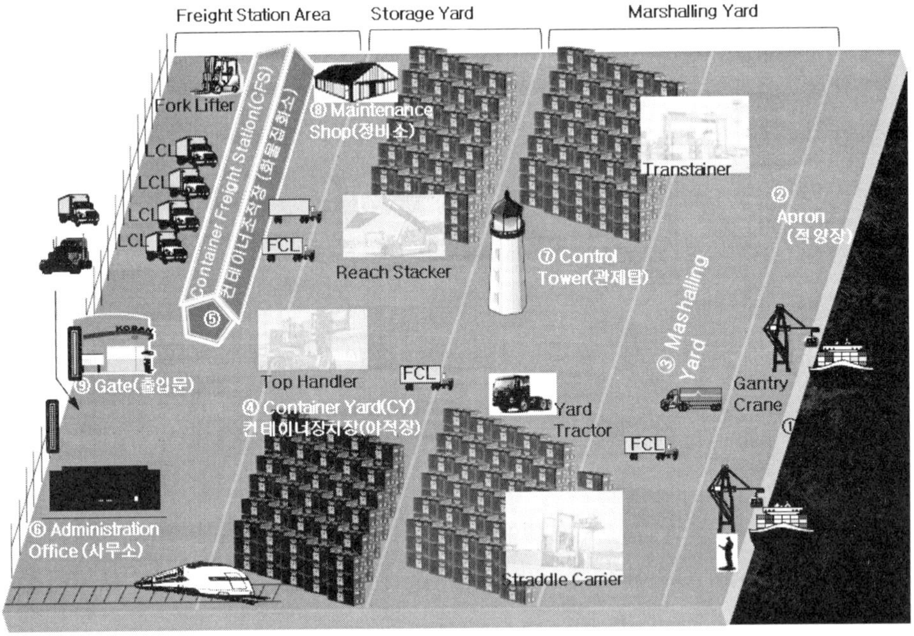

출처 : 전순환, 국제운송물류론 제5판, 한올, 2015, 188쪽.

9.2 우리나라의 항만

우리나라 항만법에서는 항만을 무역항과 연안항으로 구분, 지정하고 있다.

[도표 9-6] 지정항만 위치도

출처 : 해양수산부(http://www.molit.go.kr/)

"무역항"이란 국민경제와 공공의 이해에 밀접한 관계가 있고 주로 외항선이 입항·출항하는 항만을 말한다. 우리나라에는 2023년 현재 31개의 무역항이 지정되어 있고, 이 가운데 국가 관리항이 14개, 지방 관리항이 17개이다.

"연안항"이란 주로 국내 항만 간을 운항하는 선박이 입항·출항하는 항만이다. 우리나라에는 2023년 현재 31개의 연안항이 지정되어 있고, 이 가운데 국가 관리항이 12개, 지방 관리항이 19개이다.

9.2.1 항만 물동량

우리나라의 전체 항만 물동량은 2006년 10억톤을 돌파한 후에도 꾸준히 증가하여, 2016년 10년 만에 15억 톤에 도달했다. 그러나 세계적 보호무역 기조와 팬데믹 등의 사정이 겹쳐 2019년 16.4억톤으로 최고 기록을 달성한 후에는 답보상태에 있는 것으로 보인다.

화물 종류별로는 대개 컨테이너, 유류, 드라이벌크가 각각 30%, 30%, 40% 정도의 비중을 이루고 있으나, 2000년대 이후 컨테이너 화물의 확대가 전체 물동량의 확대를 견인한 것을 알 수 있다.

[도표 9-7] 우리나라 항만 총물동량 추이(단위 : 백만톤)

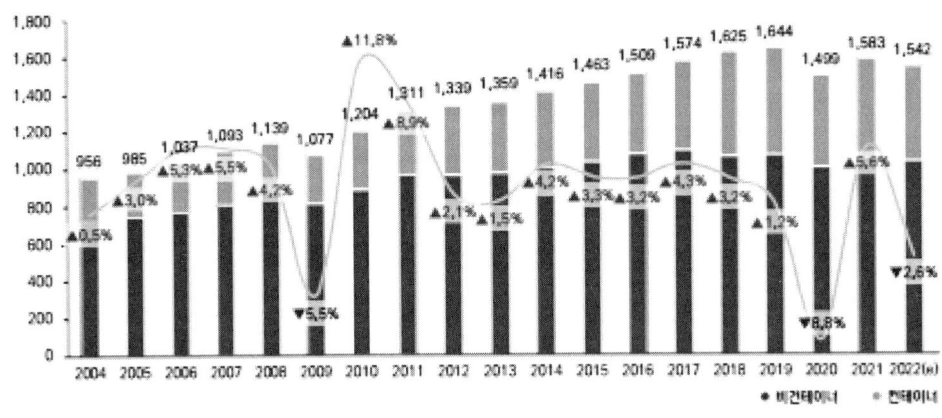

출처 : KMI, 2023 해양수산전략리포트, 357쪽.

9.2.2 항만별 물동량

우리나라에서 가장 물동량이 많은 항만은 부산항으로 그 처리량은 연간 4.5억톤 규모에 달하여 전체 물동량의 약 30%를 책임지고 있다.

부산항 이외에, 여수광양항, 울산항, 인천항, 평택당진항 등 상위 5개 항만에서는 모두 연간 1억톤 이상의 물동량을 처리하고 있으며, 이 5개 항만의 비중이 우리나라 전체 물동량의 3/4에 달하고 있다.

그 외에는 대산, 포항항에서 연간 천만톤~1억톤의 물량이 처리되며, 마산, 동해, 목포, 보령, 군산항에서는 연간 2천만톤 내외의 물량이 처리되고 있다.

[도표 9-8] 항만별 물동량(2022년 기준)

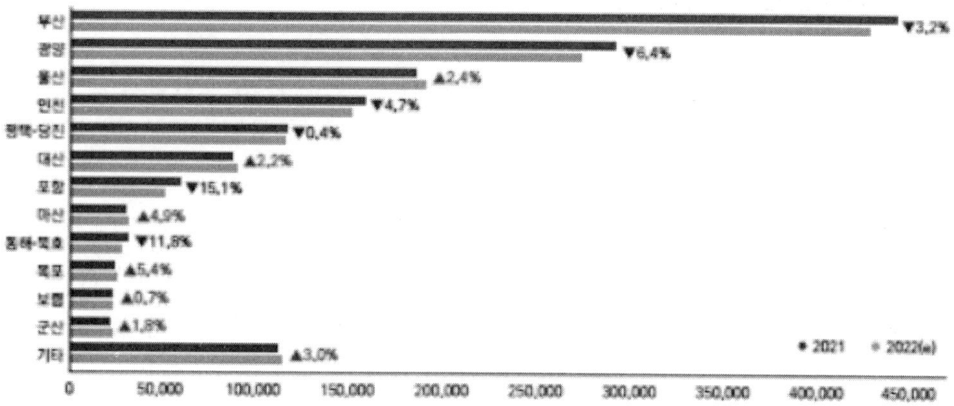

출처 : KMI, 2023 해양수산전략리포트, 358쪽.

9.2.3 컨테이너 물동량

우리나라의 연간 컨테이너 물동량은 약 3천만TEU 수준이고, 그 가운데 75%가 부산항을 통해서 처리되고 있다. 팬데믹 이전에는 연평균 5% 내외의 수준으로 증가하고 있었으나, 이후 성장률이 둔화되고 등락폭이 확대되었다.

우리나라의 컨테이너 물동량은 수출입, 환적, 연안물동량으로 구성되며, 최근 수출입물동량이 정체되고 있는 가운데, 환적물동량의 증가가 전체 컨테이너 물동량의 성장을 견인해왔다. 현재 우리나라 환적 컨테이너 화물은 거의 대부분 부산항에서 처리되고 있다.

[도표 9-9] 컨테이너 물동량 추이(단위 : 천TEU)

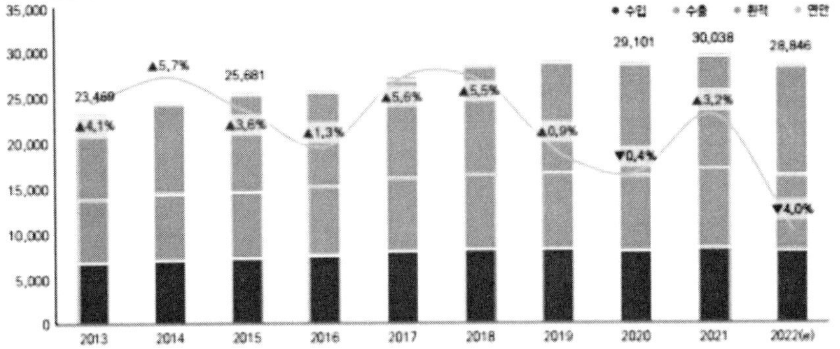

출처 : KMI, 2023 해양수산전략리포트, 358쪽.

9.2.4 비컨테이너 물동량

우리나라의 컨테이너 외 물동량은 연간 10억톤 수준이다. 이것을 품목별로 살펴보면 원유 등 유류화물이 4.5억톤 규모로 가장 많은 화물이었고, 전체 물동량에서 상당한 비중을 차지하고 있으며, 그 부산물인 화학공업 생산품을 합하면 50%에 육박한다.

유류화물 외에는 석탄, 자동차, 철재, 철광석 등이 주요 품목임을 알 수 있다. 자동차와 철재를 제외하면, 우리나라 비컨테이너 화물은 석탄, 철광성, 시멘트, 모래, 기타 광석 등 대부분이 대량의 원자재로 구성됨을 알 수 있다. 다만, 강화되는 환경규제로 인하여 화력 발전소용 석탄 수입량은 점차 감소할 가능성이 예상되고 있다.

[도표 9-10] 비컨테이너 물동량 현황(단위 : 천톤)

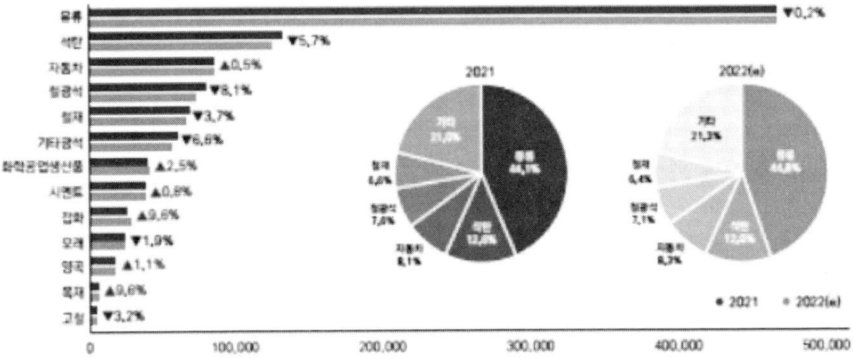

출처 : KMI, 2023 해양수산전략리포트, 359쪽.

9.3 항만의 운영과 관리

9.3.1 항만의 소유와 운영

현대의 항만은 대부분 공유수면(公有水面, public waters)을 매립하여 건설된다. 공유수면은 영해로 국가의 소유이므로 대부분의 국가에서 항만시설의 소유권은 국가에 귀속된다. 몇몇 나라에서는 국가가 지방정부로 소유권을 이전하거나 국가나 지방정부가 민간에 매각하는 사례도 있다.

항만의 운영에 있어서는, 소유권 여부에 관계없이 여러 형태의 운영방식이 있을 수 있다. 국가나 지방정부가 직접 운영하는 사례도 있으나 최근에는 민영화가 강조되는 추세에 있다.

세계적으로 이러한 항만의 소유와 운영의 패턴은 다음 4가지로 대별할 수 있다.

첫째는 국가가 소유하고 운영하는 국가항이다. 후진국형이라고 볼 수 있으나 국가 차원의 조정이 가능한 장점이 있다.

둘째는 지방정부가 주도권을 가지는 지방 자치단체항이 있다. 지방정부의 역량이 있어야 가능한 방식이고, 주로 선진국에서 채택되고 있다.

셋째는 민간이 소유하고 운영하는 사유(私有)항이 시도된 적이 있다. 재정의 압박이 심한 나라에서 민간에 항만을 매각하여 생긴 패턴이며, 이익을 극대화할 수 있으나 성공사례는 드물다.

넷째는 민관협동의 항만공사(Port Authority)를 설립하여 정부와 민간이 함께 운영하는 형태다. 뉴욕–뉴저지, 싱가포르 등의 사례가 있고 세계적으로 확산 추세에 있다. 우리나라에도 도입되어 있다.

9.3.2 항만의 관리제도

중앙정부든, 지방정부든, 민관협동이든 항만의 관리자가 항만을 운영하는 방법으로는 3가지 방식으로 나누어볼 수 있다.

첫째, 지주항(landlord port)은 항만관리자가 기본 하부시설(부두시설)을 건설하여 터미널 운영사에게 부지의 사용을 양여(concession)하는 방식이다. 민간 하역업자는 사업 영위를 위한 상부시설을 자신의 자본으로 투자하고 운영한다. 아래 두번째의 사례가 여기에 속하고, 선진국의 대부분의 컨테이너 터미널은 이러한 방식으로 운영된다.

둘째, 도구항(tool port)은 항만관리자가 기본시설에 상부하역시설까지 건설하고 민간 하역사는 상부시설을 렌트하여 운영한다. 아래 첫 번째 사례가 여기에 속한다.

셋째, 운영항(operating port)은 일부 사회주의 국가에서 있었던 사례로 소유, 건설, 운영이 모두 항만관리자에게 있다. 터미널 오퍼레이터가 소유하는 사유항도 이러한 형태로 운영될 수 있다.

최근에는 부지조성 등 하부시설의 건설도 민간에게 맡기는 형태가 나타나고 있다. 이러한 경우 BOT(build, operate, transfer) 계약을 통해 일정기간 무상으로 운영한 후 국가에 부지의 소유권을 귀속시키는 것이 일반적이다. 부산신항도 이러한 형태로 건설되었다.

[도표 9-11] 항만관리제도의 특성

구분	하부구조	상부구조	항만노동
지주형 항만	O	X	X
도구형 항만	O	O	X
서비스형 항만 공공 민간	 O X	 O X	 O X

주1) X 표시는 항만당국이나 공공기관이 소유 또는 공급하지 않는다는 의미이며, 이는 다른 주체, 즉 대체로 민간기업이 소유 또는 공급함을 나타냄.
주2) 하부시설은 안벽을 포함한 항만의 해역 및 육상부지를 나타냄.
주3) 상부시설은 하부시설 위에 설치된 모든 건물 및 구조물(터미널 포장 포함)
주4) 항만노동은 기본적으로 선박의 적양하 작업을 위해 필요한 노동력을 의미.
출처 : 문성혁, 현대항만관리론, 다솜출판사, 2003. 184쪽.

9.3.3 우리나라의 항만관리

우리나라의 모든 항만은 국가가 소유하고 있다. 다만 그 관리의 권한은 무역항과 일부 연안항을 제외하고 지방정부에게 이전시키고 있다.

컨테이너 전용부두의 경우 초기에는 '컨테이너부두공단(KCTA)'이라는 특수법인을 설립하여 전국의 컨테이너부두를 관리하고 운영수입을 재투자하도록 했으나, 2000년대에 들어서 지방정부와 공동관리하는 형태의 항만공사를 주요 항만에 설립하여 각 항만공사에 관리권을 이전했다. 부산, 인천, 울산에 이어 2011년 여수광양항만공사가 설립되며 컨테이너 부두공단은 해체되었다.

다만, 여기서 항만의 관리권이라는 것은 정부를 대신하여 시설을 관리하는 것을 말하며, 컨테이너 부두의 운영을 포함해서 실제 하역관련 제반 서비스는 민간업자를 통해 제공되고 있다.

2004년에 출범한 부산항만공사(BPA)는 우리나라 최초의 항만공사이다. 항만의 운영권을 놓고 갈등관계에 놓여있었던 중앙정부와 지방정부가 항만의 운영에 공동으로 참여하여 항만의 지역에 대한 기여도를 높이기 위해 특수법인으로 설립되었다.

최고 의사결정기구는 반관반민으로 구성되는 항만위원회로, 부산시와 업계의 추천을 받아 해수부 장관이 임면한다. 지역 및 민간의 의견을 항만의 운영에 반영하겠다는 취지이다. 이후 인천, 울산, 여수광양항에 차례차례 항만공사가 설립되어 항만이 관리가 공사로 이전되었다. 다른 무역항에서는 각 지방 해양수산청에서 관리한다.

[도표 9-12] 부산항만공사의 조직체계

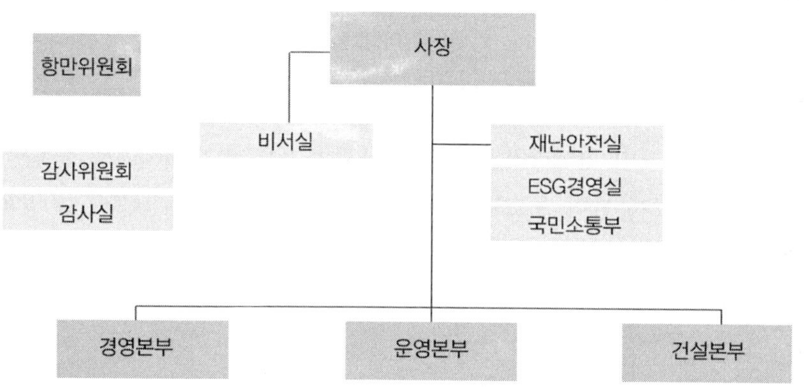

출처 : https://www.busanpa.com

9.3.4 항만물류사업

지금까지 살펴본 바와 같이 항만의 소유와 관리권은 중앙 및 지방정부와 항만공사에 속하나, 실제 항만관련 서비스는 항만물류사업자가 제공한다.

우리나라 항만운송사업법에는 항만운송업을 항만하역업, 기타 항만운송업, 항만운송 관련사업으로 구분하고 있다. 즉, 항만운송업에는 하역업 이외에도 다수 존재한다.

항만하역업은 일반하역업과 한정하역업으로 구분되어있다. 일반하역업은 불특정 다수의 고객을 상대로 하역서비스를 제공하는 사업이며, 한정하역업은 자사의 화물에 대한 하역으로 한정되어 있다. 항만하역업은 사업을 영위하려는 항만별로 등록하며, 등록된 항만별로 시설평가액과 자본금, 노동자의 등록기준이 상이하다.

기타 항만운송업에는 검수, 감정, 검량사업이 포함된다. 검수사업은 항만별로 등록하지만, 감정, 검량사업을 그렇지 않다.

항만운송 관련사업으로는 항만용역업, 물품공급업, 선박급유업, 컨테이너수리업이 포함되어 있다. 항만운송 관련사업 역시 항만별로 상이한 기준에 맞추어 등록 또는, 신고해야 한다.

[도표 9-13] 항만운송업의 구성

구분	업종	세부 사업
항만운송업	항만하역업	일반하역업, 한정하역업
	기타 항만운송업	검수사업, 감정사업, 검량사업
	항만운송관련사업	항만용역업, 물품공급업, 선박급유업, 컨테이너수리업

항만운송사업의 대표인 항만하역업에 대한 규제는 1997년 면허제에서 등록제로 완화되며 항만하역사업자가 크게 늘어 2022년 현재 일반하역 285업체, 한정하역 130업체 등 전국에 총 415개 사업자가 등록되어 있다. 항만별로 보면 부산항의 55개 사업자에 비해 마산항에는 69개 사업자가 등록되어 있는 등, 소형항만에도 많은 항만하역사업자가 존재하는 것이 특징적이다.

다만, 항만에서 일하는 사람들로 항만운송 사업자만 있는 것은 아니다. 우리나라의 표준산업분류로 보면 보관 및 창고업, 수상운송지원 서비스업, 수상화물 취급업, 그 외 화물운송 중개, 대리 및 관련 서비스업 등 운송관련 서비스업으로 분류된 수많은 사업자가 존재한다. 이뿐만 아니라, 항만건설 및 유지보수 사업자, 선박 관련 제조 및 서비스업자, 세관과 항만당국 등 관공서, 금융, 보험 및 법률 서비스, 교육과 연구기관 등, 항만은 매우 많은 사람들이 함께 일하는 국제물류의 일대 거점인 것이다.

[도표 9-14] 항만별 항만하역사업자(2021년말 기준)

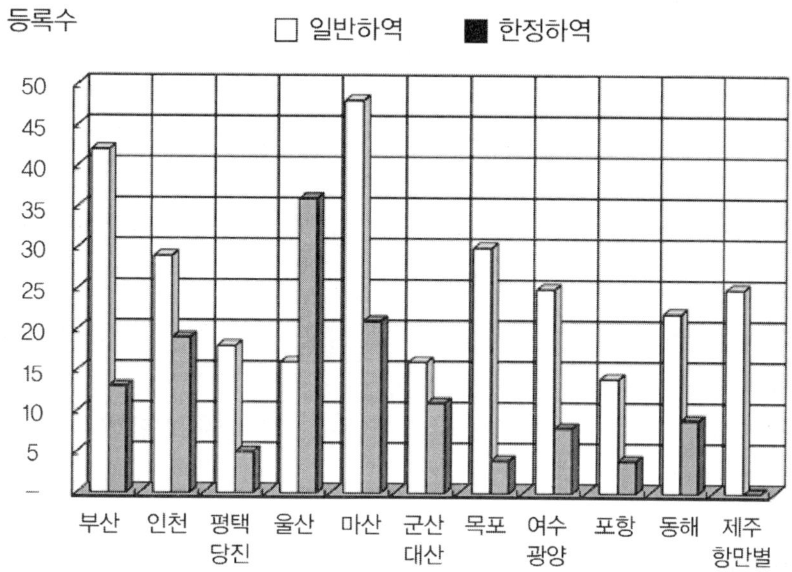

출처 : 한국항만물류협회, 2022 항만하역요람, 8쪽.

[도표 9-15] 표준산업분류상 항만관련 업종

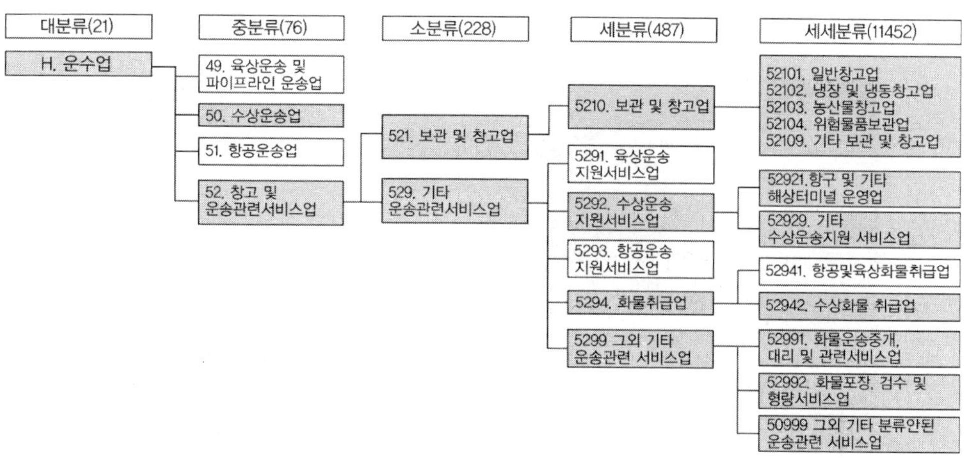

출처 : 표준산업분류(http://kssc.kostat.go.kr/)

9.4 항만에서의 경쟁

항만이라는 공간은 국가의 공유자원이고, 따라서 항만서비스는 공공재(公共財, public goods)로 인식되었다. 그래서 항만에서의 경쟁은 매우 생소한 현상이지만, 경쟁은 곳곳에서 발생하고 있으며, 앞으로 더욱 치열해질 가능성도 있다.

하지만 항만에서의 경쟁은 컨테이너 터미널 등, 상업항으로 국한된 것이기도 하다. 어항과 공업항에서는 경쟁이 발생할 소지가 작다. 어항에서는 항만서비스의 규모가 매우 작고, 공업항에서는 대부분 배후에 거대산업시설을 갖춘 산업자본이 항만을 독점적으로 이용하기 때문이다.

상업항만에서의 경쟁은 경쟁영역에 따라 항만내 경쟁, 국내 항만간 경쟁, 그리고 국제적 차원의 경쟁으로 나누어볼 수 있다.

9.4.1 항만내 경쟁

먼저 항만 내에서의 경쟁이 있다. 부산항 내에서의 경쟁이, 우리나라 뿐 만이 아니라 세계적으로도 대표적일 것이다.

[도표 9-16] 부산 북항의 터미널 시설

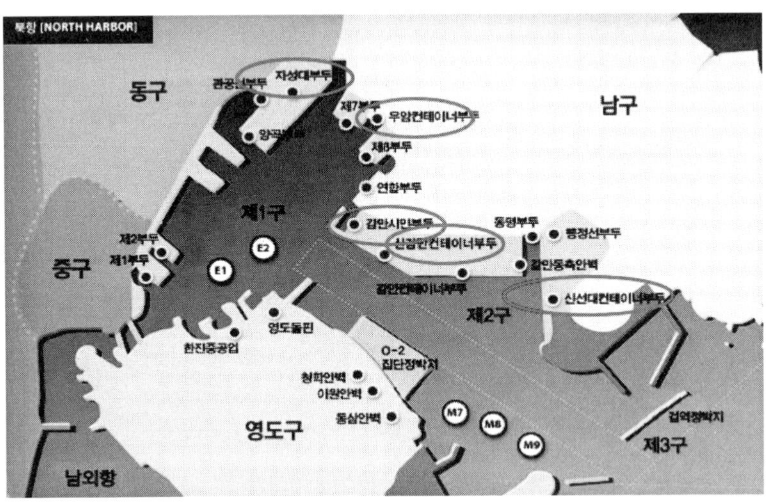

출처 : https://www.busanpa.com/kor/

우리나라에서 최초로 건설된 컨테이너 전용 터미널은 부산항의 자성대부두이다. 1978년 공영부두로 운영을 개시한 자성대부두는 1997년 민영화되었고, 우암, 신감만, 감만, 신선대 부두가 차례차례 민영 컨테이너 전용 터미널로 서비스를 개시하며, 부산항 내의 경쟁체제가 형성되었다. 특히 4선석 규모의 감만부두에는 선석별로 4개의 운영사가 들어서 부산 북항에서만 8개의 터미널 운영사가 경쟁한 적이 있고, 이것도 모자라 1~4부두까지의 일반부두에서도 컨테이너가 처리되기도 했다. 또한 2006년 이후에는 멀리 떨어지지 않은 부산신항에도 4개의 터미널이 BOT 방식으로 차례로 준공되면서, 부산항은 세계적으로도 항만내 경쟁이 가장 치열한 항만이 되었다.

이처럼 항만내 경쟁의 주체는 항만하역 사업자인 민간기업들이다. 우리나라의 항만하역 사업자들은 대개 1개의 터미널 운영에 머물러있는 상태지만, 이미 세계적으로 수많은 터미널을 운영하는 항만자본이 등장해서 활약하고 있다.

컨테이너 터미널에 투자하고 운영하는 민간사업자들은 크게 컨테이너 선사와 하역업자가 있다. 대형 정기선사들은 그들의 주력항만에 터미널을 설치, 직접 운영하는 경우가 많다.

[도표 9-17] 세계적 터미널 운영사

Ranking	Operator	Type of Operation	Million TEUS
1	China Cosco Shipping	Shipping company	91.3
2	Hutchison Ports	Terminal operator	82.3
3	APM Terminals	Terminal operator	76.3
4	PSA International	Terminal operator	73.9
5	DP World	Terminal operator	68.7
6	Terminal Investment Limited (TIL)	Terminal operator	44.0
7	China Merchants Port Holdings	Terminal operator	31.0
8	CMA CGM	Shipping company	24.8
9	Eurogate	Terminal operator	13.8
10	SSA Marine/Carrix	Terminal operator	11.3
11	NYK Line	Shipping company	11.0
12	Evergreen	Shipping company	10.3
13	ICTSI	Terminal operator	9.2
14	OOCL	Shipping company	7.8
15	MOL	Shipping company	7.1

출처 : Drewry, Global Container Terminal Operators 2018, Drewry Maritime Research.

그 외에 하역업자로서 글로벌하게 투자하고 있는 항만자본을 GTO(global terminal operator)라 하는데, Hutchison, APM, PSA, DPW, TIL, CMPT, Eurogate 등이 대표적이다. 그들은 세계적 수준에서 투자하고 있으며, 부산항에는 허치슨, PSA, DPW가 들어와 활동하고 있다.

9.4.2 항만간 경쟁

전술한 바와 같이 상업항에서는 항만내 경쟁만이 존재하는 것은 아니다. 항만간의 경쟁도 존재한다. 항만내 경쟁이 특정 항만에의 기항을 결정한 선사의 선대 유치를 둘러싼 것이라면, 항만간 경쟁은 결국 선사의 특정항만 기항을 유도하는 국내 화주를 둘러싼 경쟁이다. 수도권 화주들은 부산항을 통해서 동남아와 유럽으로 가는 항로를 선택할 수도 있고, 광양항이나 인천항을 통해 가는 항로를 선택할 수도 있는 것이다.

우리나라에서는 초기에 컨테이너 전용부두가 부산항에만 건설되었으나, 부산항의 체선, 체화현상이 심해지면서, 정부에서는 광양항에도 신규로 컨테이너 터미널의 건설을 결정했다. 거기에만 그친 것이 아니라 광양항 컨테이너 터미널 건설의 결정 이후, 부산신항, 인천신항, 평택항, 울산항, 마산항에도 컨테이너 터미널이 건설되었고, 포항영일만신항, 목포신항, 새만금항 등 신항만 건설이 붐을 이루었다. 언제나 신항만 건설의 핵심은 컨테이너 터미널이었다. 한때 컨테이너 터미널 건설은 공항과 더불어 지역 국제화의 상징과 같은 사업이었다.

그러나 문제는, 이렇게 많이 건설된 컨테이너 터미널이 제 기능을 다하고 있는가 하는 점이다. 각 지역의 화주들에게는 선택지가 늘어났으나, 항만간 경쟁이 발생하고, 치열해졌으며, 대부분의 지역 터미널들은 경쟁력을 갖추지 못하고 고객으로부터 외면받고 있는 것도 간과할 수 없는 현실이다.

[도표 9-18] 국내 컨테이너 터미널 운영사(2018년 기준)

항만	터미널 운영사
부산항	HBCT, BPT, DPCT, 인터지스
부산신항	PNIT, PNC, HJNC, PSA-HPNT, BNCT
인천항	PSA-ICT, E1CT, SNCT, HJIT
광양항	SMGT, KITL, GWCT
울산항	UNCT, JUCT
경인항	SMLIG, 김포터미널
평택항	PCTC, PNCT
군산항	GCT
포항항	PICT
마산항	마산아이포트
대산항	대산항만운영
목포항	목표신항만운영

출처 : 지능형항만기술연구소(http://tuport.ac.kr:88/)

9.4.3 항만경쟁의 국제화

항만간 경쟁은 항만내, 또는 국내에 국한된 것이 아니다. 국제적으로도 항만간 경쟁이 발생하고 있다.

가. Trunk & Feeder 네트워크

전술한 바와 같이 컨테이너 화물의 빠른 증가세는 정기선사들 간의 선박 대형화 경쟁을 부추겼다.

대양횡단 항로에 취항하는 초대형 선사(mega carrier)들은 자신들의 항로 네트워크를 항공산업에서의 중심-지선(Hub &Spoke) 시스템을 본떠 간선-지선(Trunk & Feeder) 네트워크로 재편하기 시작했다. 즉 지역의 중심항 간에 대형선들을 취항시키고, 중심항에서 기타 항만으로는 보다 작은 선형의 선박을 취항시켜 환적(trans-shipment) 시스템을 통해 네트워크 최적화를 도모한 것이다.

이러한 Trunk & Feeder 네트워크가 중심항을 둘러싼 국제적 경쟁을 촉발했다. 즉, 이러한 네트워크의 중심(hub) 항만으로 지정받기 위한 경쟁이 국가간 경쟁으로 비화되기 시작한 것이다.

[도표 9-19] 간선-지선항로 네트워크와 중심항의 개념도

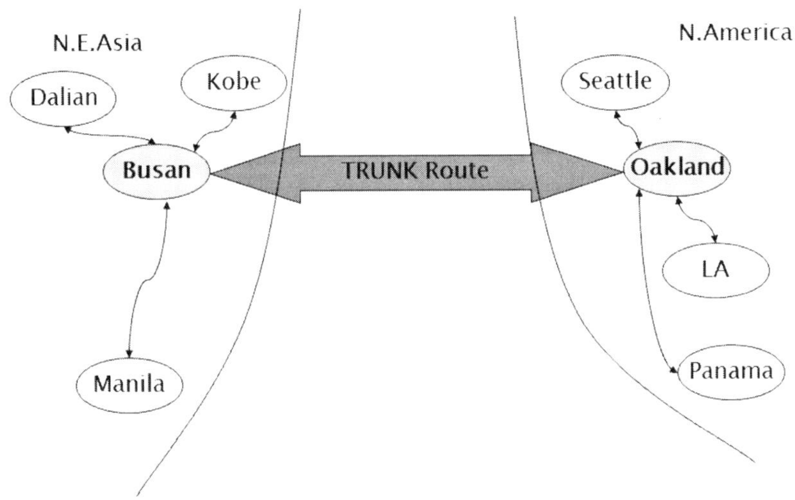

나. 중심항만의 조건

중심항만의 조건으로 대개 다음의 3가지가 주로 이야기된다.

첫째, 기간항(main port) 기능이다. 국제 컨테이너운송의 주요 시장을 잇는 기간 항로에서 멀리 떨어져있지 않아야 한다는 것이다. 기간 항로는 주로 북태평양항로와 극동-유럽을 잇는 인도양 항로를 말한다.

둘째, 국내집약(gateway) 기능이다. 부산항처럼 국내시장에서 압도적 점유율로 기반화물(base cargo)을 확보하고 있어야 한다는 것이다.

셋째, 국제환적(international trans-shipment) 기능이다. 국내 수출입화물 뿐 아니라 제3국의 화물을 유인하는 경쟁력을 가지고 있느냐 하는 것이다.

이러한 조건을 갖추어 중심항만으로서 국제적 경쟁에 나서기 위해서는 항만에서도 '경쟁력'이라는 개념이 중요해진다.

다. 항만의 경쟁력

이와 같이 항만에서 경쟁이 발생하며, 항만의 경쟁력에 대한 비교연구가 쏟아져 나왔다. [도표 9-20]은 오래된 자료이기는 하지만 컨테이너 항만의 경쟁요인들을 비교적 잘 정리한 것이다. 항만의 입지, 시설, 서비스 수준, 비용, 서비스환경 등이 지금도 주요 경쟁력 요인으로 평가받고 있다.

당시 부산항은 항만의 입지와 비용 측면에서 뛰어난 경쟁력을 가진 것으로 평가되었다.

지금은 신항의 건설로 항만시설과 서비스 수준, 서비스 환경에 있어서도 경쟁력을 갖춘 세계적 항만으로 평가받고 있기도 하다.

[도표 9-20] 동아시아 주요 항만의 경쟁력

구분	주요비교항목	싱가포르	홍 콩	카오슝	고 베	부 산
항만입지	■ 중심성 ■ 중계성	◎ ◎	◎ ◎	○ ○	X X	◎ ◎
항만시설	■ 시설능력 및 물동량	○	○	◎	◎	X
서비스 수준	■ 항만운영체제 ■ 서비스 질	◎ ◎	◎ ◎	◎ X	◎ ◎	○ X
물류바용	■ 항만물류비용	○	X	○	X	◎
물류서비스 환경	■ 물류 네트워크의 정비 ■ 물류센터 조성 ■ 관세자유지역의 도입	◎ ◎ ◎	◎ ◎ ◎	○ ○ ○	○ ◎ ◎	X X X

주 : ◎ 양호, ○ 보통, X 미흡

출처 : KMI, 컨테이너 항만의 물류경쟁력 국제비교, 1998, 94쪽.

컨테이너 터미널 서비스의 품질이 기계화, 자동화를 통해 차별성을 잃어간다면, 핵심적 경쟁력 요인은 비용에 있을 것이다. 아래쪽 표에서 제시된 바와 같이 부산항의 하역비용은 선진국의 제 항만에 비하자면 몇 배로 저렴한 것은 물론 대만과 중국의 항만보다도 매우 낮은 수준이다. 그것 때문에 국부유출론이 나오기도 하지만, 저렴한 비용이 부산항 경쟁력의 원천이 되어 온 것도 부정하기 어려울 것이다.

[도표 9-21] 주요 외국 항만과의 컨테이너 하역요금 비교 (단위 : 20ft 기준/원)

국가명	부산북항	카오슝	싱가포르	상하이	홍콩항	로테르담	도쿄항	LA항
요금(원)	45,135	73,743	73,850	115,054	140,730	150,325	194,407	380,058
비율(%)	100	163	164	255	312	333	431	842

출처 : BPA, 부산항 컨테이너부두 임대료 산정체계 개편 연구, 2012.

9.4.4 동아시아 회랑지대의 형성

2000년대는 동아시아의 시대였다. 전 세계 컨테이너 물동량의 절반이 일본과 싱가포르에 이르는 동아시아의 회랑(Singapore-Japan Corridor) 지대에서 발생하고 있다. 거기서 또 절반은 또 중국의 항만에서 발생하는 수출입 물량이다.

[도표 9-22] Singapore-Japan Corridor, 2000's

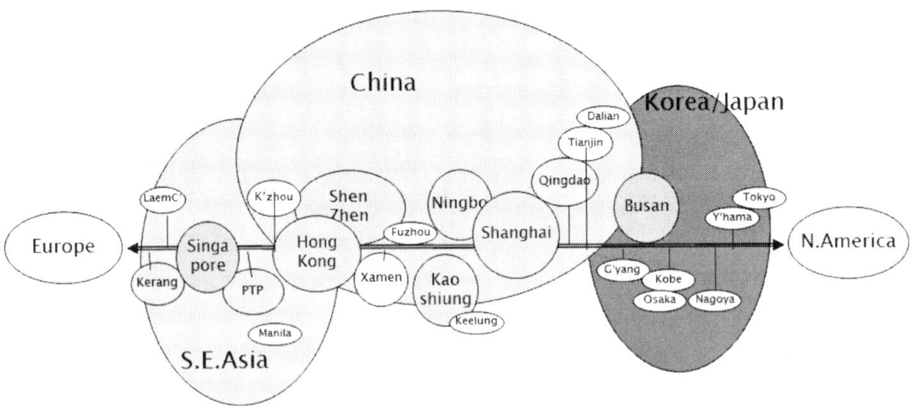

[도표 9-23]의 세계 15대 컨테이너 항만을 보면 그 추세를 잘 이해할 수 있다.

2000년 항만별 컨테이너 취급량 15위 내에 동아시아 항만은 8개 들어가 있고, 그 가운데 중국의 항만은 홍콩을 포함하여 3개에 불과했다. 그러던 것이 2018년에 동아시아 항만은 10개가 포함되었으며, 중국의 항만이 여기서 8개이다.

상하이는 홍콩과 싱가포르를 제치고 2010년부터 최고의 항만으로서 지위를 굳히고 있으며, 닝보, 광저우, 칭다오, 티엔진, 샤먼 등 중국의 컨테이너 항만의 발전은 눈부시다. 이 와중에 5~6위권을 유지한 부산항의 선전이 매우 경이로운 이유이기도 하다.

[도표 9-23] 세계의 주요 컨테이너 항만

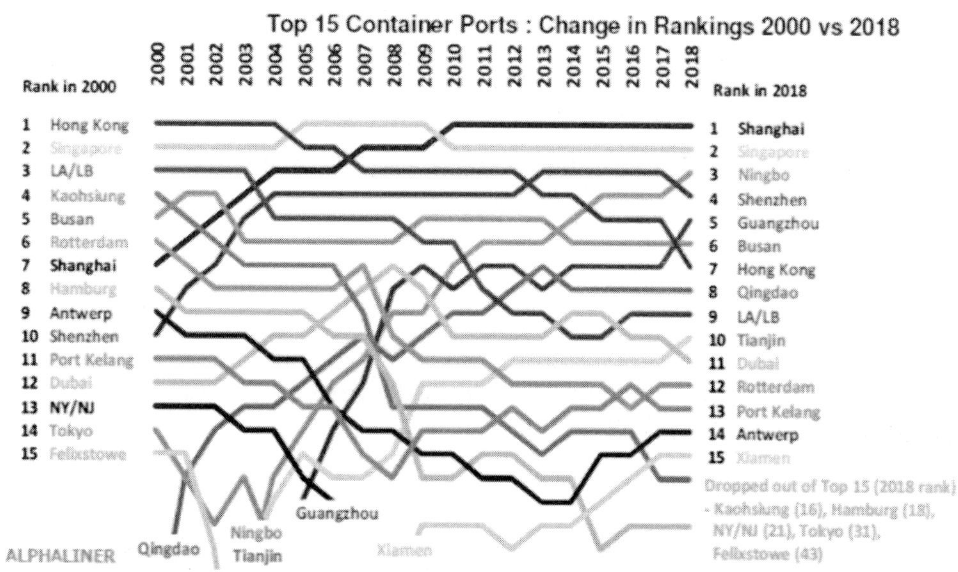

출처 : https://public.alphaliner.com/

9.5 항만의 미래와 정책

9.5.1 컨테이너 물동량 전망

세계적 해운항만 연구기관인 드류리(Drewry research)에서는 2018년 8억TEU 정도의 세계의 컨테이너 취급량이 2023년 10억TEU 정도로 확대될 것으로 전망했다. 거기서는 연평균 4~5% 내외의 높은 성장을 기대하고 있으며, 특이하게 동아시아의 성장보다 서아시아의 성장 가능성을 더 높게 보고 있다. 물론 전망은 전망일 뿐, 팬데믹을 포함한 지속되는 쇼크와 트렌드의 변화가 전망을 바꾸어놓을 것이다. 그렇다 하더라도 항만의 물동량 중 컨테이너의 추가적 확대를 부정하기는 어려울 것이다.

[도표 9-24] 지역별 컨테이너 물동량 전망

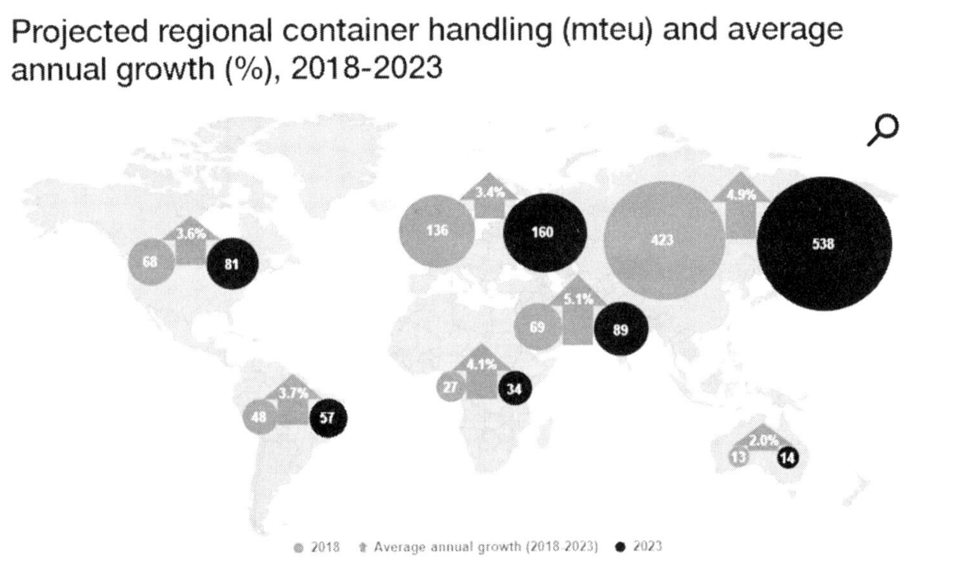

출처 : Drewry Maritime Research, Global Container Terminal Operators Annual Review and Forecast 2019.

9.5.2 항만의 자동화

기술의 발전은 항만에서도 예외가 아니다. 특히 자동화와 무인화는 하나의 큰 트렌드라고 생각한다. 물동량의 확대와 더불어 항만의 스마트화는 확정적 미래라 볼 수 있다.

전 세계적으로 반자동화 터미널은 상식이 되었고, 유럽과 중국을 중심으로 완전자동화의 실험이 지속되고 있다. 그리고 향후 더 많은 컨테이너 터미널이 보다 더 자동화될 것으로 예측된다.

[도표 9-25] 컨테이너 터미널의 자동화

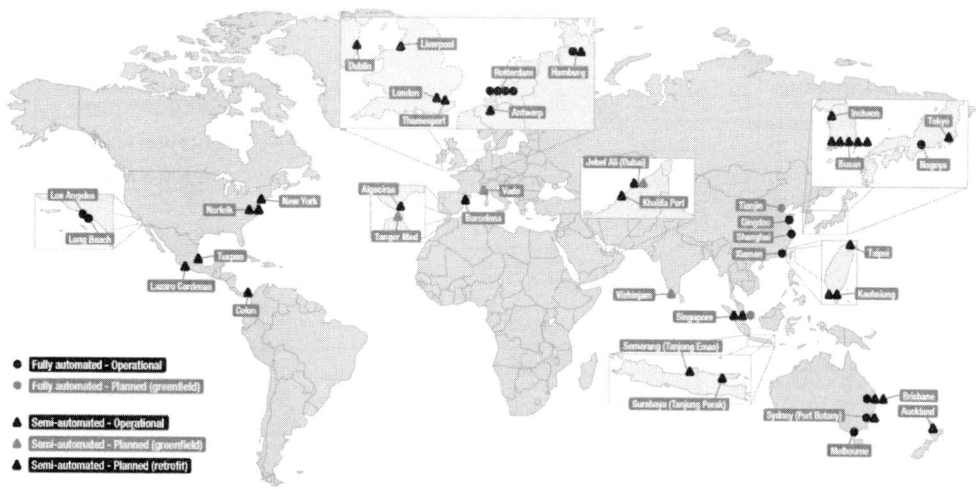

출처 : Drewry Maritime Research

9.5.3 정부의 신항만정책

해양수산부에서는 2019년 제2차 신항만건설 기본계획을 발표했다. 계획연도는 2019년에서 2040년까지이며, 전국의 12개 신항만을 대상으로 총 42조원이 투자되는 대규모 계획이다. 이 계획의 비전은 '글로벌 물류를 선도하는 미래 혁신항만의 구현'이며, 주요 수단으로 스마트혁신, 서비스혁신, 친환경혁신, 지역상생혁신 등 4가지의 혁신을 꼽고 있다.

이 거액의 투자를 통해 부산항 신항을 동북아의 메가 포트로 육성하고, 광양항을 아시아의 로테르담으로 개발한다는 계획이다. 또한 서해권 신항만은 신남방, 대중국 교역 중심항만으로 구축하고, 동해권을 대북방 경제의 전진기지로 육성한다. 한편 제주신항은 복합 해양 관광지구로 조성할 예정이다.

이러한 장기적 대량의 투자는 국가와 지역경제의 구조를 바꿀 수 있고, 관련 비즈니스의 성패에도 영향을 줄 수 있다. 민간기업도 정부의 정책에 주목할 필요가 있는 것이다.

[도표 9-26] 제2차 신항만건설 기본계획

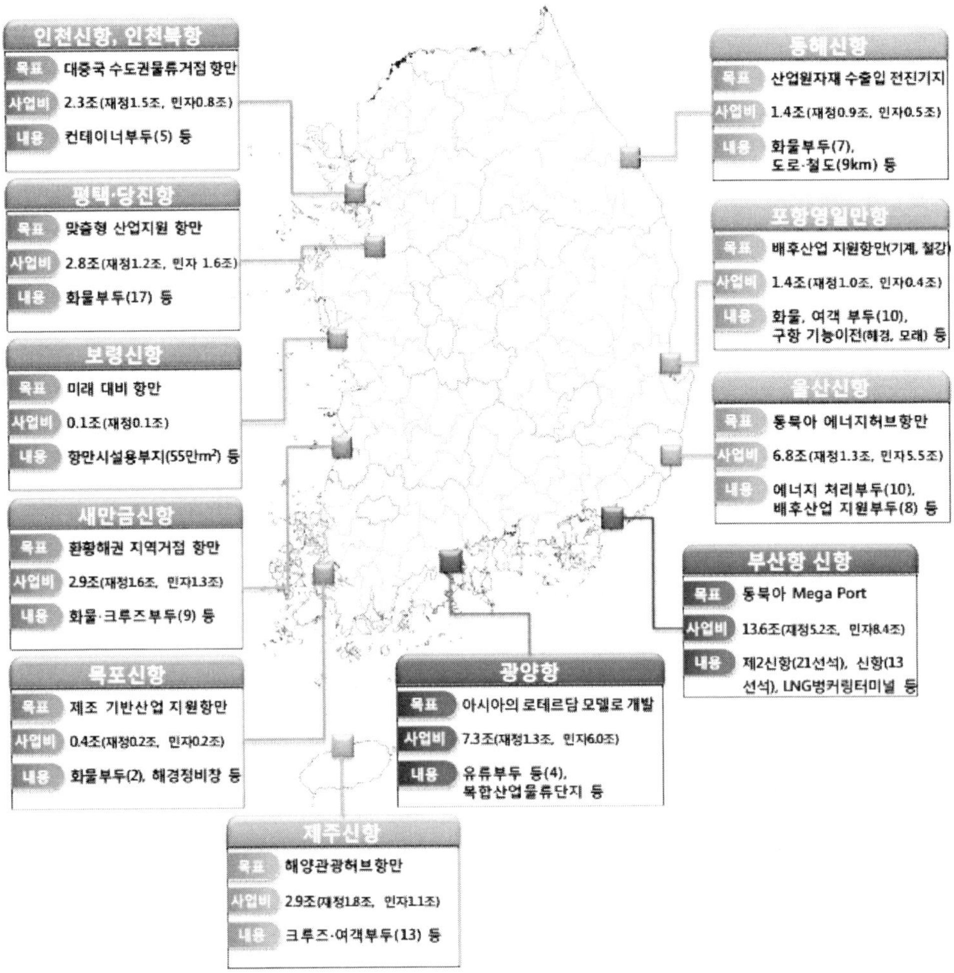

출처 : 해양수산부(http://www.molit.go.kr/)

9.5.4 부산항의 미래

이 장의 마지막 부분으로 부산항의 미래와 관련해서 2가지를 이야기하고 싶다. 하나는 부산신항 프로젝트이고, 두 번째는 북항재개발 프로젝트이다. 지역적으로는 도시의 미래를 바꿀 수 있는 거대 프로젝트이고, 부산항이 우리나라의 선도적 항만이기 때문에 전국적으로도 주목받는 프로젝트라 할 수 있다.

가. 부산항 신항

총 17조원 가량이 투입되는 부산신항 프로젝트는 이미 절반 정도 완성되었다. 동쪽은 거의 준공되어 운영되고 있고, 서쪽은 순차적으로 진행될 것이다. 컨테이너 터미널들은 BOT 방식으로 추진되었고, 광대한 배후부지도 함께 조성해서 경제자유구역청을 통해 외국기업의 투자 유치를 위해 노력하고 있다.

[도표 9-27] 부산항 신항

출처 : 부산항만공사

서쪽 컨테이너 부두가 완성되면 기존의 북항 컨테이너 터미널들은 모두 문을 닫고 기능전환에 들어갈 가능성이 크다. 부산의 산업지도가 바뀌는 것이다. 게다가 정부에서는 신항만의 서쪽에 신규로 제2기 신항만을 건설하는 계획을 제2차 신항만 건설계획에 포함시키고 있다.

나. 북항 재개발

제품과 산업이 수명주기를 가지고 있듯이, 항만도 수명주기(life cycle)을 가질 수 있다. 적절한 입지를 가진 조그만 어촌의 항포구에 선박들이 몰려오기 시작하면 항만이 증설되고, 항만을 중심으로 도시가 형성된다. 항만과 도시가 더 커지면 부작용들이 생겨나 도시가 뒤로 후퇴하고 구도심의 항만 주변지역은 슬럼화되기 쉽다. 그 즈음 항만의 노후화로 신형 선박들을 수용하기 어렵게 되면 도시의 주변지역에 신항만을 건설하고 기존의 항만지역은 재개발된다. 구미의 많은 선진 항만들이 이러한 길을 걸어왔다.

지금은 부산항이 그러한 상황에 놓여있다. 아직까지는 가장 초기에 건설된 일반부두 구역만이 재개발의 대상이 되어있지만, 향후 신항만의 확대와 더불어 구항만 전체가 재개발구역에 포함될 가능성이 크다. 다만, 문제는 그 공간을 어떻게 재활용할 것인가이다. 신선한 아이디어가 필요한 때이다.

[도표 9-28] 북항재개발 조감도

출처 : 부산항만공사

생각해봅시다

이번 장에서 우리는 항만에 관해 학습했다. 여기에서의 학습을 통해 항만의 기능과 시설, 우리나라 주요 항만의 현황, 항만의 운영과 관리, 항만에서의 경쟁과 새로운 트렌드에 대한 이해를 높일 수 있었기를 바란다.

또한 다음 과제를 통해 항만에 대한 이해를 높일 수 있기 바란다.

1. 부산항내 하역사업자(터미널) 간의 과당경쟁 논란이 있다. 부산항만공사의 정책을 비판적으로 검토해보자.

2. 국내의 여러 항만에서 컨테이너 터미널을 개발하고 있다. 허브항만을 둘러싼 국제적 경쟁에 어떤 영향을 줄 것인지 생각해보자.

3. 항만의 재개발에 관한 해외의 사례를 조사해보고, 부산 북항재개발 프로젝트에 참고가 될 아이디어를 제시해보자.

참고문헌

문성혁, [현대항만관리론], 다솜출판사, 2003.

부산광역시, [부산항 항만물류의 이해], 2005.

양창호, [항만경제], 박영사, 2021.

이철영, [항만물류시스템], 효성출판사, 1998.

전순환, [국제운송물류론 제6판], 한올, 2016.

하명신, 최홍엽, 박경희, 손정기, [항만물류의 이해], 탑북스, 2011.

Song, Dong-Wook, and Photis Panayides, eds. Maritime logistics: A guide to contemporary shipping and port management. Kogan Page Publishers, 2015.

Wayne K. Talley, Port Economics, 2nd edition, Routledge, 2018.

한국항만물류협회, [항만하역요람], 각년도.

KMI, [컨테이너 항만의 물류경쟁력 국제비교], 1998.

BPA, [부산항 컨테이너부두 임대료 산정체계 개편 연구], 2012.

부산항만공사(https://www.busanpa.com/)

지능형항만기술연구소(http://tuport.ac.kr:88/)

표준산업분류(http://kssc.kostat.go.kr/)

해양수산부(http://www.molit.go.kr/)

KMI, 2023 해양수산전략리포트, (https://www.kmi.re.kr/)

Alphaliner(https://public.alphaliner.com/)

Drewry, Global Container Terminal Operators 2018, (https://www.drewry.co.uk/)

Drewry Maritime Research, Global Container Terminal Operators Annual Review and Forecast 2019, (https://www.drewry.co.uk/)

국제물류론

10

항공운송과 공항

10.1 항공운송의 의의

10.1.1 항공운송의 의의

항공기는 가장 최근에 등장한 운송수단이고, 그래서 기술진보와 도입 및 전파의 속도가 다른 운송수단보다 매우 빠르다. 항공기를 이용한 항공운송은 국제물류 시장에서도 그 비중이 점증하고 있고, 향후 더욱 기대를 받고 있는 운송수단이기도 하다.

그 이유로는, 선진국의 산업구조가 경박단소(輕薄短小)화하고 있으며, 고부가가치화되어 가는 추세에 있어 항공운송의 수요가 점증할 것이라는 점, 항공기의 대형화로 항공운송의 비용이 감소하고 있다는 점, 기업 경영의 국제적 전개와 이에 따른 물류 활동이 세계화하고 있다는 점을 꼽을 수 있을 것이다.

항공운송의 연간 국제운송 물량은 아직 0.5% 정도에 불과하지만, 운송화물의 가치를 기준으로 보면 25% 정도를 담당하고 있다. 즉, 해상운송이 대량화물의 저렴한 운송수단으로 활용되고 있다면, 항공운송은 고가품의 신속한 운송에 주로 활용되고 있는 것이다.

항공운송은 다른 어떤 운송수단보다 빠르고 정시성이 높다. 운송시간이 짧기 때문에 안전성도 상대적으로 높고, 내륙과 섬을 가리지 않는 등 지리적 제약도 거의 없다. 항공기의 대형화에 따라 비용도 감소추세에 있다.

최신 운송수단인 항공기의 이러한 장점들로 인하여, 국제물류에 있어서도 항공운송은 기업들의 글로벌 로지스틱스에 최적의 대응력을 가진 운송수단으로 기대를 모으고 있다.

[도표 10-1] 항공운송의 의의

- 신속성
- 정시성
- 안전성
- 지리적 저제약성
- 비용의 감소추세

→ 글로벌 로지스틱스 대응력

10.1.2 항공운송의 생산요소

항공운송산업의 생산요소로는 자본, 노동과 인프라를 꼽을 수 있다.

먼저 자본 요소로써 항공기에는 여객기와 화물기, 콤비라고 불리는 겸용기가 있다. 상업용 항공기의 가격은 100~200인승 B737과 A320 시리즈의 경우 기당 1~2억달러, 최대 기종인 B747과 A380은 4억달러 내외로, 거대한 자본이 투하되어야 한다.

항공기의 수명은 여객기의 경우 20년 내외이며, 투하자본이 큰 만큼, 퇴역 이후 일부는 화물기로 개조하여 수명을 연장하고 있다.

노동 요소로는 기내의 운항승무원, 객실승무원과, 공항에서 일하는 정비사와 운항관리자 및 항공물류 업무를 담당하는 조업사를 꼽을 수 있다.

항공운송의 주요 인프라는 공항이다. 일부 국가에서는 항공운송산업이 국영기업 체제로 운영되는 경우가 있으나, 1980년대의 규제완화 흐름을 타고 많은 항공사가 민영체제로 전환되었다. 항만에서와 마찬가지로 공항에 대한 투자와 운영에도 민간자본의 힘이 강해지고 있다.

[도표 10-2] B747과 A380의 비교

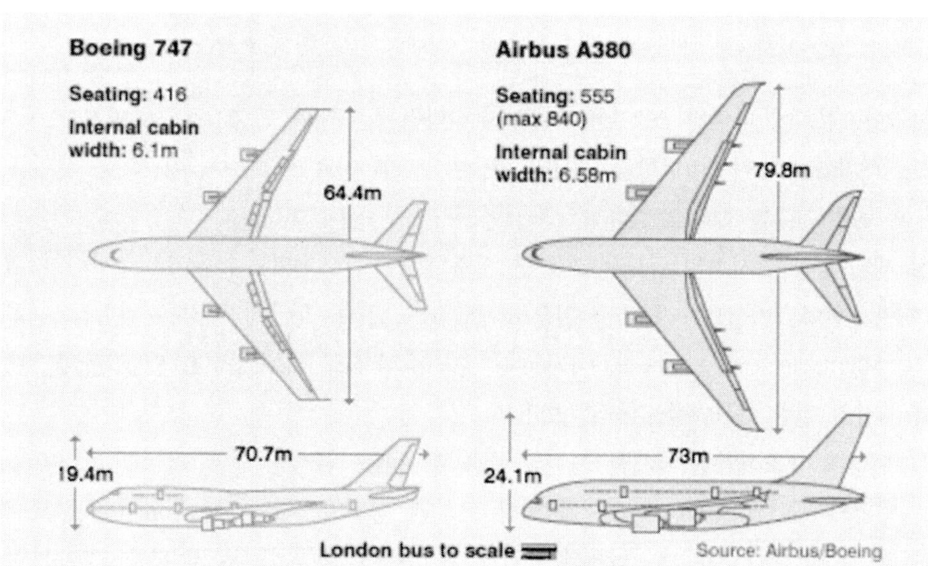

출처 : https://www.bbc.com/news/uk-11693164

10.1.3 항공기 시장

전 세계적으로 상업용 항공기의 보급 속도가 매우 빠르다. 특히 1980년대 후반 이후, 저비용항공사의 출현으로 항공기 시장이 크게 확대되었다. 그 결과, 전 세계적으로 운송용 민항기만 3만여기에 이르고 있고, 대부분이 제트엔진을 장착하고 있다. 이 가운데 화물기로는 전체의 5% 정도가 운영되고 있다. 항공기의 운영규모는 향후 연평균 3% 내외로 증가하여 향후 10년이면 3.6만기 정도까지 확대될 것으로 예측되고 있다.

[도표 10-3] 세계 민항기 확대 전망

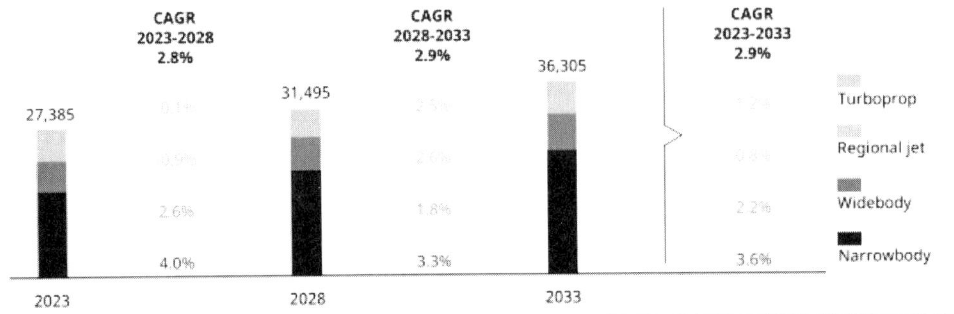

출처 : Oliver Wyman, Global Fleet and MRO Market Forecast 2023-2033, p.44.

한국항공협회에 따르면 2022년말 기준 우리나라에는 대형 민항기로 360여기가 등록되어 있고, 대한항공과 아시아나항공 양사의 비중이 2/3에 이르고 있으나, 최근에는 저비용 항공사들이 보유 대수를 늘리고 있다.[1)]

전 세계 항공기 시장의 규모는 2015년 기준으로 연간 5천억$ 수준으로 추산되며, 2024년이 되면 7천억$ 이상으로 확대될 것으로 예상되고 있다. 항공기 시장은 민항기, 군용기, 부품 및 MRO(Maintenance, Repair, Operation: 소모성 자재)로 나뉘어지며, 이 가운데 민항기 산업이 시장의 절반 가까이를 점하고 있다.[2)]

이 민항기 제조산업은 세계적 복점의 대표적 사례로 불리울 만큼 미국의 보잉(Boeing)과 유럽연합의 에어버스(Airbus) 양사가 연간 1500기 정도의 신규 대형 민항기를 놓고 각축을 벌이는 시장이다. [도표 10-5]에서 확인할 수 있듯이, 항공기 사고와 항공시장에서의 여러 이슈가 항공기 산업에 영향을 줄 수 있다.

1) 한국항공협회 정책통계, https://www.airportal.go.kr/knowledge/statsnew/data/policy.jsp
2) 항공우주산업진흥협회, https://aerospace.or.kr/document/mn06/mn06_03.php

[도표 10-4] 세계 항공기 시장의 규모

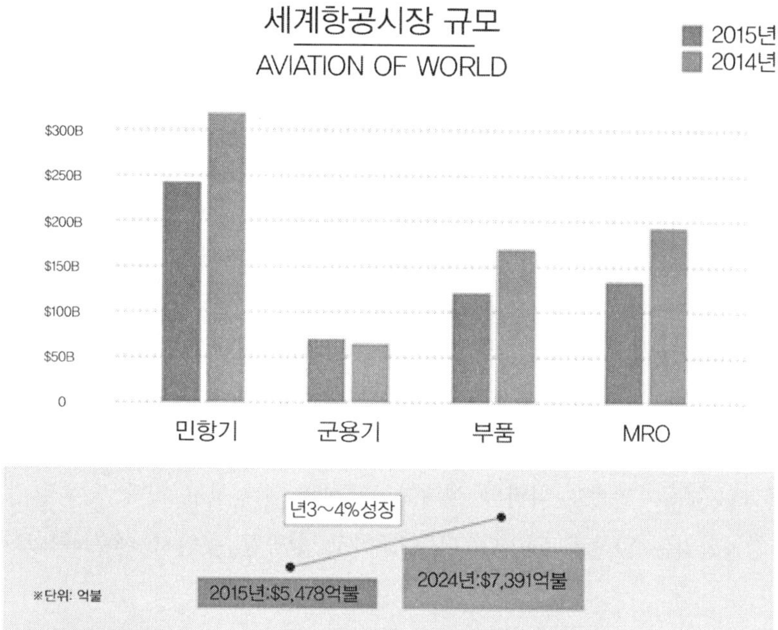

출처 : 항공우주산업진흥협회(https://aerospace.or.kr/)

[도표 10-5] 세계 민항기 인도대수 추이

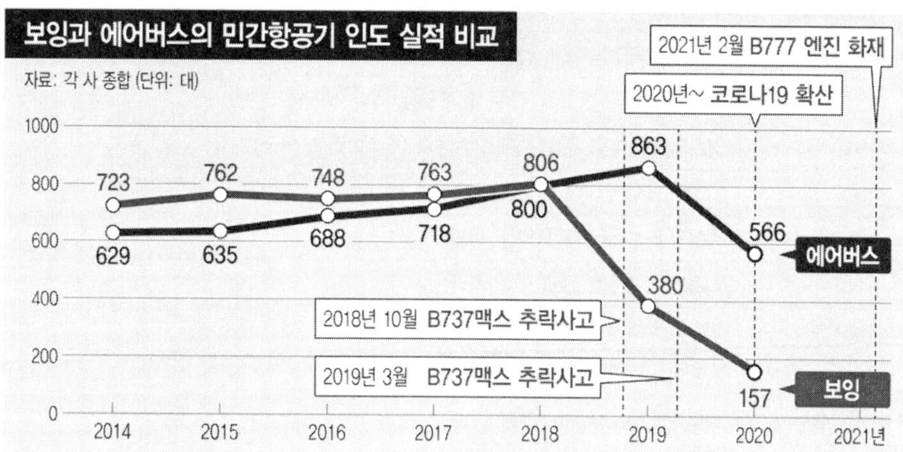

출처 : https://www.hani.co.kr/arti/PRINT/984231.html

10.1.4 항공운송의 발달사

하늘을 난다는 것은 우리 인류의 오랜 꿈이었다. 지금으로부터 100여년 전 미국의 라이트 형제가 최초로 동력비행에 성공하기 전후로, 너무나 많은 도전과 실패로 점철되어 왔다. 그러나 마침내 우리 인류는 항공기의 성능을 극적으로 개선하는 데 성공했다. 보잉 등 수많은 항공기 제작자가 나타났고, 항공기는 탄생하자마자 상업적으로 활용하기 시작했다.

비극적이게도 세계대전 등, 군사적으로 크게 활용되었으나, 제트엔진 등 전쟁시에 개발된 신기술은 항공 로지스틱스의 기반을 제공했다. 그리고 항공기의 속도는 음속을 돌파하고, 마침내 지구의 바깥으로 나가는 데에도 성공했다.

한편, 1980년의 세계적 규제완화의 흐름은 항공산업에도 도입되어 많은 항공사가 민영화되고, 또 새로운 항공사가 비용경쟁력을 무기로 활약을 개시하였다. 여객부문에서 저비용항공사(LCC, low cost carrier)들은 전 세계인들에게 세계여행을 대중 상품화하였고, 항공화물의 운송에 특화된 물류기업들도 나타나 세계적 공급망을 형성하고 있다.

이처럼 항공산업은 앞으로 얼마나 더 변화하고 성장할 것인지 매우 기대되는 부분이 있다.

[도표 10-6] 항공운송의 개략적 연혁

년도	주요 사건
1783	열기구 발명, 몽골피에 형제, 프랑스
1849	무동력 글라이더 성공, 조지 케일리, 영국
1903	최초의 동력비행 성공, 라이트 형제, 미국
1915	기관총으로 무장한 삼엽기 등장, 포크사, 독일
1919	최초의 북대서양 무착륙 횡단, 존알콕, 아더 브라운, 미국
1926	최초의 금속제 여객기, 포드사, 미국
1937	최초의 터보제트 엔진, 영국, 독일
1947	최초의 음속돌파, Bell X-1, 미국
1961	최초의 우주 비행, 유리 가가린, 소련
1969	최초의 달 착륙, 아폴로 11호, 미국
1970년대	점보제트기의 상용화, 미국
1980년대 이후	저비용항공사, 항공기반 물류기업 등장, 세계 각지

10.2 항공운송시장

10.2.1 항공운송시장의 구조

항공운송 시장은 크게 여객운송 시장과 화물운송 시장으로 나눌 수 있다. IATA의 자료에 따르면 전 세계 항공운송시장의 규모는 2019년 연간 약 8천억$를 기록했다. 변동성이 크지만 이는 전체 해운시장과 엇비슷한 규모다. 이 가운데 화물운송 시장은 전체 항공운송시장의 평균 10% 정도에 달하는 것으로 추정된다. 그러나 팬데믹 상황에서는 전체 수익의 절반 가까이가 화물운송 부분에서 충당되기도 했다.3)

[도표 10-7] 세계 항공산업의 매출액 추이

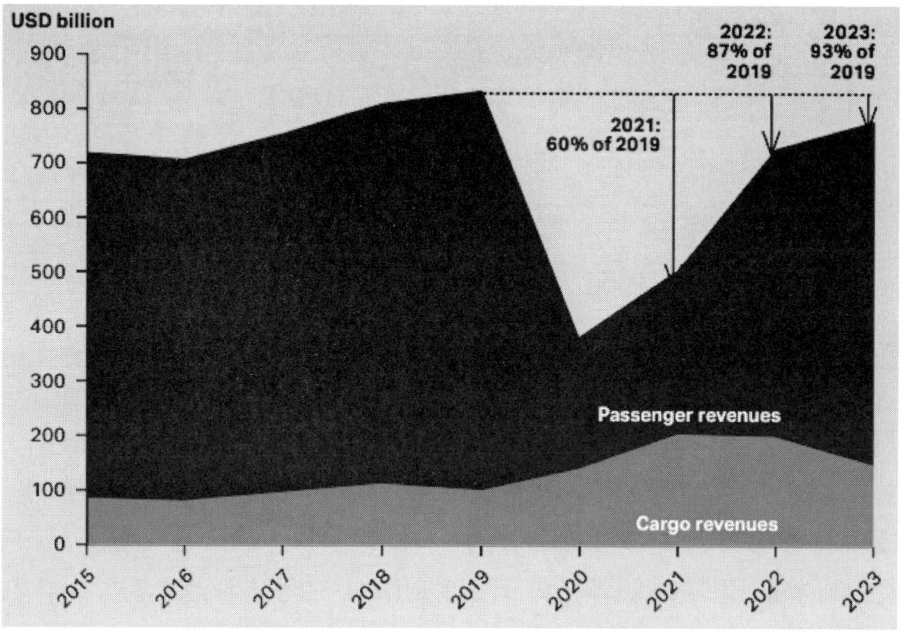

출처 : IATA, Annual review 2023.

또한 항공화물의 운송량은 전세계 무역의 추이와 변화의 방향의 측면에서는 대개 일치하고 있다. 다만, 진폭에 있어서는 크게 확대되어 나타나고 있다. 항공화물의 운송은 어떤

3) IATA, Annual review 2022 참조.

경우에는 무역의 성장을 하회하고, 어떤 때에는 그것을 상회한다. 그것은 전 세계 무역이 증가하는 호황 국면에서는 항공운송이 더 확대되지만, 무역이 후퇴하는 불황 국면에서는 더 크게 후퇴한다. 즉, 항공화물 운송은 세계 무역과 동조되지만, 변동성이 훨씬 크다.

[도표 10-8] 세계 무역과 항공화물 변화율 추이

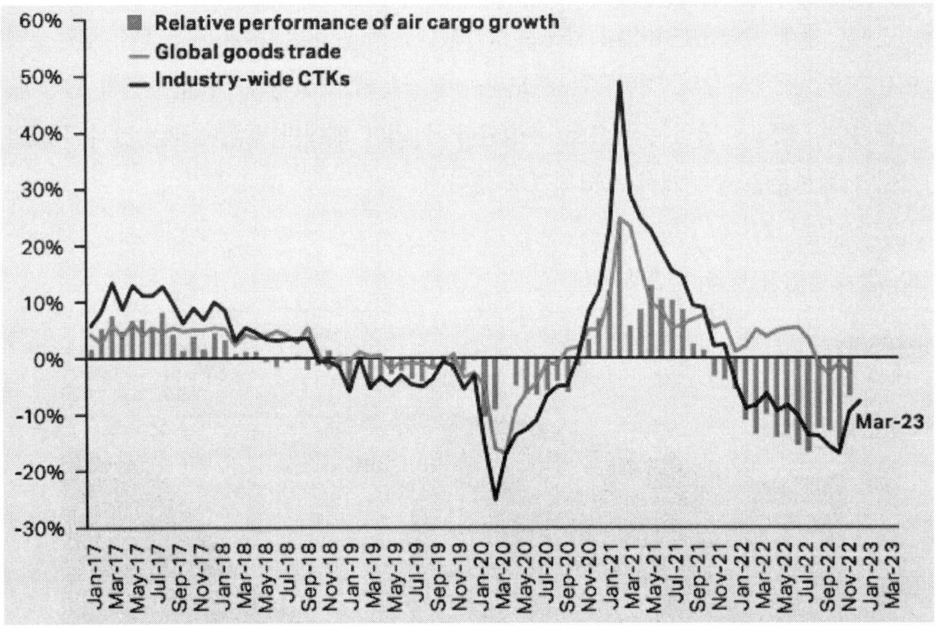

출처 : IATA, Annual review 2023.

항공화물의 운송은 화물전용기 이외에 복합기나 여객기를 통해서도 수행된다. 밸리(belly)라고 불리는 여객기의 하부는 화물공간으로 여객의 수화물 이외에 운송계약을 통해 항공화물의 운송에도 활용되고 있다. 여객기와 화물전용기가 일정부분 경합관계를 이루고 있는 것이다. 항공사들도 Fedex와 같이 화물만 취급하는 항공사가 있는 반면, 여객기만 보유하고 있는 항공사가 있고, 여객, 화물기를 모두 보유하는 항공사가 있다. 그러한 항공사간에도 복합적인 경쟁이 벌어진다.

항공화물에도 일반화물이 있고, 특송화물이 있다. 일반 항공화물(air-cargo)은 대리인(agent)를 통해 여객기의 밸리 공간을 주로 활용하며, 특송화물은 대개 특송업체(Courier)의 정기편을 통해 운송된다. 세계적으로 항공화물 운송의 네트워크를 구축하고 문전(Door-to-Door) 운송 서비스를 제공하는 통합적 항공물류업자가 출현하여 특송화물시장이 더욱 확대되고 있다.

10.2.2 세계 항공운송시장의 추이

전 세계 항공여객은 2018년 연간 40억명까지 증가했다. 이 가운데 절반은 국제여객이다. 이들의 여행거리를 합산한 개념이 RPK(revenue passenger kilometres)이다. 이 역시 2018년 8조 RPK를 넘었다.

전 세계 항공화물은 연간 약 6천만톤 규모로, 해상물동량의 0.5% 수준에 불과하다. 지난 2010년대에 항공여객은 2배 가까이 증가한 데 비해, 항공화물은 약 40% 증가에 머물렀다. 다만, 2020년부터의 팬데믹으로 인해 항공여객은 1/3로 줄어든 반면, 항공화물은 크게 감소하지 않아, 세계 항공운송산업의 구세주 역할을 하기도 했다.

[도표 10-9] 항공운송시장의 산출량 추이

passenger-kilometres(billion)	freight tonne-kilometres(billion)
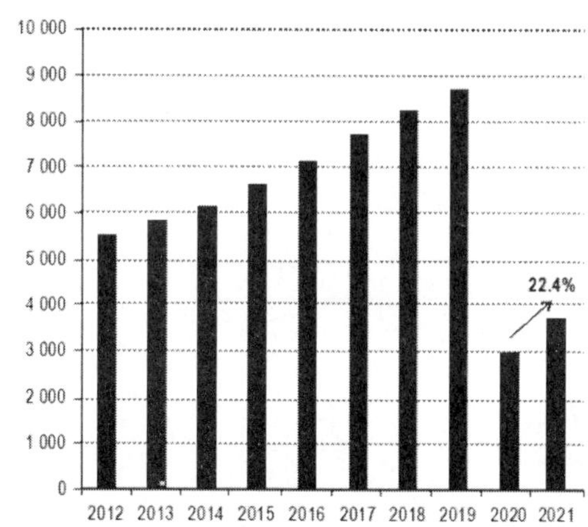	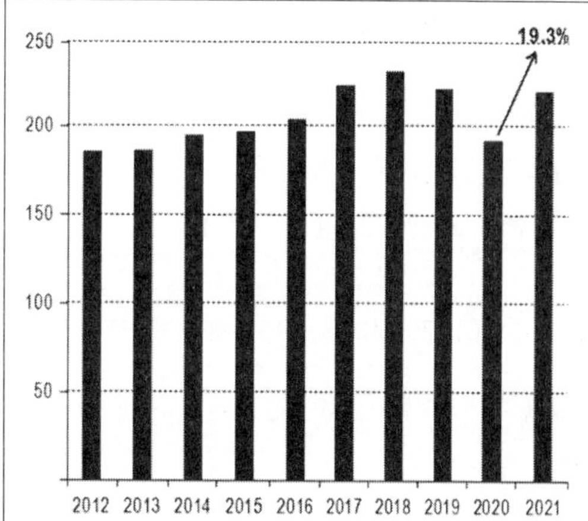

출처 : https://www.icao.int/sustainability/WorldofAirTransport/Pages/the-world-of-air-transport-in-2021.aspx

상업적 항공운송이 시작된 이래, 항공운송산업은 그 규모를 장기적으로 확대시켜 왔지만, 전쟁 등 세계적 위기상황이 닥칠 때마다 발전이 정체되기도 했다. 그러나 100년여의 역사 가운데서도 가장 큰 충격은 COVID-19으로 인한 팬데믹이라고 볼 수 있다. 한때 전 세계의 여객운송이 정지되기까지 할 정도로 충격이 컸으며, 2020년과 2021년의 항공여객은 수십년 전 상황으로 되돌아간 수준이다. 다만, 항공화물 운송시장은 이와 반대로 팬데믹으로 인해 운임이 3~4배 폭등하기도 했다.

10.2.3 우리나라 항공운송

우리나라 항공의 역사는 일제 강점기에 설립된 조선항공회사(1936)에서 시작되었다. 독립 후, 조선항공회사는 대한국민항공사(KNA)로 개칭하여 국내노선에 취항했다. 이 회사를 모체로 국영 대한항공공사(1962)사가 설립되었고, 그것이 민영화된 기업이 대한항공(1969)이다.[4)]

우리나라 항공산업의 발전에는 88올림픽을 전후한 해외여행의 자유화가 큰 계기가 되었다. 거기에 맞추어 아시아나항공(1988)의 설립허가로 독점체제가 복점체제로 바뀌어, 경쟁에 기반하는 새로운 항공시장의 질서가 마련되었다.

마지막으로 2001년 인천국제공항의 개장으로 인해, 항공운송산업은 여객, 화물 양 측면에서 국제적 기반을 갖게 되었고, 2005년의 추가적 규제완화로 저비용 항공사(LCC)들이 다수 시장에 진입하여 오늘날에 이르게 된다.

가. 우리나라 항공운송의 성장

우리나라 항공여객운송은 연간 1억명대로 성장했다. 2000년대 후반 이후 국제여객의 증가속도가 경이로운 수준이다. 저비용 항공사의 시장 진입으로 단거리 해외여행객이 폭증한 것이 주요 요인이라 할 수 있다.

[도표 10-10] 우리나라 항공운송시장 추이

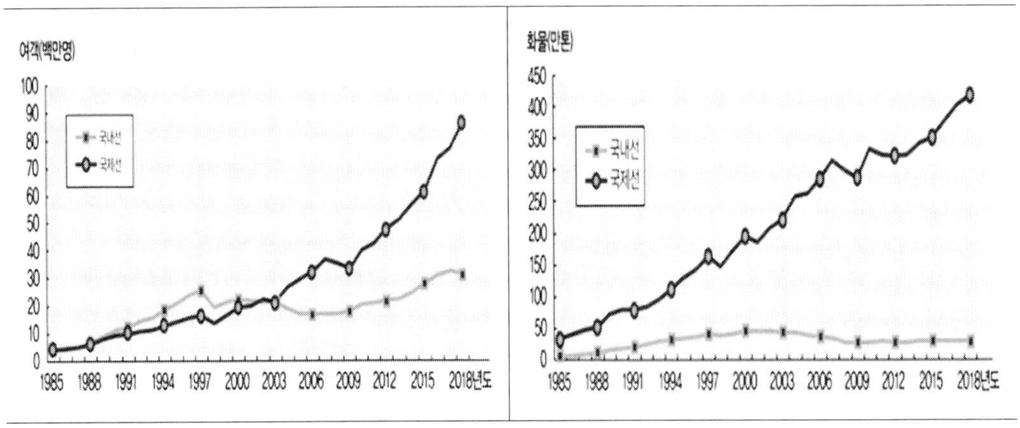

출처 : https://www.airportal.go.kr/

4) 허희영, 항공운송산업론, 명경사, 2003, 46~51쪽 참조.

항공화물의 경우에도, 국제화물이 꾸준히 증가하여 연간 4백만톤 규모까지 성장했다. 그럼에도 전체 무역량의 0.3% 수준이다. 국내화물의 운송수요는 성장이 정체되어 있다.

나. 국내 시장 구조

2005년부터 국내 항공운송시장에 진입하기 시작한 저비용 항공사들은 이미 10개사에 이른다. 그들은 저가격을 무기로 항공시장의 성장을 주도하고 있으며, 이미 국내항로시장의 과반을 점유하고 있다.

국제 항공시장에서는 여객 측면에서 대형 국적사, 저비용항공사, 외국적 항공사가 정립하고 있으며, 화물부문에서는 대한항공과 아시아나 등 2대 항공사가 60%를 점유하고 있다. 세계적 상황과 마찬가지로 우리나라의 항공산업 역시 팬데믹과 맞물려 큰 위기에 봉착한 바 있다.

[도표 10-11] 국내 항공운송시장의 구성(2019년)

구분		공급(석)	운항(편)	여객(명)	화물(톤)
전체 합계		111,155,032	528,243	90,900,322	4,015,987
국적사 계		74,078,483	346,762	60,858,450	2,626,564
대형국적사	소계	41,525,089	179,051	34,038,673	2,353,065
	대한항공(KAL)	24,911,433	107,683	20,174,615	1,501,645
	아시아나항공(AAR)	16,613,656	71,368	13,864,058	851,420
저비용항공사	소계	32,553,394	167,711	26,819,777	273,499
	제주항공(JJA)	9,978,444	52,825	8,427,803	81,179
	진에어(JNA)	6,133,956	27,911	5,131,471	55,426
	에어부산(ABL)	4,399,246	22,357	3,472,779	28,881
	이스타항공(ESR)	3,857,115	20,433	3,027,511	29,119
	티웨이항공(TWB)	6,087,999	32,253	4,933,726	44,932
	에어인천(AIH)	0	1,268	0	17,761
	에어서울(ASV)	2,094,402	10,652	1,825,201	16,186
	플라이강원(FGW)	2,232	12	1,286	15
외항사 계		37,076,549	181,481	30,041,872	1,389,423

출처 : https://www.airportal.go.kr/

10.3 항공화물의 운송

10.3.1 항공운송 시장의 특성

항공운송시장은 해운과 마찬가지로 파생수요적 특성을 가지고 있다. 여객운송 수요는 해외여행 수요에서 파생되며, 화물운송 수요는 무역수요에서 파생된다. 본원적 수요가 아니라는 데 유의할 필요가 있다.

항공분야는 과학기술과 국가안보의 측면에서 어느 국가에서든 매우 중요한 산업으로 간주되고 있다. 그래서 대표적인 규제시장으로 손꼽힌다. 모든 분야에 국가가 개입하고 있다고 해도 과언이 아니다.

국가가 개입하여 국제노선을 개설하고 항공사에 시장참여를 허가하는 것이 기본이므로 대개 노선별 상호의존적 과점시장을 형성해왔다. 그러나 그러한 규제가 완화되는 추세에 있고, 규제완화로 등장한 저비용항공사들은 대표적인 혁신자들이기도 하다.

[도표 10-12] IATA 여객운송 실적 순위(2021년)

순위	항공사	여객수(천명)	순위	항공사	여객 킬로미터(백만)
1	Southwest Airlines	123,264	1	American Airlines	219,663
2	American Airlines	116,173	2	Delta Air Lines	194,849
3	Delta Air Lines	102,923	3	United Airlines	178,084
4	Ryanair	72,533	4	Southwest Airlines	166,669
5	United Airlines	72,493	5	China Southern Airlines	110,644
6	China Southern Airlines	69,691	6	China Eastern Airlines	88,545
7	China Eastern Airlines	64,489	7	Ryanair	86,138
8	IndiGo	46,092	8	Turkish Airlines	84,957
9	Air China	43,989	9	Qatar Airways	72,293
10	Turkish Airlines	43,674	10	Emirates	69,384

출처 : https://www.airportal.go.kr/

한편, 항공시장은 전통적으로 미국 항공사들의 경쟁력이 막강한 시장이다. 여객 부문에서는 American Air, Delta, United, Southwest 등이, 화물에서는 Fedex, UPS가 대표적이다.

마지막으로, 여객부분에서는 Southwest, Ryanair, Easy Jet와 같은 저비용항공사와 광대한 내수시장에 기반한 중국의 항공사의 부상이 뚜렷하다. 대한항공은 화물운송 분야에서 특히 두각을 보이고 있다.

[도표 10-13] IATA 화물운송 실적 순위(2021년)

순위	항공사	화물(천톤)	순위	항공사	화물톤 킬로미터(백만)
1	Federal Express	8,408	1	Federal Express	20,660
2	United Parcel Service	5,948	2	Qatar Airways	16,102
3	Qatar Airways	2,759	3	United Parcel Service	15,530
4	Emirates	2,123	4	Emirates	11,842
5	Korean Air	1,956	5	Korean Air	10,430
6	Turkish Airlines	1,851	6	Turkish Airlines	9,223
7	China Airlines	1,771	7	Cargolux	8,588
8	Kalitta Air	1,638	8	Atlas Air	8,442
9	Atlas Air	1,424	9	Cathay Pacific Airways	8,215
10	China Southern Airlines	1,322	10	China Southern Airlines	8,078

출처 : https://www.airportal.go.kr/

10.3.2 항공화물 운송의 원가특성

항공화물 운송은 운송비만 고려했을 때 성립하기 어려운 산업이다. 같은 수량의 화물 운임이 선박에 비해 10배나 비싼 것이 일반적이다. 그러나 운송의 신속성으로 인해 고객의 재고비용을 절감해줄 수 있다. 총비용을 통해 운송의 경제성이 성립할 수 있는 것이다.

항공화물 운송도 해운에서와 마찬가지로 왕항과 복항의 차이가 크다. 특히 복항화물의 경우 영업이 쉽지 않으므로 Agent와 포워더가 활동 여지가 크다.

[도표 10-14] 항공운송기업의 영업이익률과 유가

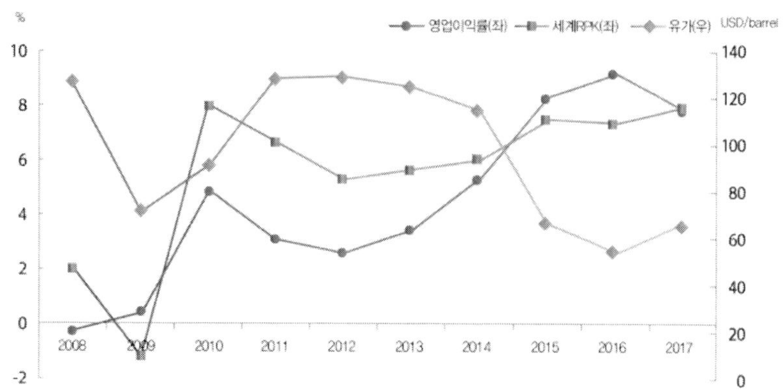

출처 : 한국항공협회, 항공통계 세계편(2017년 기준), 2018, 8쪽.

또한 여객기와 화물기가 복합적으로 경쟁하는 시장이고, 여객기의 경우 밸리 공간의 한계생산비용이 낮으므로 시장왜곡 현상이 종종 발생하기도 한다.

그리고, 항공운송 기업의 이익률은 유가의 변동에 매우 취약한 특성을 보인다.

10.3.3 항공화물의 영업과 운송 절차

항공운송의 운임이 컨테이너 해운에 비해 매우 높은 수준이므로 항공운송에 적합한 화물은 매우 한정적이라 볼 수 있다. 여객의 수화물을 제외하면 긴급수요품, 부가가치가 높은 고가품, 선박의 접근이 어려운 지역, 또한 기업이 전략적으로 재고를 줄이고자 할 때 주로 이용될 것이다.

항공화물의 운송절차는 매우 단순하나 두 가지 루트가 있다.

첫 번째는 항공대리점(agent)을 이용한 직송화물이고, 두 번째는 혼재업자(항공forwarder)를 통한 혼재화물이다. 항공화물은 규모가 크지 않으므로 대개 통관이 끝난 화물을 대리점이나 혼재업자에게 전달하면, 그들이 공항의 화물터미널로 전달하고 거기서 분류, 탑재되어 운송된다.

[도표 10-15] 항공화물의 운송절차

직송화물의 경우

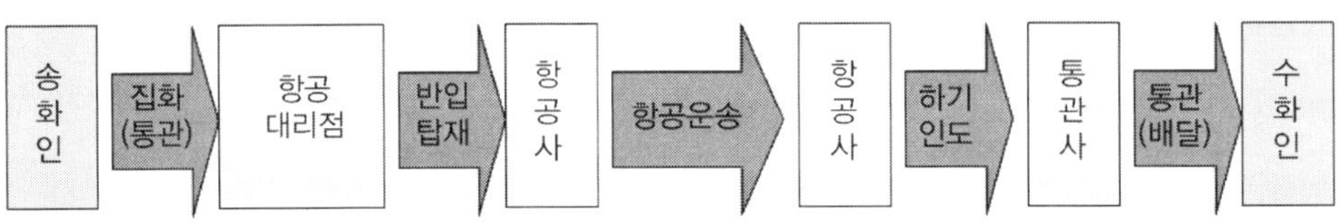

혼재화물의 경우

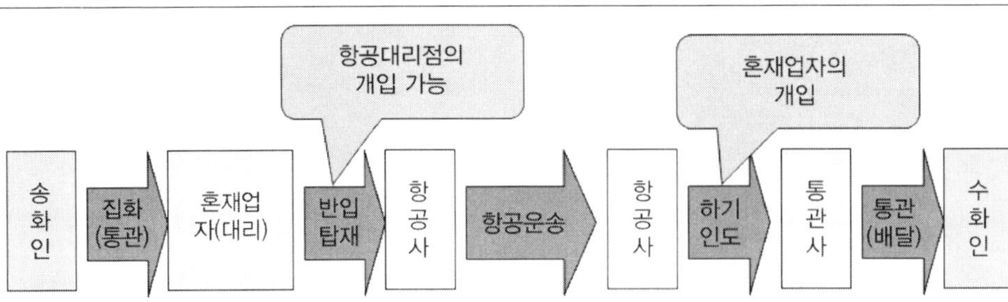

항공화물의 영업은 항공사가 직접 하기도 하고, 위의 사례와 같이 대리점과 포워더를 활용하기도 한다.

대리점은 단순한 중개업자이나, Master B/L에 해당하는 Master A/B(airway bill)를 발행하고 통관을 대행하기도 한다. 한편 혼재업자로도 불리는 포워더는 해운에서와 마찬가지로 화주에게는 운송인이 되어 House A/B를 발행하고 항공사에게는 대화주가 되기도 한다. 그들은 해외의 현지업체와 파트너계약을 통해 문전운송 서비스를 제공하기도 한다.

통관이 필요없는 우편물, 상업서류, 소포 등은 쿠리어(courier)라고 불리는 상업서류 송달업자를 통해 항공 운송된다. 이들은 별도로 허가를 받아 국제택배에 종사하는 것으로, UPS, Fedex, DHL 등의 특송업자(express)들이 이에 해당한다. 이 특송업자들이 글로벌 로지스틱스의 핵으로 부상하고 있다.

10.3.4 항공운송의 국제 질서

가. 국제기구

항공운송과 관련한 국제기구로 대표적인 것은 UN 전문기관인 국제민간항공기구 (ICAO, International Civil Aviation Organization)가 있다. ICAO에는 각국 정부가 가입하고 국제항공의 안전과 질서를 감시하는 역할을 한다. 국제 해운에서의 IMO와 같은 역할이다.

두 번째로, 국제항공운송협회(IATA, Interantional Air Transport Association)가 있다. IATA는 국제정기 항공사들이 만든 순수 민간단체로, 항공운송의 표준을 설정하는 등, 국제 해운에서의 BIMCO와 같은 역할을 담당한다.

마지막으로, 국제운송주선인협회(FIATA, International Federation of Freight Forwarder's Association)는 국가별 운송중개인협회와 개별 복합운송인이 가입하는 운송주선인을 위한 이익단체이다.

나. 국제협약

국제항공질서는 ICAO를 통한 다자간 협약이나 양 당사국간 협약을 통해 만들어지는 것이 일반적이다. 영공에 대한 주권을 정의한 파리조약(1919)으로 인해 국제항공의 질서를 확립하기 위한 시도가 시카고회의(1944) 등 여러 차례 있었다. 그러나 다자간 회의에서 통일된 안을 마련하는 것은 쉽지 않아서, 국제항공시장의 개설과 개방에는 주로 양자간 협정이 활용되는 것도 현실이다.

다만, 항공운송인의 책임에 관한 협약, 복합운송에 관한 협약, 항공기와 항공보안에 관한 협약은 합의가 어렵지 않아 국제적 조약이 다수 체결된 바 있다. 특히 국제항공운송인의 민사책임을 규정한 것으로 바르샤바조약(1929), 헤이그의정서(1955), 과달라하라협약(1961), 몬트리올협정(1999) 등이 있다. 이러한 흐름 속에서 운송인의 책임이 점증하고 있으며, 최근의 몬트리올 협약에서는 무과실책임을 규정하고 있다. 무과실책임이란 운송인에게 과실이 없어도 사고에 대한 배상책임을 지는 것을 말한다.[5)]

다. 항공운임의 결정

항공운송산업은 규제가 강하고 국제적 산업이기 때문에 가격의 결정에도 규제가 강하게 적용되었다. 대표적인 것이 IATA 운임조정회의였고, 거기서 결정된 항로별 운임이 정부의 인가를 받아 적용되었다. 그러나 미국 시장에서의 규제완화 이후에는 가격의 결정을 시장에 맡기는 흐름이 발생했고, IATA에 가입조차 하지 않는 저비용 항공사의 시장진입으로 운임결정에 대한 IATA 회의는 무력화되었다.

따라서 지금은 실질적으로 시장에서 운임이 결정되지만, 항공운임은 일반적으로 공항에서 공항까지, 출발지국 통화 및 편도를 기준으로 설정되며, 무게, 부피 등 종량운임이 기본이다. 그러나 때로 종가운임, 단위탑재용기(ULD, Unit Loading Device, 항공용 컨테이너) 운임 등이 적용되기도 한다.

[도표 10-16] 항공기용 ULD

5) 허희영, 항공운송산업론, 명경사, 2003, 76~87쪽 참조.

항공기에 화물을 탑재하는 방법은 그냥 탑재하는 방법, 벌크로딩, 팰릿 위에 묶어 탑재하는 방법, 하단 왼쪽의 이글루라는 용기를 이용하는 방법, 컨테이너를 이용하는 방법이 있다. 항공기의 동체는 둥글게 생겨 적재공간 효율성을 증대하기 위한 특수한 형태의 컨테이너가 필요하다.

10.4 항공운송의 환경변화

국제물류시장에서 항공시장은 가장 변화가 많고 빠른 시장이라 할 수 있다. 가장 먼저 산업의 규제완화를 꼽을 수 있고, 세계적 제휴, 전자상거래, 국제특송기업의 등장, 거점공항과 허브앤스포크 네트워크화가 그러한 것들이다.

10.4.1 항공시장의 규제완화

미국경제는 1970년대의 석유위기로 인해 큰 정체기를 경험했다. 그리고 그 돌파구로 레이건 정부(1981~1989)는 케인즈적 경제정책을 버리고 신자유주의를 채택했다. 신자유주의는 정부의 시장개입을 최소화하고 개인의 경제적 자유를 최대화하는 것을 주요 목표로 한다.

대표적인 규제산업이었던 항공산업에서도 진입규제, 가격규제 등 경제적 규제가 완화, 폐지되게 된다. 그래서 많은 신규기업이 항공운송시장에 진입했고, 치열한 경쟁이 전개되었으며, 이 경쟁에서 살아남은 기업들은 대형화되었고, 시장은 과점화되었다. 결과적으로 그 과정에서 살아남은 미국 항공사들의 경쟁력이 강화되었다.

또한 미국의 규제완화의 흐름은 세계적으로 전파되어 당시 선진국의 대부분의 국영항공사들이 민영화된다. 한편, 이러한 규제완화는 신규 항공사들을 속속 등장시켰고, IATA의 결속력이 약화되었으며, 미국은 거대화된 자국 항공사들의 해외진출을 위해 각국에 하늘의 개방(open sky)을 요구하고, 그것이 반발 속에서도 수용되어가고 있고, 그 과정에서 지역주의가 대두되기도 했다.

10.4.2 Freedom of Sky

항공기가 등장한 이후 영공(sovereign airspace)이라는 개념이 생겨났고, 1919년 파리조약에서 영공의 주권이 인정되었다. 영공의 주권이란 타국의 항공기가 당국의 허가 없이 영공

[도표 10-17] Freedom of Sky

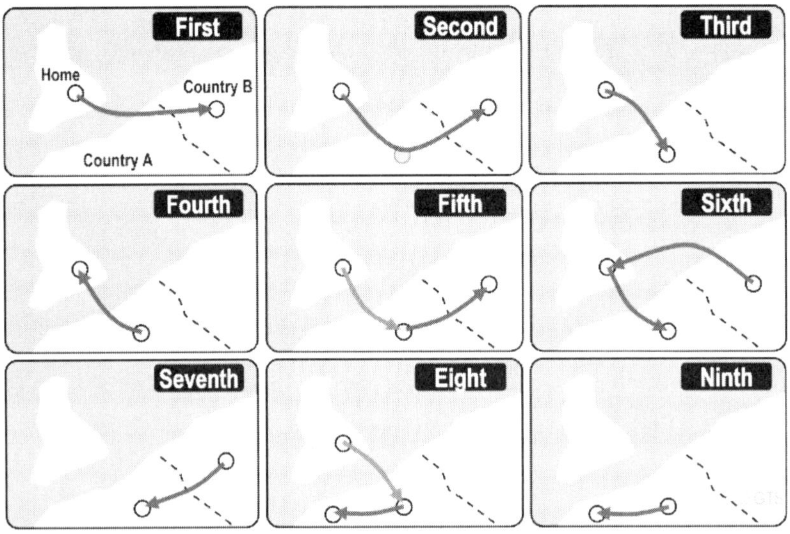

출처 : https://transportgeography.org/contents/chapter5/air-transport/air-freedom-rights/

을 통과하거나 영토 내에 착륙할 수 없다는 것이다. 영공의 배타적 권리에 대한 경직된 주장은 항공산업의 발전을 저해하는 것으로 1944년 개최된 시카고회의에서 하늘의 자유(freedom of sky)를 의논하고 일부를 인정하게 된다.6)

하늘의 자유는 9가지가 있으며, 제1의 자유는 영공통과(fly-over), 제2의 자유는 기술적 착륙(technical landing)이다. 이 두가지 자유는 통과권(transit right)으로 시카고회의에서 인정받았다.

제3의 자유는 자국의 여객과 화물을 상대국에 내리는 것(set-down), 제4의 자유는 상대국에서 싣는 것(bring-back)이다. 제3, 4의 자유는 상호 간의 운송권(traffic right)이고, 여기까지는 양자간 협정을 통해 처리할 수 있다.

제5의 자유는 상대국의 중간 경유지에서 제3국으로 가는 여객과 화물에 대한 운송의 자유다. 이것을 이원권(以遠權, beyond right)이라 하며, 이것이 문제가 된다. 예를 들어 미국의 항공사가 김해공항을 중간 경유하여 중국으로 갈 경우 김해공항과 중국의 목적지까지 이 자유를 통해서 영업이 가능하게 된다. 항공시장 개방에 대한 미국의 정책은 먼저 이 권리를 얻고자 하는 것이었고, 대부분 미국의 뜻대로 된 것으로 평가한다.

6) 허희영, 항공운송산업론, 명경사, 2003, 51~60쪽, 국제항공질서의 형성 참조.

제6의 자유(beyond standing)는 이원권의 연장이다. 우리나라 항공사가 일본을 출발하여 국내공항을 경유, 중국으로 갈 경우, 일본에서 중국으로 가는 영업을 가능케 하는 것이다. 제7의 자유(free standing)는 우리나라 공항에 착륙하지 않고 곧장 중국으로 가는 영업권이다. 미국 정부는 여기까지를 원하고 있는 것으로 보인다.

제8의 자유(consecutive cabotage)와 제9의 자유(stand alone cabotage)는 카보타지, 즉 국내운항과 관련된 것이다. 사실상 완벽한 하늘의 자유가 아홉 번째 권리를 통해 달성된다.

10.4.3 글로벌 얼라이언스

경제의 세계화는 항공사의 글로벌 네트워크를 요구한다. 그러나 한 기당 수천억원이 들어가는 자본을 무한대로 투자할 수 있는 항공사는 없다. 그래서 등장한 것이 글로벌 얼라이언스다. 이 글로벌한 제휴관계를 통해 항공사는 협력사의 네트워크를 자사의 고객에게 제공할 수 있는 것이다. 그래서 항공업계의 제휴는 정기선업계의 제휴와 닮은꼴이다. 가격담합을 배제하므로 반독점법(anti-trust act)에서 자유롭다.

[도표 10-18] 항공업계의 Global Alliance

출처 : https://www.flightsfrom.com/a/airline-alliances

전 세계의 국제 항공사들은 거의 대부분 3개의 제휴그룹으로 집결했고, 그 3개의 제휴그룹이 세계를 지배하고 있다. 각 제휴그룹의 리더는 하나같이 미국의 초대형 항공사들이다. Star Alliance에서는 United, One World에서는 American, Sky Team에서는 Delta가 그들이다.

항공사간 제휴에는 여러 가지 방법이 있다. 글로벌 제휴그룹에서 공동으로 추진하는 것도 있고 개별 항공사 간에 진행하는 것도 있다.

편명공유(code sharing), 좌석할당, 상용고객 우대프로그램 공동운영, 공항시설 및 지상조업 공유 등은 가장 기본적인 협력방법일 것이다. 공동판매 및 수입배분, 운송력 조정, 공동정비 및 엔지니어링, 공동운항 정도까지는 마케팅 제휴로 볼 수 있다. 운송서비스를 공동개발하거나 공동 브랜드로 프랜차이징을 전개하거나 지분참여가 이루어진다면, 거기서부터는 전략적 영역이라 할 것이다.

10.4.4 국제특송업자의 발전

미국의 항공산업에 대한 규제 완화는 특송업 발전의 촉매가 되었다. 기존에 우체국이 독점하던 소비자물류 시장의 가능성을 보고, UPS, DHL 등의 새로운 물류업자가 진입한 것이다. 소비자물류의 대표적 화물은 서신, 서류, 소포 등이다.

[도표 10-19] 국제특송업자의 매출액(단위 : bil.$, bil.€ – DHL)

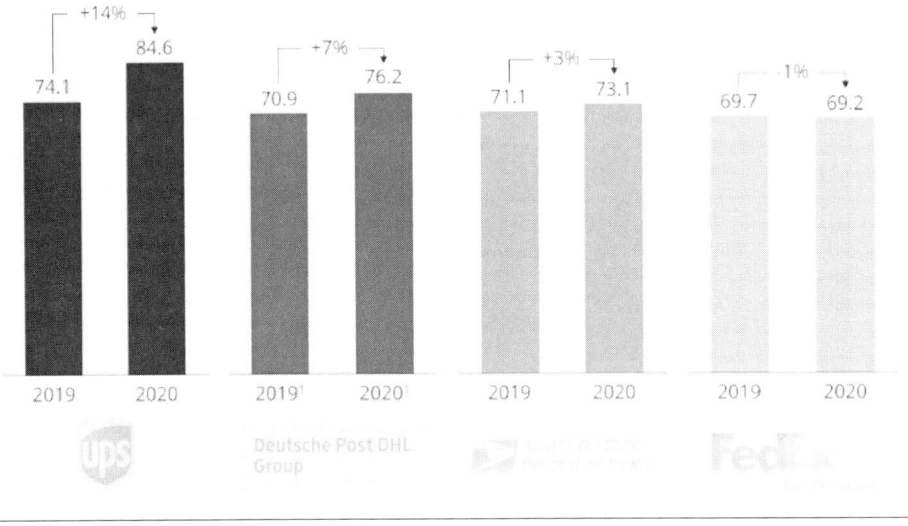

출처 : https://ecommercedb.com/insights/dhl-and-ups-boom-in-2020-fedex-stagnates/3149

그들은 항공기와 트럭을 조합한 문전운송(Door to door) 네트워크를 정비하고, 홈쇼핑 및 인터넷 판매시장, 제3자물류시장에서 두각을 나타내기 시작했다. 그리고 그들의 경쟁력을 지금 세계적으로 확장하고 있다.

특히 Fedex는 2021년 현재 692기의 항공기를 운영하며, 미국과 전세계를 연결하는 Global integrator의 대표로 활약하고 있다.

10.5 공항의 제 문제

이 절에서는 공항에 대해 학습한다. 공항의 시설, 공항의 운영, 물류서비스와 공항의 변화를 살펴보겠다.

10.5.1 공항의 기본 시설과 운영

공항(空港, airport)은 항공운송과 육상운송의 결절점이다. 우리나라 항공법에는 항공기의 이착륙을 위해 사용되는 육지 또는 수면을 비행장(aerodrome)으로 정의하고 있고, 공항을

[도표 10-20] 공항의 기본 구조도

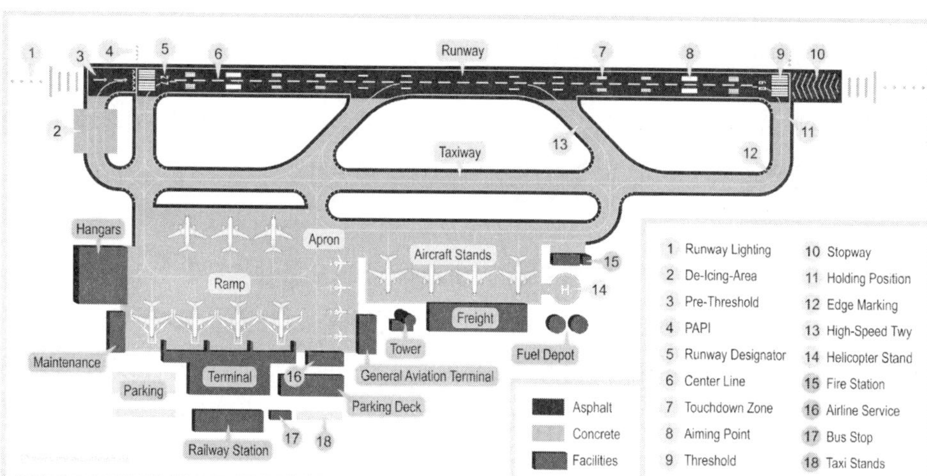

출처 : https://ko.wikipedia.org/wiki/공항

공항시설을 갖춘 공공용 비행장으로 정의하고 있다. 즉, 공항은 시설과 장비 및 공역이 확보된 항공운송의 중심지이다.

공항의 기본 시설로 활주로, 유도로, 주기장 등 항공기의 이착륙을 위한 시설, 여객과 화물터미널 등 청사시설, 무선시설, 등화시설 등 항행안전시설, 관제소와 송수신소 등 통신시설, 기상관측시설, 주차 및 보안시설, 홍보 및 안내시설, 지상조업시설 등이 있다.

이러한 공항의 건설에는 많은 투자가 뒷받침되어야 하므로, 공항은 적절한 입지에 적절한 규모로 설치되어야 하고, 효율적으로 운영되어야 한다.

공항의 운영방식으로는 국유국영, 지방정부의 운영, 국영기업형태, 제3섹터형태, 민간운영, 민유민영 등의 방식이 있다. 국유국영 공항은 제3세계에서 볼 수 있으며, 일본과 캐나다에서는 주로 지방정부가 운영한다. 세계적으로는 국영기업이나 제3섹터 방식으로 운영하는 사례가 많고, 우리나라에서는 인천국제공항공사는 제3섹터 방식으로 운영되고, 김포, 김해, 제주공항을 포함하여 나머지 공항들은 한국공항공사라는 국영기업에서 운영하고 있다. 상업성을 중심으로 민간기업이 운영하는 방식은 미국과 영국에서 주로 채택되고 있다.

선진국들은 민간의 힘을 더욱 많이 활용하고 있다.

10.5.2 공항의 입지와 수요 특성

공항의 적절한 입지조건으로는 자연적 조건과 경제적 조건을 꼽을 수 있다.

자연적 조건은 항공기의 안전한 이착륙을 보장해야 한다는 것이다. 안개, 바람, 산 등의 이착륙 장애물이 주요 요소가 된다.

경제적 조건은 배후권의 크기를 의미한다. 공항의 수요는 주로 배후지의 인구와 소득수준 및 산업활동에 의존한다. 소득수준은 항공교통 이용의 가능성을 높인다. 배후지의 관광자원은 관광객 유치량을 결정하며, 배후지의 산업활동은 항공화물의 수요와 밀접한 관련을 가진다.

공항으로의 교통편이 편리하면 배후권이 커진다. 공항은 육상운송과 항공운송의 결절점이기 때문이다. 여객을 상대로 하는 공항은 여객의 접근성을 보장해야 한다. 주로 고속도로, 궤도열차, 쾌속선 등이 도시에서 떨어져 입지할 수밖에 없는 공항으로의 교통에 활용된다. 항공화물의 경우에도 고속도로 등의 접근성이 중요하다.

그리고 인접한 공항까지의 거리와 공항간의 서비스 격차도 문제가 될 것이다. 동일한 배후권을 가진 공항이 복수 존재하거나, 연계 교통수단의 발달로 공항의 배후권이 확대되면,

공항 간의 경쟁이 발생할 가능성이 높아진다. 고속철도 등 경쟁적 또는 보완적 교통수단도 수요의 크기와 배후권의 범위에 영향을 줄 수 있다. 항공교통의 거점(hub) 공항이 되기 위해서는 국내외 항공네트워크 상의 위치도 중요할 것이다.

우리나라에는 현재 15개의 공항이 운영중이고, 6개의 공항이 계획되어 있다. 현재 운영중인 공항 가운데 인천, 제주, 김포, 김해, 대구공항만이 흑자운영 기조를 유지하고 있다. 대부분이 적자운영 상태인 것이다. 향후 추가되는 공항도 기존 공항과 경쟁관계에 놓일 가능성이 크다.

[도표 10-21] 우리나라 공항의 위치

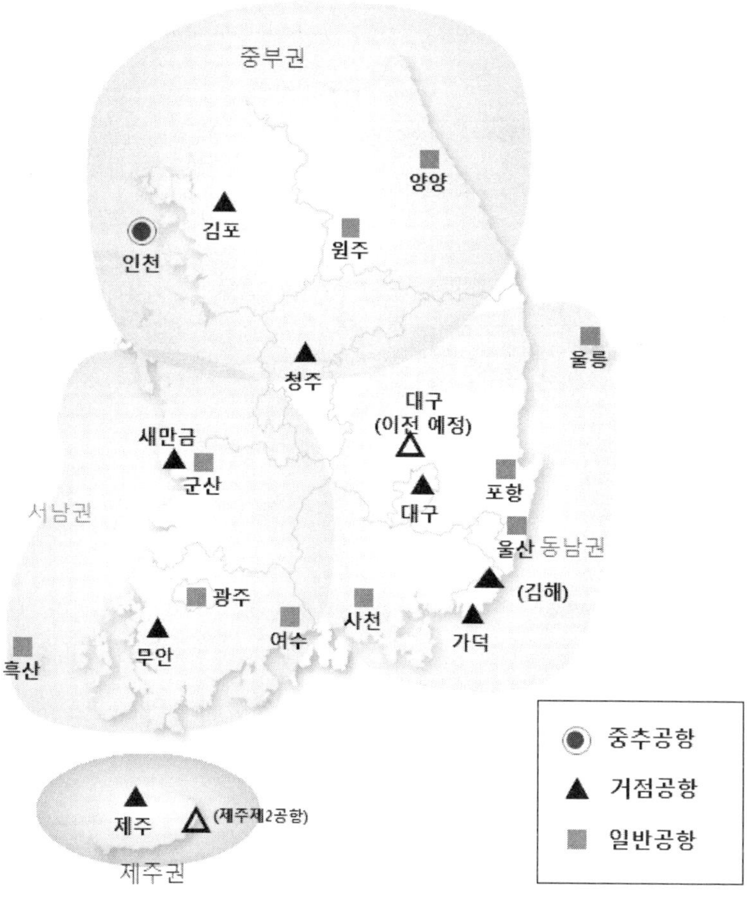

출처 : 국토교통부, 제6차 공항개발 종합계획, 2021. 23쪽.

10.5.3 공항의 물류서비스

우리나라 유일의 중추공항인 인천국제공항에는 여객터미널에 못지않은 거대한 규모의 항공화물 터미널이 있다. 국적항공사의 전용터미널과 공용터미널로 구성되어 있고, DHL 등 국제특송업자의 시설도 들어서있다. 공항의 물류서비스가 중요해지고 있는 것이다.

[도표 10-22] 인천국제공항의 화물터미널

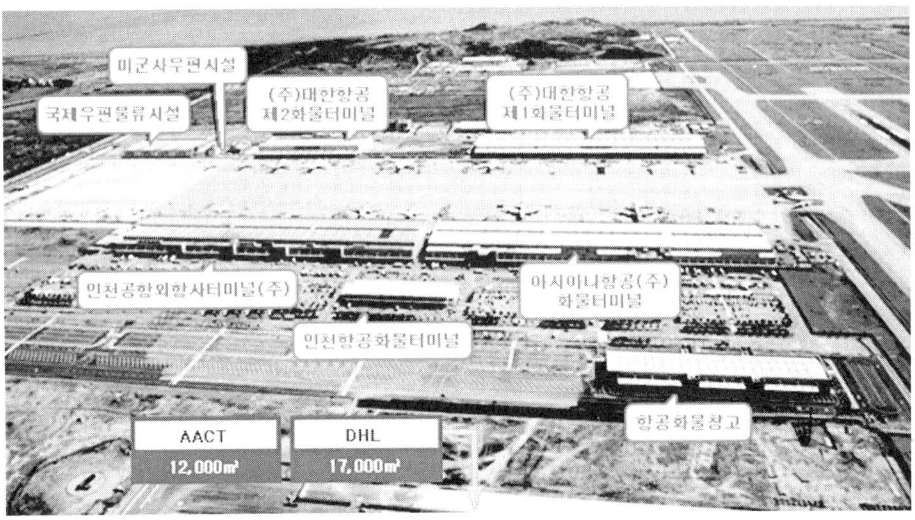

출처 : 인천국제공항공사, https://www.airport.kr/co_cnt/ko/majbus/logistic/

가. 항공화물 터미널

항공화물 터미널은 수출품의 탑재와 수입품의 인도를 준비하는 곳이다. 대개 항공기용 컨테이너는 육상운송수단과 호환성이 없으므로 화물터미널에서 탑재를 위한 혼재작업을 하거나, 인도를 위해 분류하는 작업을 하게 된다. 또한 여기서 수출입 통관도 대부분이 이루어진다.

[도표 10-23] 항공화물 터미널의 업무 흐름

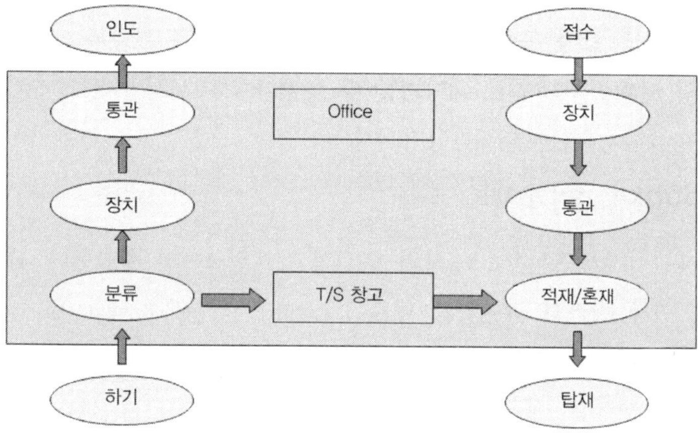

출처 : 인천국제공항공사, https://www.airport.kr/co_cnt/ko/majbus/logistic/

나. 임공산업단지

항공운송이 확대되고 발전하며 항공운송을 활용하기 위한 임공(臨空) 산업단지의 개발이 시도되고 있다. 항만 주변의 임해 공업지역과 같이 공항 주변에 물류단지를 비롯하여 산업단지가 조성되는 것이다.

인천국제공항공사 역시 항공화물 터미널 인근에 물류센터, 배송센터, 제조기업 등을 입지시켜 집적효과를 바탕으로 한 물류허브기지를 개발, 운영하고 있다. 인천국제공항의 물류단지에는 항공포워더 등 항공운송을 적극 활용하려는 40여개 기업이 입주하고 있다.

[도표 10-24] 인천국제공항 물류단지 개발계획

구분	부지면적(㎡)	사업기간
1단계	992천㎡	'02.12~'05.12
2단계	평지부 : 553천㎡	'09.11~12.2
	산지부 : (개발)92천㎡, (미개발)278천㎡	'16.3~'18.5
3단계	326천㎡	'19.2~'21.4

출처 : 인천국제공항공사, https://www.airport.kr/co_cnt/ko/majbus/logistic/

10.5.4 공항의 변화

항공산업의 변화와 함께 공항도 변화한다. 공항 변화의 큰 흐름은 Hub & Spoke 네트워크화, 기업화 및 서비스 다양화로 이야기할 수 있겠다.

가. Hub & Spoke network

Hub & Spoke 네트워크는 Fedex사의 혁신적 네트워크에서 출발했다. Fedex는 멤피스 공항을 중심으로 미국 전역의 항공망을 네트워크화하고 익일배송(next day delivery) 시스템을 가동했다. 이후 대부분의 항공사가 자사의 네트워크를 Hub & Spoke 네트워크를 중심으로 운영하게 된다.

항공사의 네트워크가 허브(hub) 공항을 중심으로 재편되면서 공항 간의 경쟁이발생, 확대되고 있다. 허브공항을 지향하는 공항 간에 항공사 유치전이 펼쳐지게 된 것이다. 이것이 공항의 기업화를 유발한다.

공항은 앞서 이야기한대로 배후권과의 접근성이 좋아야 한다. 그래서 고속도로, 철도망이 연결되는 멀티모달 허브가 되기도 해야 한다.

[도표 10-25] Hub & Spoke network

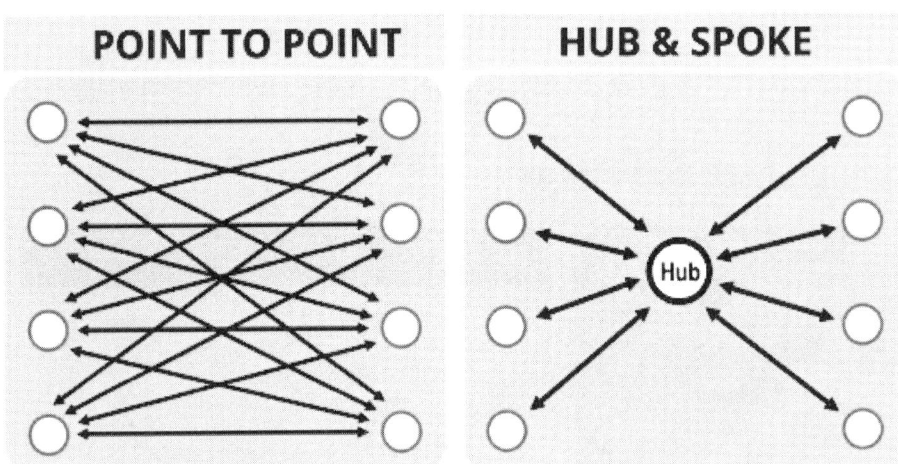

출처 : https://mailboxmaster.net/fedex-hubs-in-the-usa-complete-guide/

나. 상업화

규제완화와 민영화의 바람은 공항에도 불었다. 그래서 공항의 운영자는 여러 가지 기업적 서비스를 제공하고 있다. 면세점 등 상업적 서비스, 관광객 대상 서비스, 국제회의 서비스, 물류서비스, 항공MRO사업 등이 그것이다. 인천국제공항공사는 항공과 공항에 국한된 사업 뿐 아니라 복합도시 개발과 해외사업까지 추진하고 있다.

[도표 10-26]은 인천국제공항공사의 요약 연결포괄손익계산서다. 2019년 공사의 매출은 2.8조에 달하고 영업이익이 1조를 넘는다. 초우량기업이 아닐 수 없다. 다만, 2020년 이후 팬데믹의 영향으로 큰 폭의 적자가 계상되었다.

[도표 10-26] 인천국제공항공사 손익계산서

요약 연결포괄손익계산서(K-IFRS) (단위: 백만원)

구분	2018년 반기	2018년 결산	2019년 반기	2019년 결산	2020년 반기	2020년 결산	2021년 반기	2021년 결산	2022년 반기	2022년 결산
수익(매출액)	1,379,423	2,726,885	1,403,432	2,826,526	814,440	1,157,450	263,358	559,425	404,442	1,035,196
순매출	1,379,423	2,726,885	1,403,432	2,826,526	814,440	1,157,450	263,358	559,425	404,442	1,035,196
매출원가	608,614	1,260,745	642,722	1,330,508	645,262	1,314,170	633,517	1,319,456	681,650	1,426,260
판관비	97,400	167,482	103,032	206,264	112,896	204,040	98,393	169,967	117,718	196,317
영업이익	673,409	1,298,658	657,678	1,289,754	56,282	-360,760	-468,552	-929,998	-394,926	-587,381
기타수익	4,213	3,604	709	6,496	108	459	366	360	619	1,178
기타비용	2,556	13,220	7,345	26,497	7,696	18,937	3,759	10,972	16,069	8,557
기타이익	202,489	258,684	2,004	-22,444	3,143	-147,298	489	18,256	2,771	12,277
금융수익	4,544	8,014	4,029	5,828	4,113	7,239	9,385	43,878	39,109	73,373
금융원가	34,390	69,072	28,673	52,746	20,647	42,991	27,236	71,054	69,295	128,243
지분법대상기업관련 이익 등	-	-	-	-	-	-	-	-	-394	-1,124
법인세비용차감전 순이익	847,709	1,486,668	628,402	1,200,391	35,303	-562,288	-489,307	-949,530	-438,185	-638,477
법인세비용	231,968	365,799	178,715	336,983	10,138	-139,416	-103,640	-198,961	-99,543	-111,874
당기순이익	615,743	1,120,869	449,688	863,408	25,165	-422,872	-385,669	-750,568	-338,641	-526,604

출처 : https://www.alio.go.kr/item/itemReportTerm.do?apbaId=C0105&reportFormRootNo=3130&disclosureNo=

다. 공항간 경쟁의 양상

경쟁이란 고객이 선택지를 가질 때 발생한다. 해상 컨테이너 터미널도 그러했지만, 우리나라를 비롯하여 곳곳에서 공항 인프라의 건설에 투자하여 공항의 공급여력이 크게 증가했고, 고객인 항공사와 여행사, 포워더들은 공항을 선택할 수 있게 되었다. 저비용항공사의 등장으로 지방의 중소공항에서도 사업기회가 확대되었다. 그리고 국가간에 초대형 공항건설이 경쟁적으로 진행되고 있다. 이 모든 현상들이 공항간 경쟁을 확장시키고 있다.

전술한 바와 같이 항공네트워트의 허브앤 스포크화로 인해 허브공항을 둘러싼 경쟁은 공항간 경쟁의 범위를 국제적으로도 확장시키고 있다.

[도표 10-27] 인천공항을 중심으로 한 항공연계망

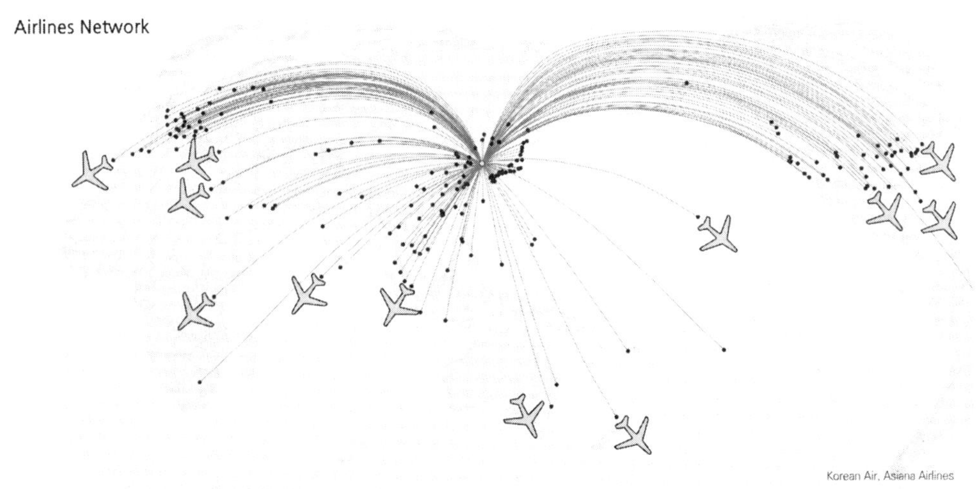

출처 : http://nationalatlas.ngii.go.kr/pages/page_1443.php

라. 공항의 경쟁력

어떠한 공항이 경쟁에서 유리할 것인가?

먼저 배후권이 커야 하고 지리적으로 인접해야 한다. 당해 공항을 모항으로 삼는 핵심적 항공사가 있고, 크면 클수록, 많으면 많을수록 좋다.

국내의 다수 공항과 연결되어야 하고 국제적인 연결망도 충실해야 한다. 육상 교통수단과 잘 연계되어 배후권과의 교통이 편리해야 한다. 기존의 허브공항이 혼잡하면 유출수요를 잡을 수 있다. 공항운영자의 가격, 서비스, 판촉 등 마케팅 정책도 중요하다.

다만 허브공항에도 계층성이 존재하여 거대거점이 있고 중간거점이 있을 수 있다. 따라서 경쟁은 복합적인 것이 되기 일쑤다. 허브공항이 되더라도 직행편과 늘 경쟁해야 한다. 허브앤스포크 시스템의 결점은 인접지라도 멀리 돌아가게 되는 거리의 손실에 있다.

10.5.5 동남권 신공항의 입지 문제

동남권 신공항의 입지 문제는 우리나라에서 10여년간 전국적으로 가장 뜨거운 공항 이슈였다. 부산은 가덕도를, 대구 경북에서는 밀양을 후보지로 내세우며, 자기 지역에 유리한 자료만 활용하고 상대를 비난해서 큰 상처를 남겼다. 1차적으로는 기존 김해공항 확장으로 결론이 났다가, 다시 이를 번복하고 부산과 대구 경북에서 별도로 신공항을 추진하는 어이없는 결과로 귀결되었다. 두 신공항은 양립이 가능할 것인가? 우리는 이 사건에서 무엇을 배워야 할 것인가?

[도표 10-28] 영남권 신공항 문제

영남권 신공항 건설계획 비교

	김해신공항(국토부 안)	대구·경북 통합신공항(대구·경북 안)	가덕도신공항(부산시 안)
활주로	2743m 1개, 3200m 2개	2755m 1개, 3500m 1개	2743m 1개, 3200m 1개, 3500m 1개
비용	6.99조 원	8.8조 원	6.77조 원
운항시간	야간운항제한(오후 11시~오전 6시)	미정	24시간 운항 가능
주변 개발계획	가용지 부족으로 불가	공항복합도시(4.3km², 2.5조 원)	공항복합도시(3.9km², 2조 원)

출처 : https://www.busan.com/view/busan/view.php?code=20200129000074

›› **생각해봅시다**

1. 항공사간의 글로벌 제휴는 정기선사간의 글로벌 제휴와 무엇이 유사하고 무엇이 다른가?

2. 글로벌 로지스틱스대응력을 기대받았던항공화물운송의 국제운송 점유율 정체의 원인은 무엇인가?

3. 임공산업(물류)단지의 사례를 조사하고 미래를 전망해보자.

4. 작금의 동남권 신공항 정책을 비판적으로 검토하고 대안을 제시하라.

참고문헌

국토교통부, [제6차 공항개발 종합계획], 2021.

백남진, [항공물류운송업무론], 도서출판 두남, 2016.

정재락, [항공물류 이론과 실제], 도서출판 두남, 2003.

한국항공협회, [항공통계 세계편(2017년 기준)], 2018

허희영, [항공운송산업론], 명경사, 2003

IATA, Annual review, 각년호.

공공기관 경영정보 공개시스템, (https://www.alio.go.kr/)

에어포털, (https://www.airportal.go.kr/)

인천국제공항공사, (https://www.airport.kr/)

한국항공협회 정책통계, (https://www.airportal.go.kr/knowledge/statsnew/data/)

항공우주산업진흥협회, (https://aerospace.or.kr/document/)

부산일보, (https://www.busan.com/)

위키피디아 (https://ko.wikipedia.org/wiki/공항)

한겨레신문, (https://www.hani.co.kr/)

ICAO (https://www.icao.int/sustainability/WorldofAirTransport/)

IATA (https://www.iata.org/)

BBC(https://www.bbc.com/news/uk-11693164)

ecommerceDB, (https://ecommercedb.com/)

FlightFrom, (https://www.flightsfrom.com/)

Mailbox Master(https://mailboxmaster.net/)

Oliver Wyman, Global Fleet and MRO Market Forecast 2023-2033, (https://www.oliverwyman.com/)

The Geography of Transportation Systems (https://transportgeography.org/)

The National Atlas (http://nationalatlas.ngii.go.kr/)

국제물류론

11

국제복합운송

11.1 국제복합운송의 의의

11.1.1 복합운송의 개념

UN 국제복합운송조약(United Nations Convention on International Multimodal Transport of Goods, 1980)에서는 국제복합운송을 복합운송인이 화물을 자기 책임하에 인수하여, 어느 국가의 출발지점에서 다른 국가의 목적지점까지, 복합운송계약에 의거하여, 해상, 내륙수로, 항공, 철도, 도로운송 등 여러 운송방식 중 2종류 이상의 운송수단을 사용하여 운송하는 것으로 정의하고 있다. 여기서 복합운송인의 책임, 복합운송계약의 개념을 파악하는 것이 중요하다.

복합운송과 관련하여 여러 가지 영어 표현이 쓰이고 있다. combined transport, multimodal transport, intermodal transport가 그것이다. combined transport는 우리말로 굳이 표현하자면 결합운송에 해당되는데, IMO와 법학에서 선호하는 용어다. multimodal transport(복합운송)은 수송수단의 결합을 강조하는 개념이고, 유럽에서 주로 쓰인다. 한편, intermodal(일관운송)은 수송의 일관성을 중시하는 개념이고, 미국에서 주로 쓰이는 용어이다.

운송은 운송수단의 결합여부에 따라 단독운송과 통운송(通運送, through transport)으로 구분할 수 있다. 통운송에는 동종 운송수단이 결합된 단일 통운송과 이종 운송수단이 결합되는 복합운송으로 나누어볼 수 있겠다. 단일 통운송으로는 선박 간의 환적을 생각하면 이해하기 쉽다. 미국에서 건너온 컨테이너가 부산항에서 환적되어 일본, 중국의 지방항만으로 가게 되는 것이 단일 통운송이고, 대개 여기까지는 정기선사에 의해 서비스되고 있다. 복합운송은 선박과 철도, 장거리 트럭으로 연계되는 경우에 해당한다.

통운(通運)이라는 이름이 붙은 물류기업들이 몇 있다. 대한통운이라는 회사가 대표적인데, 역사적으로 보면 철도와 트럭을 연계한 서비스의 제공에서 출발했다. 이는 일본통운(Nippon Express)에서 이름과 사업방식을 따온 것이다.

[도표 11-1] 통운송과 복합운송

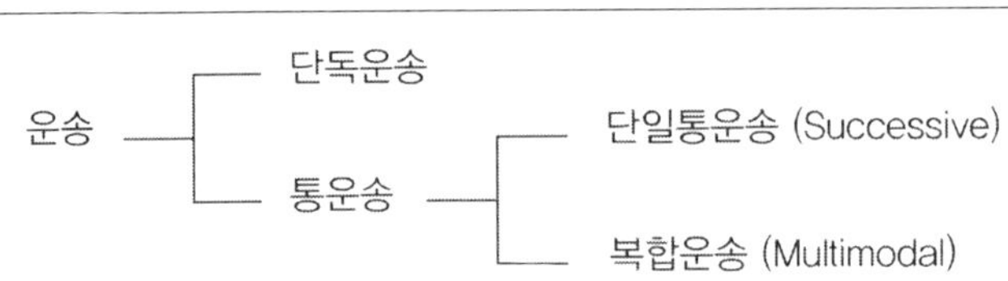

11.1.2 복합운송의 역사

운송서비스의 수요자들은 궁극적으로 최초의 출발지에서 최종 목적지까지의 point to point 운송에 대한 니즈를 가지고 있다. 장거리 운송서비스의 제공자들도 그러한 니즈를 비즈니스화하려 과거로부터 노력했을 것이다. 실제로 유럽에서 철도운송이 본격화한 19세기부터 그러한 노력이 있었고, 그래서 20세기 초에 국제조약에서 복합운송에 관한 국제규칙을 제정하려 한 것이다.[1] 현재 세계적 국제복합운송에 대한 기본적 국제질서는 1980년에 성립된 UN 국제복합운송조약에 의거한다.

그러나, 복합운송이 활발해진 것은 아무래도 컨테이너운송이 본격화한 1960년대 이후의 일이라 할 수 있겠다. 미국의 씨랜드(Sea-land) 사에서 시작한 이 컨테이너 박스의 혁신은 그 위력이 대단한 것이었다. 이 직육면체 금속 상자는 세계를 더 작게, 그리고 세계 경제를 더 크게 만들었다.[2] 컨테이너는 정기선 업계의 면모를 일신했을뿐더러 이것이 육상으로 곧바로 전파되었다. 해상 컨테이너를 그대로 연계운송할 수 있는 트레일러, 철도화차가 개발되어 이용되기 시작했고, 육지와 바다가 비로소 연결되어 통합되었다. 그러한 기술적 혁신에 기반하여 복합운송 서비스가 본격적으로 제공되었고, 복합운송에 기반하여 국제물류(international logistics)라는 개념이 확산된 것이다.

1970년대부터 해륙 복합운송의 주요한 서비스로 나타난 것이 해상과 철도를 이용한 land bridge 서비스들이고, 1980년대에는 북미대륙에서 컨테이너를 2층으로 쌓아 운행하는 이단적 열차(double stack train)가 등장했다. 이러한 복합운송의 추진 주체로 포워더들이 떠올라 법적인 복합운송의 주체, NVOCC(무선박운송인, non-vessel operating common carrier)로서 인정받게 된다. 이에 따라 그때까지 정기선 시장을 지배하던 해운동맹(shipping conference)의 힘은 현격히 약화되었다.

복합운송의 대표 격으로 자주 거론되는 해공복합운송(Sea & Air) 서비스는 사실 해상컨테이너의 상용화와 관련이 별로 없으며, 해상컨테이너가 상용화되기 이전인 1960년대부터 그 시도가 꾸준히 있었다.

---

1) 복합운송(combined carriage)이라는 용어가 가장 먼저 사용된 것은 국제항공운송에 관한 1929년의 바르샤바 협약(Warsaw convention)으로 알려져 있다.

2) M.Levinson, *The Box : How the Shipping Container Made the World Smaller and the World Economy Bigger*, Princeton University Press, 2006. 참조

11.1.3 복합운송의 요건

복합운송의 요건으로는 단일책임(through liability), 단일운임(through rate), 단일서류(through B/L)의 세 가지로 중요하다.

국제복합운송의 운송책임에 대해서는 화주와 복합운송계약을 체결한 복합운송인이 계약에 포함된 모든 운송범위에서 일원적으로 책임을 진다. 복합운송인이 스스로 운송수단을 운영하지 않더라도 화주에게 운송인으로서, 계약을 수행할 법적인 책임을 지우는 것이다.

또한 복합운송인은 서비스의 댓가로 각 운송구간마다 분할된 것이 아닌 전 운송구간에 걸쳐 단일운임을 부과한다. 여러 구간에 걸친 복합운송계약을 단 하나의 운송서비스로 간주하는 것이다.

복합운송인은 화주의 화물을 인수한 시점에서 전 운송구간에 걸쳐 단일한 복합운송서류(MT B/L, 복합운송선하증권)를 발행한다. UN 국제복합운송조약에서는 복합운송서류를 '복합운송계약, 복합운송인에 의한 물품의 수탁, 그리고 계약조항에 따른 운송인에 의한 물품인도의 확약을 증명하는 서류'로 정의하고 있다. 즉, 복합운송 선하증권은 해상선하증권과 마찬가지로 운송중 화물의 소유권을 나타내는 유가증권이며, 그것과 동일한 법적 효력을 갖는다.

[도표 11-2] 통선화증권과 복합운송서류

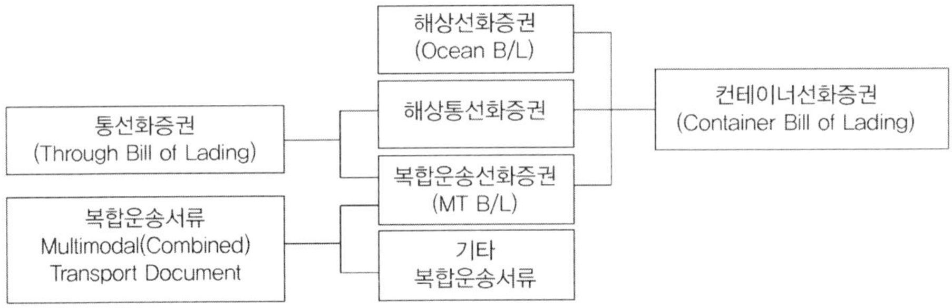

출처 : 전순환, 국제운송물류론, 2015, 526쪽.

11.1.4 복합운송 효용

제6장에서 기술한 바와 같이, 철도, 트럭, 선박, 항공기 등 4가지 운송수단은 서로 다른 경제적 특성을 가지고 분업체제를 형성해왔다. 복합운송은 각 운송수단의 장점을 살리는 협업체제를 구성하여 전체적인 운송의 효율성을 증대하는 경제적 효과를 가진다.

전 구간을 해상으로 운송하는 것과 항공으로 운송하는 것은 경제성과 신속성 가운데 하나의 측면에서만 성과를 달성할 수 있으나, 다른 측면은 포기해야 한다. 복합운송은 그 중간 영역에서 경제성과 신속성 사이에서 최적의 해결책을 제시할 수 있다. 즉, 복합운송은 화주에게는 수송 경로의 선택지를 확대해줄 수 있고, Door to Door 서비스를 제공할 수 있게 된다. 이러한 특성으로 인해 화주들에게 국제물류의 기반을 제공한다.

[도표 11-3] 복합운송의 이론적 기반

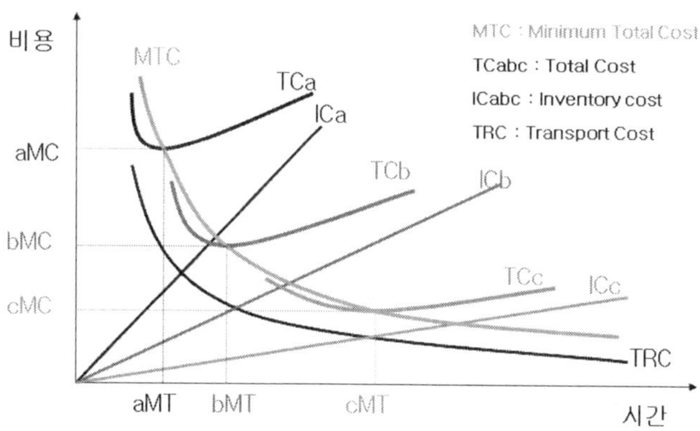

운송비용(TRC) 곡선은 운송수단의 속도(소요시간)에 따라 저렴해지는 특성을 가진다. 반면 재고비용(IC)은 시간이 지나며 높아지는데, 상품마다 각각 다른 재고비용 특성을 가진다.

a, b, c의 각 상품별 재고비용곡선(ICa, ICb, ICc)은 서로 다르고, 이것과 공통된 운송비용을 합하면 각 상품의 총비용(TCa, TCb, TCc)곡선을 추정할 수 있다. 이 때 화주는 각 상품별 총비용이 최저가 되는 지점(aMC, bMC, cMC)에서 최적의 운송수단(aMT, bMT, cMT)을 선택해야 한다. 모든 상품의 총비용이 최저가 되는 점을 연결한 가상의 곡선이 MTC 곡선이다. 이론상으로 모든 상품은 서로 다른 총비용 최저점을 가지고, 따라서 최적의 운송속도는 서로 다르다.

운송수단의 대안이 항공과 선박 뿐이라면 중간 영역의 재화는 최저 총비용을 포기할 수밖에 없는 상황이 되고, 복합운송은 이러한 상품에 대해 최적의 운송 대안을 제시할 수 있는 것이다.

11.2 컨테이너화와 복합운송

11.2.1 컨테이너화의 진전

화물의 이동에 있어서 가장 큰 병목구간은 운송수단 간 환적이 일어나는 결절점(transshipment node)이다. 에너지 소모가 큰 하역행위를 잇달아 2번 해야하기 때문이다. 지금은 크레인 등의 하역기계를 활용하고 있지만, 기계가 없이 인력에 의존하던 시기에는 항만 등 화물이 집적되는 곳에서는 화물 흐름에 극심한 정체가 당연시되었다.

하역에 기계를 활용하기 위해서는 화물의 규격화가 필요하다. 액체화물이나 가루형태의 건화물 등 원자재는 용기를 활용하여 단위화하기 쉬우나, 완제품에 가까워질수록 재화의 형태와 규격은 다양해지기 마련이다. 그래서 다양한 형태와 규격의 화물에 대응 가능한 일반화물선이 정기항로를 오래 지배한 것이다.

그러나 다양한 일반화물의 하역을 효율화하려는 노력이 지속되었고, 그 결과 팔레트(pallet), 컨테이너 등 일반화물의 단위화(unit load) 시도가 20세기 초부터 시도되었던 것으로 보인다. 그리고 마침내 1960년대 미국의 Sea-land 사가 본격적으로 단위화된 컨테이너를 활용하는 해륙 복합운송시스템을 선보이게 된 것이다.

이 컨테이너를 활용한 운송시스템은 기존의 일반화물선과 비교해서 화물운송의 안전성, 신속성, 경제성 측면에서 현저한 장점을 보유하고 있어서, 매우 짧은 기간 안에 정기선 항로를 컨테이너화했다. 컨테이너 적재에 전용화된 선박이 개발되고 곧이어 이러한 선박이 일반화물선을 정기선 항로에서 구축한 것이다.

컨테이너화는 선박의 컨테이너화뿐 아니라 화물의 컨테이너화도 의미한다. 초기에 공업생산품으로 한정되던 컨테이너 화물이, 냉장냉동 컨테이너 등 여러 가지 특수 컨테이너의 개발과 더불어 농수산품, 임업제품, 화학제품, 자동차에까지 확대되고 있다.

한편, 컨테이너의 확산에 따라 국제표준화기구(ISO)에서는 국제적으로 유통되는 컨테이너의 규격과 성능을 규정하고 있다. 이에 따르면, 길이 10ft~40ft, 적재중량 10~30톤까지 11

가지 규격의 해상 컨테이너가 활용되고 있으며, 이 가운데 20ft(20x8x8.6), 40ft(40x8x8.6) 및 high cube(40x8x9.6)가 가장 많이 활용되고 있다.

11.2.2 컨테이너 운송의 다양한 형태

컨테이너를 활용한 복합운송의 방식으로 piggy back, fishy back, birdy back, ship back 등이 있다. 누군가의 등에 업혀가는 모양을 재미있게 표현한 것이다. 그러나 이러한 방식들 모두 도전과 실패를 통해 상용화된 것이라는 것도 알아두면 좋겠다.

피기백(piggy back)은 철도에서 컨테이너의 운송방식을 가리키며, 대표적으로 TOFC와 COFC가 있다. TOFC(trailer on flat car)는 트레일러를 평평한 철도화차(flat car)위에 올려 운송하는 방식이고, COFC(container on the flat car)는 트레일러 없이 컨테이너를 그대로 평화차 위에 올려 운송하는 방식이다. TOFC 방식은 화물역에서 크레인 없이 트럭이 끌어내리면 된다. 이단적이 가능한 COFC 방식은 크레인이 없는 곳에서는 하역이 불가능하다.

피시백(fishy back)은 선박에 컨테이너를 탑재하는 방식이다. 크레인으로 선적, 양하하는 방식이 LOLO(lift on lift off) 방식이고, 트레일러 위에 올려 트럭을 이용하는 방식이 RORO(roll on roll off) 방식이다. LOLO 방식의 하역에는 크레인이 필수적이고, 컨테이너 전용선에서 활용된다. 한편 RORO 방식은 카페리 등에서 활용된다.

항공기에도 컨테이너가 활용(birdy back)되고 있지만, 항공기용 컨테이너는 트럭, 선박과 호환성이 없다. 따라서 항공기는 복합운송에 적합하지 않지만, 때로 복합운송인이 항공기를 이용한 서비스를 제공하기도 한다.

그 외에 해운업계에서 개발된 방식(ship back)으로 LASH, FOFO 등 특수한 운송방법이 개발되어 있다.

[도표 11-4] TOFC(좌)와 COFC(우, 이단적의 사례)

11.2.3 컨테이너의 도로운송

주로 화물자동차를 활용하는 도로운송은 문전(door-to-door) 운송을 완결할 수 있는 유일한 운송수단이며, 해상과 철도로 운송되는 컨테이너의 경우 최초의 출발지와 최종 목적지에서 결합되어 복합운송을 완성한다.

화물자동차는 선박과 열차에 비해 소형의 운송수단이므로, 규모의 경제를 활용할 수가 없어서 장거리 운송에서는 경제성이 떨어지는 단점이 있으므로, 화물자동차를 활용한 운송거리 감소는 운송비용 절감의 키 포인트이기도 하다.

컨테이너의 활용이 진전되면서, 이에 전용화된 트럭, 트랙터와 트레일러가 개발되어 왔고, [도표 11-5]와 같이 세미트레일러, 풀트레일러, 포울트레일러 및 다중결합방식 등의 형태로 운영되고 있다.

[도표 11-5] 도로에 의한 컨테이너 운송방식

도로에 의한 컨테이너 운송방식

세미트레일러 방식 (Semi-Trailer Combination	1대의 세미트랙터에 1대의 세미트레일러를 연결한 형태로서, 트랙터에 트레일러 차체의 밑면 앞부분에 킹핀을 결합시키는 방식: 트레일러에 컨테이너를 적재 · 양륙하는 동안 트랙터는 다른 컨테이너 운송 담당가능

풀 트레일러 방식 (Full Trailer combination)	트랙터와 화차가 붙어 있는 Full Tractor와 랜딩기어 대신에 바퀴가 달린 Full Trailer를 연결한 형태 : 목적지가 다른 화물을 트랙터와 트레일러에 분할적재하고 도중에 분리할 수 있음

포울 트레일러 방식 (Pole Trailer Combination)	길이가 긴 장척화물의 운송을 위하여 화물의 앞뒤 끝부분을 각각 트랙 터와 폴(pole) 트레일러 하대에 지탱시키는 방식

다중결합방식 (Double/Triple Botton Trailer Combination)	1대의 트랙터에 2 이상의 트레일러를 연결한 형태로서, 미국이나 유럽 고속도로에서 운행되는 것처럼 도시간의 컨테이너 운송에 이용의 (Doubles: 2대의 트레일러 연결, Triples: 3대의 트레일러 연결)

Double Bottom Trailer Combination　　Triple Bottom Trailer Combination

출처 : 전순환, 국제운송물류론, 2015, 214쪽.

11.2.4 컨테이너의 철도운송

현재 장거리 복합운송의 주역은 컨테이너로 연결된 선박과 철도라 볼 수 있다. 장거리 철도회사는 해상컨테이너와의 복합운송시장에 뛰어들어 성과를 올리고 있다. 그들이 개발한 복합운송방식을 간단히 소개한다.

철도가 화물을 운송하는 방식은 기본적으로 레일카(rail car)이다. 각각의 화물 운송에 최적으로 생각되는 각양각색의 철도용 화차를 개발하여 거기에 화물을 적재하고 운송하는 방식으로 철도운송의 기본이다. 그리고 그들이 컨테이너의 운송을 위해 개발한 것이 무개화차(flat car)다. 피기백은 flat car 위에 트레일러위에 올려진 컨테이너를 싣거나, 트레일러 없이 곧바로 적재하는 방식이다.

[도표 11-6] 철도에 의한 컨테이너 운송 방식

출처 : 전순환, 국제운송물류론, 2015, 223쪽.

이단적 열차는 철도 컨테이너 운송의 생산성을 배가시키기 위해 개발되었다. 다만, 철도의 허용 하중과 터널의 높이가 문제가 된다. 미국의 철도회사들이 문제를 해결하고 이단적 열차를 운영중이다. 한편 미국의 Bi-Modal 사는 철도와 도로 양쪽에서 쓸 수 있는 로드레일러(Roadrailer) 시스템을 개발한 적도 있다.

11.2.5 컨테이너의 해상운송

최초의 컨테이너 운송선은 1956년 미국(뉴어크-휴스턴)에서 취항한 'Ideal-X'호로 알려져있다. 선박은 제2차 세계대전 당시 해군 급유선이었던 T-2 탱커를 개조한 것이었으며, 20톤짜리 금속제 컨테이너를 58개 적재할 수 있었다. 선박 운영사는 Pan-Atlantic사였으며, 소유자는 Malcom McLean이었다.[3)]

이후 컨테이너의 해상운송은 급격히 확대되었고, 정기선 시장은 컨테이너 운송을 중심으로 완전히 탈바꿈하게 된다. 이 과정에서 컨테이너를 운송할 수 있는 다양한 선박들이 개발되었으며, 이 가운데 컨테이너에 전용화된 선박(full container ship)들은 점차 거대화하여 최근에는 20,000TEU급 초대형 선박도 다수 건조되어 대양항로에 취항하고 있다.

다만, 컨테이너를 적재, 운송하는 선박에 전용선만 있는 것은 아니다. 일반화물선에도 갑판에 컨테이너를 적재할 수 있으며, Barge를 활용할 수도 있다. 카페리(car-ferry)선과 같이 차량이 출입할 수 있는 유도로(ramp)가 갖춰진 선박의 경우에는 RORO 방식으로 컨테이너가 운송될 수 있다.

한편 LASH는 lighter aboard ship의 약자로 lighter는 다음 [도표 11-8] 좌측 하단의 대형 부선이다. LASH는 이런 부선을 싣고 다니며 항만시설이 제대로 갖추어지지 않은 곳에서도 컨테이너 등 화물을 하역할 수 있는 선박이다.

매우 특이한 방식으로, FOFO(float on float off)는 초대형 설비를 하역하는 방법이다. 조선소에서 만든 대형 해양플랜트는 대형 크레인으로도 선적이 불가능한 경우가 있다. 이 때 반잠수식 선박(semi-submergible ship)을 절반 정도 가라앉히고 적재물을 밀어넣은 다음 선박을 다시 부상시켜 적재를 완료한다. 네덜란드 Dockwise사는 이러한 방식을 개발하여 세계 중량물 운송시장을 독점한 적이 있었다. 세월호의 인양시에도 이 방식이 쓰였다.

3) Pan-Atlantic사는 1960년 SeaLand로 사명을 바꿨으며, SeaLand사의 국제운송부문은 1999년 Maersk사에 합병되었다.

[도표 11-7] 컨테이너 해상운송 방식

컨테이너 선박

구분	선박	설명
선형	혼재선 (conventional Ship)	재래선의 갑판이나 선창에 컨테이너와 일반잡화를 함께 혼재하는 선박
	분재선 (Semi-Container Ship)	재래선 선창의 중앙부분 또는 갑판 등에다 컨테이너를 적재 할 수 있는 전용장치를 설치한 선박
	전용선 (Full-Container Ship; Fully Cellular Ship)	갑판 및 선창이 컨테이너만을 전용으로 적재하도록 설계된 선박
	바지 운반선 (Barge Carrier Ship)	컨테이너나 일반화물이 적재된 무동력선(Barge)를 예선하여 바지 자체를 그대로 본선에 적재 또는 양륙할 수 있도록 바지하역용 크레인 등의 장비를 갖춘 선박
하역 장비	크레인 장착형 (Geared Container Ship)	본선 갑판상에 자체의 컨테이너 하역용 갠트리 크레인(Gantry crane)을 장착하고 있는 선박
	크레인 미장착형 (Gearless Container Ship)	본선상에 자체의 컨테이너 하역용 갠트리 크레인이 없는 선박
하역 방식	LO/LO선 (Lift on/Lift off Ship)	본선이나 육상의 갠트리 크레인으로 컨테이너를 수직으로 들어올려 적재하거나 수직으로 들어올려 양륙하는 방식
	RO/RO선 (Roll on/Roll off Ship)	선수, 선미 또는 선측의 경사판을 통하여 트랙터 또는 지게차 등에 의하여 굴러서 적재 또는 양륙하는 방식
	FO/FO선 (Float on/Float off; LASH)	컨테이너나 일반화물이 적재된 무동력선(barge)을 본선상의 크레인으로 바지 자체를 적재 또는 양륙하는 방식

출처 : 전순환, 국제운송물류론, 2015, 186쪽.

[도표 11-8] LASH와 FOFO

11.3 주요 복합운송 경로

11.3.1 Land bridge의 개념

현재까지 개발된 주요 복합운송경로로 해공 복합운송과 해륙 복합운송이 있다. 이 가운데 장거리 철도를 이용한 해륙복합운송시스템을 land bridge라고 한다. 양쪽 바다 사이의 대륙을 전체 운송구간에서 육교처럼 활용하는 것이다.

예를 들면 동아시아 지역에서 유럽으로 해상운송을 할 때, 어떤 이유로 수에즈 운하가 봉쇄되면 선박은 아프리카의 남단을 돌아가야 한다. 항로거리가 약 1만km 증가한다. 1960년대 중동전쟁으로 수에즈가 봉쇄되었을 때 개발된 운송루트가 America Land Bridge였다. 북미대륙 서안까지 선박으로 간 후 거기서 대륙횡단철도로 대륙을 횡단, 이후 북미대륙 동안의 항만에서 다시 선박으로 유럽까지 가는 것이다. 이 역시 만만치 않은 운송루트이지만, 총 운송거리는 아프리카 남단의 희망봉 경유시보다 약 1만km, 파나마운하 경유시보다는 약 5천km를 단축할 수 있다.

이 과정에서 북미대륙은 태평양과 대서양을 잇는 육교의 역할을 한다. 이때 개발된 서비스는 수에즈 운하가 정상화되면 경제적으로 성립하기 어려워지지만, 이후에 시카고 등 미국 내륙지역을 연결하는 통로로 활용되었다. 한편 운송거리를 가장 단축할 수 있는 시베리아 횡단철도를 이용한 랜드브리지(SLB) 서비스도 지속적으로 시도되고 있다.

[도표 11-9] 동아시아-유럽간의 다양한 운송루트

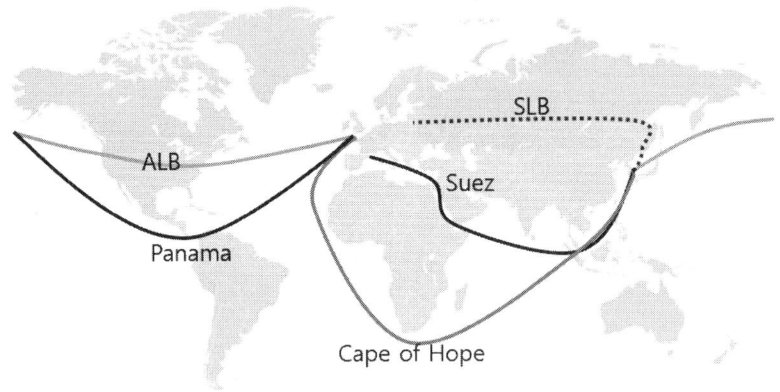

11.3.2 해공복합운송

해공복합운송(Sea & Air)은 컨테이너간 호환성이 없으므로 기본적으로 틈새시장임을 먼저 인식해야 한다. 항공운임이 과다하고 다소 시간적 여유가 있을 때 해상운송을 통해 항공운송이 유리한 곳으로 보내 거기에서 항공운송을 활용한다. 때로 철도 등 내륙운송의 활용이 곤란할 때 항만 근처의 공항에서 항공운송을 활용하기도 한다.

우리나라에서는 북미서안 경유서비스, 블라디보스톡 경유 러시아 서비스, 동남아시아 경유 서비스가 있고, 인천국제공항을 이용하는 서비스도 개발되고 있다. 북미경유 유럽향 경로는 극동지역에서 북미서안으로 가는 편리한 정기선 항로망을 이용하는 서비스다. 반대방향의 서비스도 성립할 수 있다. 동남아, 중동경유 서비스도 있다. 동남아, 중동에서 유럽으로 가는 항공운임이 저렴하다면 이 서비스가 성립한다. 러시아를 경유하는 서비스는 주로 블라디보스톡 공항을 이용한다.

[도표 11-10] 해공복합운송의 사례

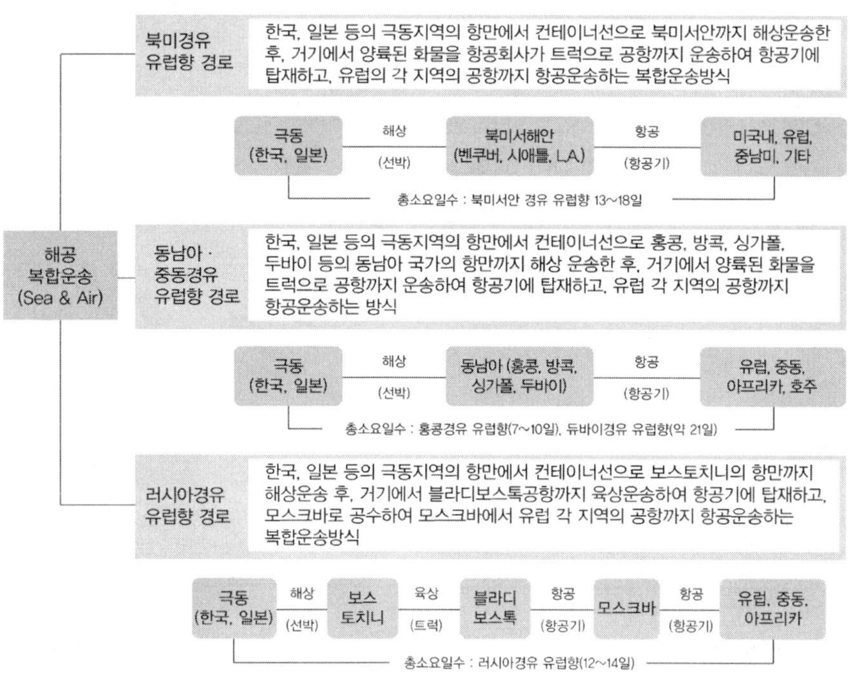

출처 : 전순환, 국제운송물류론, 2015, 513쪽.

앞서 이야기한 바와 같이 해공복합운송의 서비스 루트는 상시적으로 존재하는 것이 아니다. 복합운송인이 화주의 니즈에 맞추어 해상운송과 항공운송의 스케쥴과 운임의 추이를 살펴가며, 필요에 따라 개발하는 것이라는 것을 알아야 하겠다. 한편, 해공복합운송에 있어서 복합운송인은 화주에게 복합운송증권을 발급하는 운송인이 되고, 정기선사와 항공사로부터는 화주가 된다. 복합운송인에게는 화물이 환적되는 곳에서의 파트너가 중요하다.

11.3.3 북미지역 복합운송

극동과 북미를 연결하는 서비스 루트는 다양하게 개발되었다. 특히 1970년대부터 2단적 열차가 활용되면서 미국 내륙지역과 연결하는 서비스가 활발해졌다.

먼저 철도로 북미대륙을 관통하여 유럽으로 가는 복합운송 루트가 있다. 캐나다 루트를 이용하는 것을 CLB, 미국의 대륙횡단철도망을 이용하는 것을 ALB라 한다. 이 루트는 전쟁으로 수에즈운하가 봉쇄되었을 때 사용되었다. 수에즈가 정상적으로 가동되면 경쟁력을 상실한다.

[도표 11-11] 북미지역 주요 복합운송 경로

출처 : Jean-Paul Rodrigue, The Geography of Transport Systems, 5th edition, Routledge, 2020.

ALB에서 대서양 구간을 빼고 대도시가 많은 북미 동해안까지를 연결하는 루트를 Mini Land Bridge라고 한다. 이는 주로 파나마운하와 경쟁하는 경로로 볼 수 있다.

[도표 11-12] 북미지역 복합운송 사례 -1

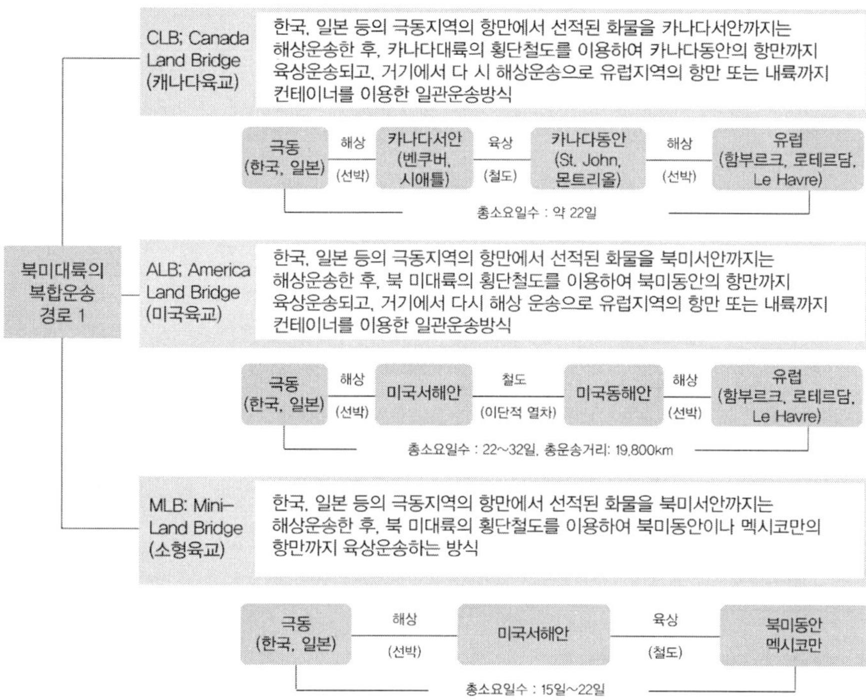

출처 : 전순환, 국제운송물류론, 2015, 510쪽.

북미 서해안의 항만에서 철도로 동부해안이 아닌 내륙지점까지 보내는 서비스 루트를 Micro Land Bridge, 또는 IPI(Interior Point Intermodal)라고 한다. 이와 는 반대로, 해상으로 파나마운하를 통과하여 북미동안, 또는 멕시코만에서 내륙지점으로 보내는 서비스루트를 RIPI(Reverse IPI)라고 한다. 이 서비스는 IPI와 경쟁관계에 있는 것으로 볼 수 있다.

RIPI와 경쟁하기 위해 북미서안경유 로키산맥과 가까운 지역 화물에 특별운임을 적용하는 관례가 생겼다. 그것을 OCP(Overland Common Point) 서비스라고도 한다.

[도표 11-13] 북미지역 복합운송 사례 -2

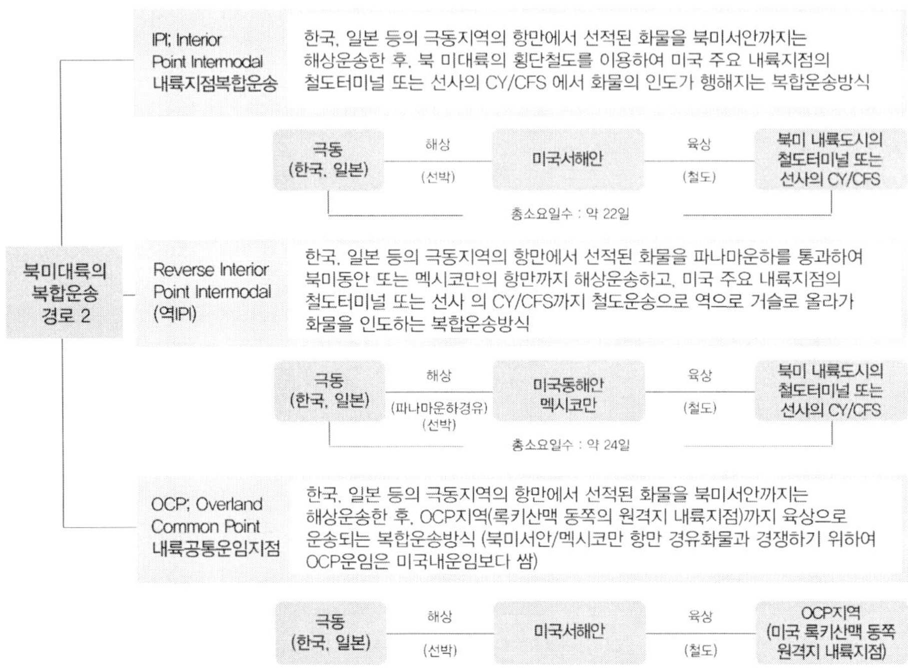

출처 : 전순환, 국제운송물류론, 2015, 512쪽.

11.3.4 유럽지역 복합운송

극동지역에서 유럽을 연결하는 해상루트는 지금 지구상에 가장 긴 해상운송항로일 것이다. 항로의 거리는 2만 3천km에 달하고 40일 가까이 소요된다. 반면에 시베리아 횡단철도를 이용하면 거리가 절반 정도로 단축된다. 철도의 속도가 통상 선박보다 빠르므로 운송기간을 절반 이상 단축시키는 것이 가능한 루트로 기대를 모아왔다.

중국에서 출발하면 이보다 더 단축시킬 수 있다. 중국횡단 철도망을 중앙아시아에서 시베리아철도와 접속시키는 것이다. 이 역시 기대가 큰 동아시아-유럽 운송경로이다.

[도표 11-14] 아시아-유럽 육상운송망

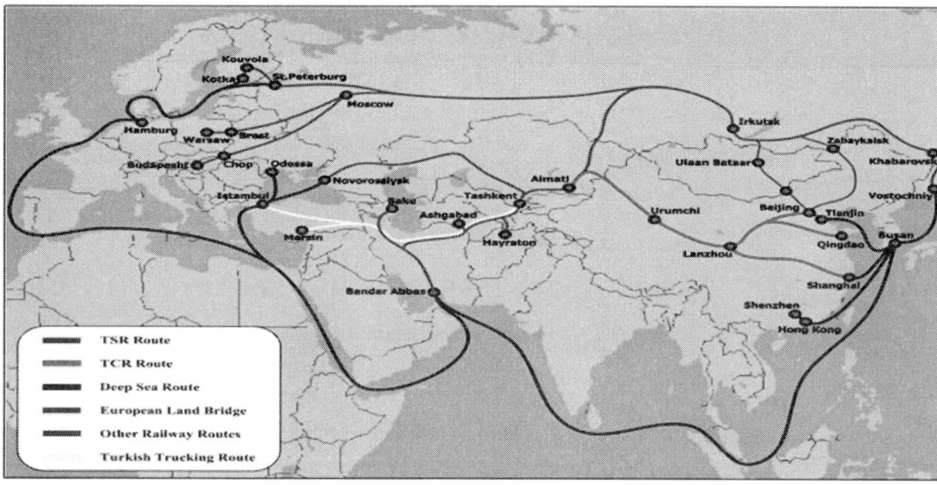

출처 : https://www.forwarder.kr/bbs/board.php?bo_table=menu9_1&wr_id=1797

가. Siberia Land Bridge(SLB)

1904년에 개통(모스크바-블라디보스톡)된 시베리아 횡단철도(Trans-Siberia railway)는 전장이 무려 9,300km에 달하는 세계 최장의 철도 노선이다. 이 철도를 이용해 화물을 동아시아에서 유럽으로 운송하는 루트는 크게 3가지로 구분할 수 있다.

첫째, Trans-sea 서비스이다. 출발점은 러시아 극동 연해주 지역의 보스토치니, 또는 블라디보스톡항이다. 거기서 시베리아 횡단철도를 통해 발트해와 흑해의 연안까지 운송하고, 거기서 선박으로 환적하여 서유럽으로 가는 것이다.

두 번째, Trans-rail 서비스가 있다. 러시아 철도의 서쪽 끝단에서 유럽철도로 갈아타는 방식이다. 러시아 철도는 광궤(1,520mm)를 채택해서 유럽지역의 표준궤(1,435mm)와는 궤도의 폭이 다르다. 그래서 서유럽으로 가기 위해서는 러시아 서부의 국경역에서 환적되어야 한다.

마지막으로, 러시아 서부 국경에서 선박, 철도 이외에 트럭을 이용하는 방식을 Tracons라고 한다.

이 SLB 서비스를 활용하기 위해서는 먼저 시베리아 철도가 연결된 러시아 극동부의 항만까지 해상운송 서비스가 필요하다. 1960년대부터 일본과 우리나라의 정기선사와 복합운송인들이 이 서비스를 간헐적으로 제공해왔다. 그러나 SLB서비스는 많은 잠재력을 기대받아온 것에 비해 최근까지지도 운송실적이 저조하다.

[도표 11-15] SLB의 사례

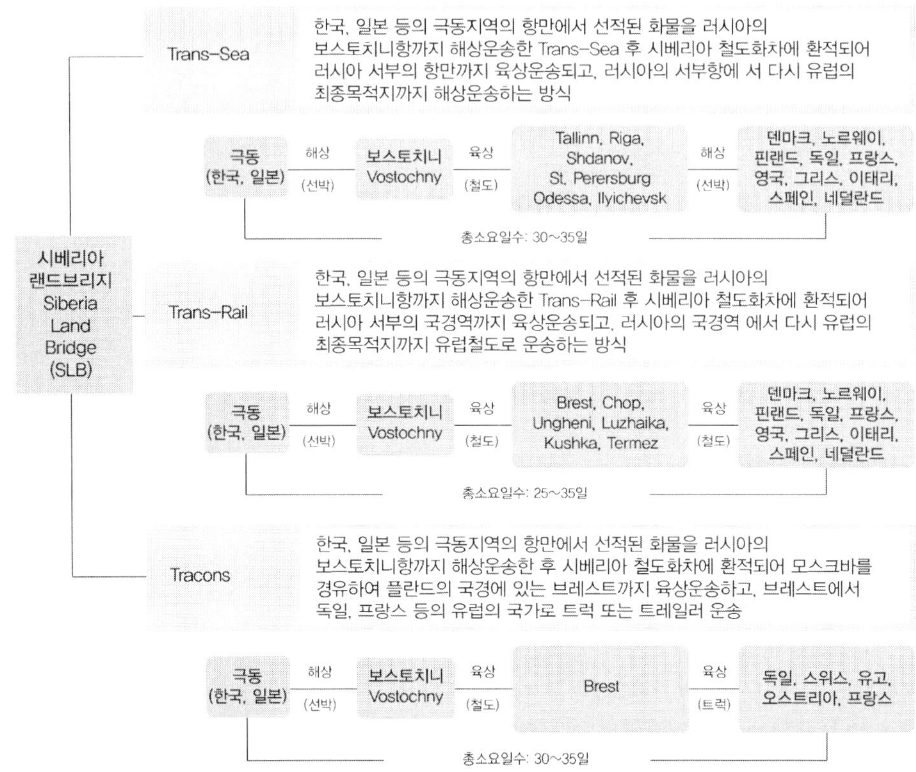

출처 : 전순환, 국제운송물류론, 2015, 506쪽.

나. TCR과 TKR

러시아가 운영하는 TSR이 주춤하는 동안 TCR(Trans China railway)이 주목을 받기도 했다. TCR은 장쑤(江蘇)성 렌윈강(連雲港)에서 출발하여 중국 내륙을 횡단, 카자흐스탄 국경의 아라산커우(阿拉山口)까지의 약 4,200km 철도노선을 가리키며, TSR에 비해 약 1천km 거리가 단축된다. 1950년대부터 중국과 소련간 철도 연결이 진행되었지만, 우여곡절 끝에 1992년부터 서비스를 개시했다.

이 노선은 중국의 다양한 종단철도와도 연결되기 때문에 렌윈강 뿐 아니라 베이징, 상하이 등 중국의 대도시들이 연결된다. 또한 TCR 뿐 아니라 TSR로 접속되는 중국의 철도망은 만주지역의 TMR, 몽고의 TMGR도 있다.

TSR과 연계되는 중국의 철도망은 모두 북한의 철도망과도 연계될 수 있는 것이다. 그래서 TKR(Trans Korea Railway)도 덩달아 주목을 받고 있다. 다만 사회주의 정권 하에서 경제적 곤란으로 북한 철도의 노후화는 매우 심각한 상태라 한다. TKR의 성립을 위해서는 남북한의 철도망이 연결되어야 하고, 북한의 철도망을 전반적으로 보수할 필요가 있을 것이다.

[도표 11-16] TSR과 중국 철도의 연계망

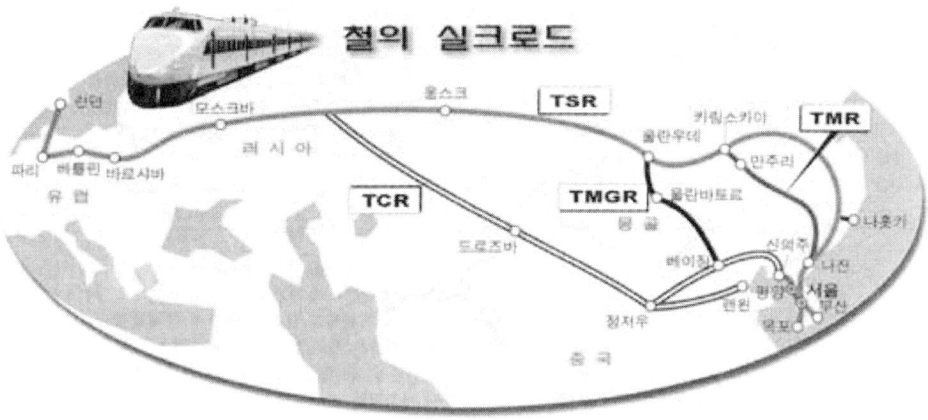

출처 : https://www.korea.kr/briefing/policyBriefingView.do?newsId=148749203#policyBriefing

11.3.5 동아시아지역 복합운송

가. 동북아지역 복합운송

동북아지역 내에서도 복합운송 서비스가 성립하고 있다. 사실 중국은 광대한 내륙지역이 있어서 중국내륙으로의 운송은 늘 복합운송의 성격을 띨 수 밖에 없다. 그리고 일본은 내륙운송의 비용이 비싸 복합운송이 성립하기 어렵고, 대부분의 도시가 항만을 끼고 있다.

주목할만한 지역은 한중러 3국간 복합운송이 추진되고 있는 중국의 동북지역이다. 중국 동북부의 내륙에 위치한 길림성과 흑룡강성에서는 다롄(大連) 등 발해만의 중국 항만까지의 거리가 매우 길다. 그래서 러시아의 연해주지역 항만을 이용한 국제복합운송이 시도되고 있다.

최근에 개발된 국제복합운송 서비스로 KLB(Korea Land Bridge)의 사례를 들 수 있겠다. 중국에서 일본으로 가는 화물 가운데, 카페리를 이용해서 우리나라 서해안의 항만으로 건너와 트럭을 통해 부산항으로 연결해서 다시 카페리와 컨테이너선을 이용해 일본으로 전달되는 화물의 수요가 존재한다. 이런 수요에 주목해 KLB 서비스는 카페리 선사들이 복합운송인들과 공동으로 개발한 새로운 서비스 루트인 것이다. 이처럼 복합운송 서비스는 따로 정해진 경로가 있는 것이 아니라 필요에 따라 그때그때 복합운송인들이 만들어내는 것이라 하겠다.

[도표 11-17] 중국 동북지역의 복합운송 경로

출처 : 부산항만공사(https://www.busanpa.com/)

[도표 11-18] KLB 서비스의 사례

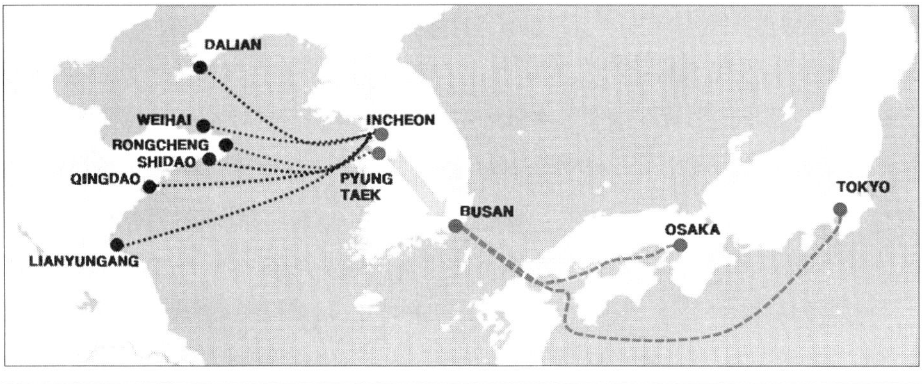

출처 : https://www.panstar.co.kr/business/cargo/pklb

나. Asian Highway와 일대일로 정책

최근 우리나라의 고속도로를 다닐 때 아시안 하이웨이(Asian High)로 표기된 표지판을 본 적이 있을 것이다. 아시안 하이웨이는 UN ESCAP(Economic and Social Commission for Asia and the Pacific, 아시아태평양 경제사회위원회)이 1992년부터 추진하고 있는 거대사업으로, 아시아지역의 32개 국가간 고속도로망을 서로 연결하는 14만km 간선도로 건설사업이다. 이 사업이 실행되면 아시아 전체의 복합운송이 더 진전될 것이지만, 완성까지는 시간이 더 소요될 것으로 보인다.

보다 최근에는 중국 정부의 일대일로(一帶一路, One Belt One Road) 구상이 빠르게 추진되고 있다. 이는 중국 정부의 중요 외교정책의 일환으로, 2016년 중국이 중심이 되어 설립한 AIIB(Asian Infrastructure Investment Bank)를 활용하여, 낙후된 중앙아시아와 인도양 연안 지역의 교통 인프라에 대한 건설투자에 집중하고 있다. 이 구상를 통해 중앙아시아, 인도양 지역에 물류 인프라가 강화되고, 중국 기업을 위한 물류거점들이 빠르게 조성될 수 있으므로 예의주시할 필요가 있다.

[도표 11-19] Asian Highway Route Map

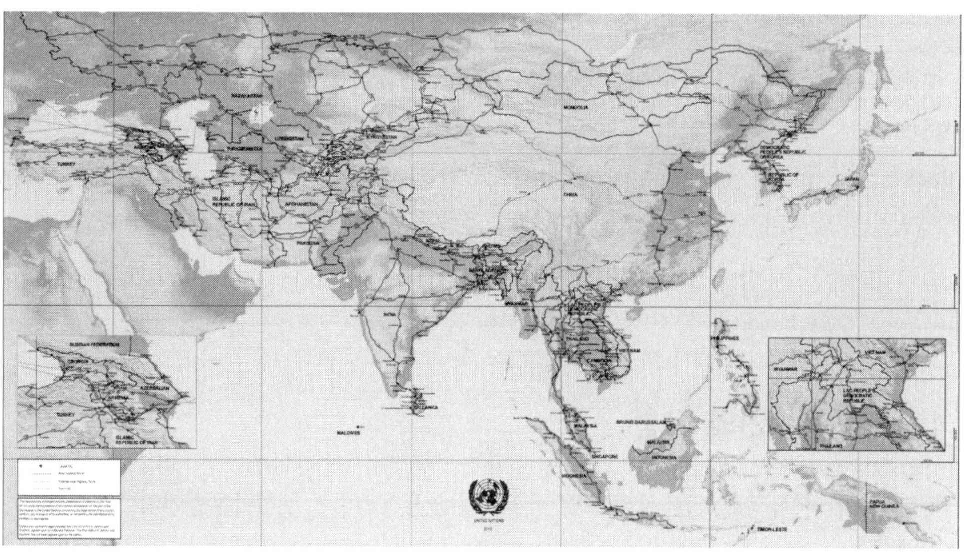

출처 : https://www.unescap.org/sites/default/files/AH%20map_1Nov2016.pdf

[도표 11-20] One Belt One Road Initiative

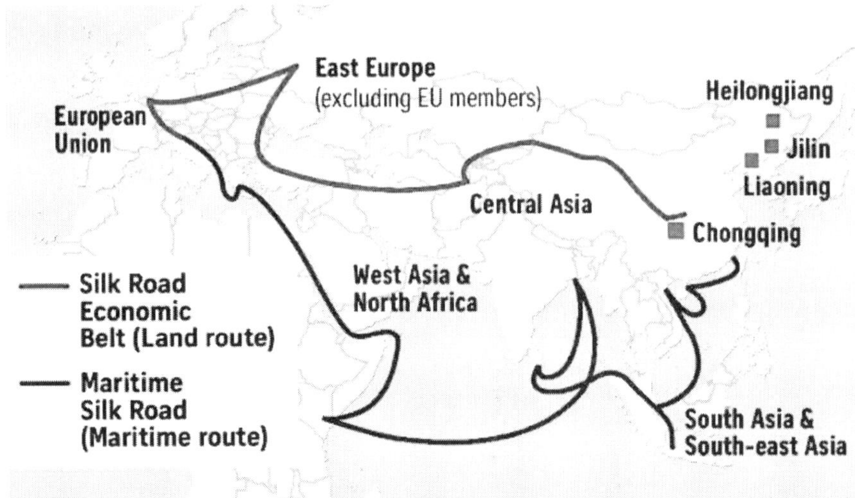

출처 : https://www.clearias.com/one-belt-one-road-obor/

11.4 복합운송인

국제복합운송에 관한 TCM조약안(Project de convention sur la Transport Combine International de Merchandises, 1970)에 따르면, 복합운송인은 복합운송계약의 당사자이며 복합운송증권의 발행자로, 전 운송구간에 걸쳐 자신의 명의로 운송하는 운송의 주체이다. 관련 국제조약에 규정된 책임을 부담하며, 정당한 수화인에게 화물의 인도 의무를 가진 자이기도 하다.

영어 명칭은 TCM 조약에서는 CTO(Combined Transport Operator), UN 국제복합운송조약에서는 MTO(Multimodal－), 미국에서는 통상 ITO(Intermodal－)라 칭하고 있다.

11.4.1 복합운송인의 유형

복합운송인의 유형으로는 실제운송인, 계약운송인, 그리고 무선박운송인이 있다.

실제운송인(actual carrier) 유형은 자신이 직접 선박, 트럭, 항공기 등의 운송수단을 보유하며 복합운송인의 역할을 수행하는 운송인이다. 정기선사, 철도회사, 특송회사 등이 대표적 사례다.

계약운송인(contracting carrier) 유형은 운송수단을 보유하지 않고 복합운송의 업무를 수행하는 운송주선인(freight forwarder)들이다.

무선박운송인(NVOCC, non-vessel operationg common carrier)은 운송주선인을 법적으로 실체화시킨 것이다. 중개인에 지나지 않던 운송주선인들이 이 제도를 통해 화주와 운송계약을 체결할 수 있게 된 것이다. NVOCC는 미국의 해운법 개정(1984)으로 탄생한 개념이지만, 이제는 세계적으로 포워더들이 운송인으로서 법적 지위를 획득해서 더 이상 큰 의미를 갖지 못한다.

일부 연구에 따르면 복합운송의 경우 자산을 보유한 실제운송인의 성과가 운송수단을 보유하지 않은 계약운송인에 비해 뛰어나지 않다고 한다. 운송자산을 보유한 실제운송인들은 화주에 대한 서비스와 자사의 자산회전 사이에서 균형을 잡기 어려운 경우가 많다. 계약운송인들은 자사의 자산이 없으므로 전적으로 화주에 대한 서비스에 집중할 수 있게 된다. 즉, 복합운송산업에서는 자산의 보유 여부보다 정보와 지식이 더 큰 경쟁력이라고 할 수 있다. 다만, 성공적인 복합운송인은 자산의 보유를 추구한다는 딜레마도 존재할 수 있다.

11.4.2 Freight Forwarder

포워더는 포워딩 에이전트라고도 불리며, 우리나라에서는 과거에 운송주선인으로 불리웠다. 포워더의 사회적 기능은 혼재(consolidation) 업무에 있다. 소화주들의 작은 화물을 모아 풀컨테이너 단위로 만들어내며 운송능력의 낭비를 방지하고, 경제적 효율성을 창출하는 것이다. 1980년대 이후 이들은 NVOCC로 법적지위가 격상되며, 포워더들은 화주들과 운송계약을 체결하는 운송인이 되었고, 실제 운송인에게는 화주로서 운송을 위탁하게 된다. 또한 그들은 실운송인들이 운영하는 운송네트워크를 활용하여 화주에게 최적의 복합운송서비스를 조직해낸다. 그러한 의미에서 System Organizer로 칭할 만하다.

[도표 11-21] 포워더의 사회적 기능

11.4.3 포워더의 주요 업무와 영업형태

포워더들은 화주의 위탁으로 수출화물을 본선에 인도하거나, 수입화물을 본선으로부터 인수하는 업무를 기본적으로 수행한다. 또한 화주에게 전 운송구간에 소요되는 비용, 시간 등을 검토하여 운송경로를 제안하고, 그것을 실행한다. 화주를 대신하여 운송관련 서류업무를 담당하고, 통관절차를 수행하기도 한다. 이러한 고객화주를 위한 운송관련 업무의 지원이 포워더의 주요 기능이자 영업의 기반이라 할 수 있다.

이외에도 고객을 위해 제반 운송관련 비용의 정산, 화물의 보관 및 창고관련 부대업무, 운송 관련 보험의 수배와 보험금 청구관련 대행 서비스, 선적지에서의 화물의 혼재와 목적지에서의 화물 분배 및 인도 업무를 담당한다.

포워더가 제공하는 서비스들은 포워더의 영업상품이기도 하다. 그들의 가장 기본적 수익의 기반은 LCL화물을 FCL로 만드는 혼재(consolidation) 서비스와 포워더 간의 협력적 혼재인 코로딩(co-loading) 서비스라 할 수 있다.

그 외에도 포워더에 따라 자신만의 특별한 사업영역을 만들어 가기도 한다. 예를 들면, 시베리아 횡단철도에 특화된 TSR서비스, 대형 프로젝트 카고 또는 특수화물 서비스, 패션상품 특화 서비스, 전시(exhibition) 화물 서비스, 기타 운송관련 제반 대행서비스를 개발하여 제공한다.

이처럼 포워더들은 국제물류 분야의 창조적 지식, 정보서비스 제공자들이라고 볼 수 있다.

11.4.4 외국과 우리나라의 포워더

유럽에서 포워딩 서비스가 가장 먼저 발달한 곳은 독일이었다고 한다. 독일은 통일제국을 이루기 전 수많은 도시국가가 난립해있었고, 국경을 통과하기가 어려워 spediteur라는 포워더가 크게 활약했다. 영국에서는 포워딩 에이전트들이 전통적으로 중개, 대행업무를 담당한다.

미국은 규제완화 이전에는 각 주별로, 각 운송수단별로 포워더들이 존재했으나 중개업무에 주력했고, 해운법의 규제완화로 인해 그 영역별 장벽이 사라지고 NVOCC로 발전했다.

일본에서는 포워더를 운송취급업이라고 한다. 과거 오쯔나카(乙仲)라고 하는 중개업과 이용(利用)운송업으로 분리되어있었으나 최근 복합운송인의 성격을 가진 운송취급업으로 통합되었다. 세계의 모든 곳에서 이제 포워더들은 중개업자가 아니고 운송인으로 법적 지위를 인정받고 있는 것이다.

우리나라에서도 과거 포워더는 운송수단별로 구분되어 있었다. 그리고 당시에는 중개업무에 국한되었던 것이 1995년부터 복합운송주선업으로 통합되며 운송인의 법적지위를 획득하게 되었다. 현재는 물류정책기본법에 의해 국제물류주선업으로 명칭이 통일되었다.

한때 신고제로 운영되던 국제물류주선업은 과당경쟁의 폐해로 인해 2011년 등록제로 규제가 강화되었다. 다만 등록기준은 자산 3억원, 보증보험 1억원으로 높지 않아 여전히 수많은 영세기업이 각축을 벌이는 극심한 경쟁시장이기도 하다.[4] 그도 그럴 것이 복합운송업은 자산으로 승부하는 시장이 아닌 정보와 네트워크가 경쟁력이 되는 시장이기 때문이다. 대부분 국제물류산업에서 경험을 쌓은 사람들이 그 경험을 바탕으로 창업을 한다.

그러나 우리나라의 복합운송업계에는 문제점이 많아 보인다. 영세한 사업자가 너무 많아 업체간의 과당경쟁이 상시적으로 존재한다. 대부분 규모가 작기 때문에 해외영업망도 미비하고, 회사에 전문인력이 적으니 복합일관운송의 기능을 제대로 수행하기도 어렵다.

여기에 덧붙여, 대형 화주와 선사 등 운송인 계열의 물류자회사에서도 복합운송서비스를 제공한다. 복합운송업계에서 규모가 있는 기업들은 대부분 화주, 선사 등 뒷배가 든든한 곳들이다.

그럼에도 불구하고 은산해운항공 등 몇몇 독립계 복합운송인들이 성장하고 있기도 하다. 그러한 복합운송인들은 진정한 의미의 제3자 물류서비스를 제공하기도 한다. 전술한 바와 같이, 제3자물류 서비스의 핵심은 정보와 지식이다. 그것은 복합운송업의 핵심적 경쟁력이기도 하다.

하지만, 이미 세계적 물류기업으로 성장한 유럽, 미국계 포워더에 비해서 우리나라 복합운송업계는 성장이 더디어 보이는 것도 사실이다. 현재 세계의 물류업계를 선도하고 있는 글로벌 인티그레이터는 누가 뭐래도 항공물류 네트워크 중심의 UPS, DHL, Fedex 3사일 것이다. 그러나 그 이외에도 지식, 정보 기반의 물류기업들이 성장하고 있다. 독일의 Schenker, Kuehne+Nagel, 스위스의 Panalpina 등이다. 우리나라의 복합운송인들도 그만큼 성장할 수 있을지, 미래를 기대해보자.

---

4) 최근 조사에 따르면 약 전국에 4,600개사가 등록되어 있다. 최나영환 외, 국제물류주선업 실태분석 및 경쟁력 제고방향 연구, 한국해양수산개발원, 2020.

생각해봅시다

1. TSR의 운영현황과 문제점을 조사하고, 국내 복합운송업자를 위한 대륙횡단철도 이용전략을 제안하시오.

2. 우리나라 중심의 Sea & Air 운송의 현황을 조사하고 동남권 신공항과 연계하여 향후를 전망하시오.

3. 중국관련 국제복합운송시장 현황을 조사하고 국내기업의 진출방안을 생각해보시오.

참고문헌

방희석, [국제운송론], 개정3판, 박영사, 2013.

송선욱, [국제운송론], 개정2판, 도서출판 두남, 2009.

정연봉, [포워딩실무], 도서출판 두남, 2015.

전순환, [국제운송물류론 제6판], 한올, 2016.

최나영환 외, [국제물류주선업 실태분석 및 경쟁력 제고방향 연구], 한국해양수산개발원, 2020.

織田政夫저, 김종수, 박영배, 한낙현 역, [국제복합운송실무, 도서출판두남, 2001.

JIFFA, [国際複合輸送実務の手引], 박희수 역, [해상운송의 이론과 실무], 경남대학교 출판부, 1997.

M.Levinson, The Box : How the Shipping Container Made the World Smaller and the World Economy Bigger, Princeton University Press, 2006.

Jean-Paul Rodrigue, The Geography of Transport Systems, 5th edition, Routledge, 2020.

대한민국 정책브리핑 (https://www.korea.kr/briefing/)

부산항만공사 (https://www.busanpa.com/)

포워더.kr (https://www.forwarder.kr/)

팬스타훼리 (https://www.panstar.co.kr/)

ClearIAS (https://www.clearias.com/one-belt-one-road-obor/)

UNESCAP (https://www.unescap.org/)

12

국제물류거점

12.1 물류거점
12.2 국제물류의 거점
12.3 국제물류거점의 제도적 기반
12.4 자유무역지역
12.5 경제자유구역

12.1 물류거점

12.1.1 물류거점의 개념

물류거점은 물류네트워크의 결절점(結節點, node)으로, 운송기관의 기초시설로 정비된 특정한 지리적 공간이다. 여기서 결절점이라고 하는 것은 운송수단 간의 환적이 일어나는 곳이라는 뜻이다. 운송수단 간의 환적지점에서 하역, 보관, 포장, 유통가공 등의 물류기능이 집약되고, 이러한 결절점은 지금까지 물류합리화의 주요 원천이자 대상이었다.

물류기술의 발전이 운송부문에서만 일어난 것으로 보는 것은 단견이다. 운송부문에서의 발전은 필연적으로 노드 부문을 변화시킨다. 또한 운송수단이 교차하는 지점에서 소요되는 많은 에너지는 지금까지의 물류혁신의 주요 원동력이었다. 컨테이너 혁신에서의 예와 같이 하역과 환적에서의 에너지를 절감하는 기술이 운송부문의 변화에도 큰 영향을 준다.

또한 최근의 정책적, 제도적 혁신은 주로 노드 부문에 집중되는 경향을 보이고 있다. 그것이 물류거점의 변화를 학습해야하는 주요 이유다.

12.1.2 물류거점의 형태

물류거점은 주요 운송수단별로 그 유형을 구별할 수 있다.

자동차운송, 즉 대형 자동차와 소형 자동차 간의 환적이 발생하는 트럭터미널, 유통센터, 배송센터 등을 자동차운송의 물류거점이라 할 수 있다.

철도운송에서는 철도운송과 자동차운송이 결절하는 화물역, 내륙 컨테이너 기지(ICD)가 대표적인 물류거점이라 할 수 있다.

해상운송에서의 물류거점은 항만이고, 주로 컨테이너 터미널이 대형 물류기지가 된다. 외항선이 출입하는 무역항은 대표적 국제물류의 거점이라 할 수 있겠다.

국제물류의 거점에는 국제운송에 사용되는 운송수단이 주로 이용하게 되며, 국내물류거점의 기능에 통관기능이 반드시 추가되어야 한다.

[도표 12-1]에 보이는 러시아 극동부의 보스토치니항 철도 터미널은 TSR의 출발점이다. 동아시아와 중앙아시아, 유럽을 연결하는 해륙 복합운송의 결절점으로 크게 기대받고 있는 곳이다.

항공운송에서의 공항과 화물터미널 역시 국제물류거점이라 할 수 있겠다. 이외에도 물류기능이 도시기능과 결합하는 복합물류단지도 거점으로 꼽을 수 있다.

[도표 12-1] 보스토치니 철도터미널

출처 : https://www.hankookilbo.com/News/Read/202001151689079568

12.1.3 물류거점의 기능과 구성

물류거점의 기본기능은 하역과 보관이다. 또한 운송수단이 결절하기 때문에 환적이 발생한다.

기본적 기능 이외에 보조적 활동으로 혼재와 분류, 집배송 등의 부가적 물류활동과 이를 컨트롤하기위한 정보처리활동 및 제조업에 가까운 유통가공활동과, 전시와 판매 등 상류활동이 추가될 수 있다.

이러한 보조적 활동을 최근에는 부가가치물류(value-added logistics) 활동으로 별칭하기도 한다. 최근에 물류거점들은 이러한 부가가치물류 활동의 중요성을 깨닫고 이 부분에 더욱 힘쓰고 있기도 하다.

이러한 물류거점의 다양한 기능을 충족하기 위해 물류거점에는 다양한 시설이 갖춰져야 한다.

기본적으로 다양한 운송수단의 발착시설과 하역시설이 필요하다. 여기에 덧붙여 집배송, 혼재와 분류시설 및 보관시설과 같은 결절점으로서의 필수시설이 포함되고, 이 시설들은 정보통신 네트워크를 통해 통제되어야 한다.

이에 덧붙여 컨테이너와 팔레트와 같은 운송용기의 유통을 위한 시설이 필요하고, 제조가공과 전시판매 등 상류시설이 추가될 수 있다.

12.2 국제물류의 거점

12.2.1 트럭터미널

[도표 12-2] 서울 서초구 트럭터미널

출처 : http://yoksa.aks.ac.kr/jsp/ci/ImageView.jsp?ci10no=CI_07949&ci20no=CI20_15327-01

화물자동차 운송에서도 경우에 따라서 대형트럭에 의한 간선운송과 소형트럭에 의한 지선운송을 구분하여 운영할 필요가 있다. 소매유통의 경우 각 제조기업의 창고로부터 도시외곽의 트럭터미널로 운송하고 거기서 도시내 소매점포별로 소분, 혼재하여 배송시스템을 갖추는 것이 효율적이다. 즉, 트럭터미널은 도시내 집배송시스템과 도시외부의 간선수송망과의 결절점 역할을 한다.

최근 선진국의 대도시들은 대형 디젤트럭의 도심 진입을 금지하는 경우도 많다. 트럭터미널의 필요성이 증대되고 있는 것이다.

12.2.2 철도화물운송 거점

철도운송의 거점으로는 화물역과 내륙 컨테이너 기지(ICD, inland container depot)가 대표적이다.

내륙의 화물역은 철도와 트럭운송의 결절점이고, 컨테이너 항만구역 내의 철도역은 해륙 복합운송의 거점 역할을 하기도 한다.

내륙의 화물역은 도시교통망과 원활하게 접속할 수 있어야 하고 지선 철도망과 고속도로망의 집결지에 입지한다. 생산지, 소비지의 주변 및 철도운송이 유리한 지역이 좋다.

이처럼 철도를 중심으로 한 내륙 물류의 거점이 항만과 연결되어 내륙환적의 거점이 되는 경우 내륙항(dry port)이라 별칭하기도 한다. ICD는 철도와 트럭운송의 결절점일 뿐더러 대량의 컨테이너 처리능력과 통관시설을 갖춘 대표적 내륙항이자 국제물류의 거점이기도 하다.

[도표 12-3] 의왕 ICD

출처 : https://go.seoul.co.kr/news/newsView.php?id=20200121500045

우리나라에는 경기도 의왕과 경남 양산에 두 곳의 ICD를 설치하고 있다. [도표 12-3]의 의왕 ICD는 수도권 수출입화물과 부산항, 광양항을 철도를 통해 연결하는 기능을 가지고 있다. 즉, 수도권의 국제물류거점인 셈이다. 한편, 양산 ICD는 부산 북항의 컨테이너 장치장의 부족으로 인해 설치되었으나 부산신항의 건설 및 철도의 부설로 그 기능을 상실해 가고 있다.

12.2.3 컨테이너 터미널

무역항의 컨테이너 터미널은 대표적인 국제물류의 거점이다. 해상운송과 자동차 및 철도운송이 집결하는 결절점의 역할이 거기에 있다. 컨테이너 운송의 확대로 항만터미널의 역할 매우 중대해졌으며, 부산항은 동북아시아의 일대 국제물류거점으로 성장했다.

대형 항만에는 초대형 선박과 육상운송수단이 결합하므로 거기에 걸맞는 투자가 필요하고 전용시설을 충분히 갖추어야 한다. 전술한 바와 같니, 컨테이너 장치장 등 항만시설의 부족은 항만 뿐 아니라 도시의 기능을 약화시킬 수도 있다. 부산의 도심에 산재했던 ODCY(Off Dock Container Yard)와 양산 ICD는 모두 그러한 항만시설의 부족으로 인한 것이다.

[도표 12-4] 부산 신항만

출처 : 부산항만공사(https://www.busanpa.com/)

충분한 On Dock 시설을 갖춘 신항만의 건설을 통해, 도심 내 물류시설들이 야기했던 추가적인 비용과 도시기능의 제약은 크게 완화되었다고 볼 수 있겠다.

12.2.4 항공화물터미널

공항과 항공화물터미널은 항공운송과 육상운송의 결절점이다.

제10장에서 살펴본 바와 같이, 항공화물은 확대추세에 있고, 항공용 컨테이너와 해륙상 컨테이너의 호환성 부재로 화물터미널의 기능이 더욱 중요하다. 연결지점인 화물터미널에서 ULD(unit load device) 슬롯이 교환되어야 한다. 다만, 화물터미널에서 호환되는 ULD는 팔렛트 뿐이므로 화물량이 많으면 혼잡도가 증가할 수 밖에 없어서 정보통신시스템의 역할이 더욱 중요하게 된다.

[도표 12-5] 인천국제공항 화물터미널

출처 : 인천국제공항공사(https://www.airport.kr/co/ko/index.do)

12.2.5 물류단지

2007년 제정된 '물류시설의 개발 및 운영에 관한 법률'에 따르면, 물류시설의 개발과 운영은 법률에 의거한다. 이 법률에서 물류시설은 크게 물류터미널과 물류단지로 구분되고 있다.

지금까지 언급한 자동차, 철도, 공항의 화물터미널, 컨테이너 관련 시설들은 모두 물류터미널에 속하고, 물류단지는 물류 기능과 도시의 기능이 결합된 곳이다. 즉, 물류단지에는 창고, 터미널 등 물류시설과 함께 제조, 판매시설이 결합될 수 있으며, 일정한 경제권을 대상으로 설치되고 2개 이상의 물류시설이 집단화된 곳을 지칭한다.

법률에 의거 중앙 또는 지방정부의 지원을 받을 수 있고, 법률상 일반물류단지와 도시첨단물류단지가 있다. 도시첨단물류단지는 도시내 물류를 지원하고 물류, 유통 및 관련산업의 육성을 목적으로 설치되는 집단적 물류 및 지원시설을 가리키며, 일반물류단지는 도시첨단물류단지 이외의 물류단지를 뜻한다. 이 법률에서 특히 도시첨단물류단지의 경우 도시 외곽의 노후된 기존의 물류터미널의 재개발을 원활히 하려는 목적이 강하다. 물류시설이 도시의 기능과 결합하고 있는 것이다.

[도표 12-6] 개성공단복합물류단지 조감도

출처 : https://www.yna.co.kr/view/AKR20201005111100060

국가물류통합정보센터에 따르면 2023년 현재 우리나라에는 33개 물류터미널과 52개의 물류단지가 지정되어 있다. 도시첨단물류단지는 서울시 3곳 등 총 6곳에서 시범사업이 추진 중에 있다.

물론 모든 물류터미널과 물류단지가 성공적으로 운영되는 것은 아니다. 개성공단 입주 기업의 물류기지 역할이 기대되던 경기도 파주의 개성공단 복합물류단지는 2016년 지정 이후 사업의 진척이 전혀 없는 상황이기도 하다.

12.3 국제물류거점의 제도적 기반

물류거점의 핵심적 기능은 운송수단간의 환적에 있다. 국제물류의 거점으로 기능하기 위해서도 환적이 필요하나, 통관의 문제는 가장 큰 병목이다. 그래서 등장한 제도가 통관절차를 생략하는 보세(保稅)제도이고, 국제적 환적을 위한 국제물류거점의 기능을 원활히 수행하기 위해서는 보세제도가 필수적이다.

[도표 12-7] 보세구역의 종류

출처 : 한국관세물류협회, https://www.kcla.kr/web/inc/html/9-1.asp

그런데 보세제도를 적용하는 범위는 점차 확대되어왔다. 단일 기능의 보세구역이 종합적 기능을 가진 보세구역으로 확대되고, 점적(点的)인 보세구역이 넓어져 면적(面的)으로 확대된 것이 수출자유지역, 관세자유지역, 그리고 자유무역지역 등이다.

최근에는 보세제도의 적용 뿐 아니라 외국인 투자를 유치하기 위해 추가적으로 세금의 혜택을 부여할 뿐 아니라 법적인 강제규정을 완화 또는 면제해주는 제도까지 도입되고 있다. 경제자유구역이 그 대표적인 예이다. 이러한 제도들을 차례차례 학습하자.

12.3.1 보세제도와 보세구역

국경을 통과하는 모든 물품은 국가의 관리대상이며, 따라서 정당한 통관(通關)절차를 거쳐야 한다. 특히 외국의 물품이 국경 안으로 들어올 때 정해진 절차에 따라 관세(關稅)를 납부해야 한다.

다만, 이 통관절차는 다시 외국으로 재수출하는 물품에 대해서는 의미가 없기도 하다. 그래서 만들어진 것이 보세제도(bonded system)이다. 보세란 관세 징수를 유보한다는 뜻으로, 외국물품을 관세를 납부하지 않은 상태에서 장치, 제조, 가공, 건설, 판매, 전시할 수 있도록 허용한 관세법상의 제도다.

외국물품이 수입신고수리 미필상태, 즉, 통관되지 않은 상태로 반입될 수 있는 구역을 보세구역(bonded area)이라고 하며, 효율적인 화물관리와 관세행정이 필요로 인해 세관장이 지정하거나 특별히 허가한 장소를 말한다.

보세구역에는 지정보세구역과 특허보세구역, 종합보세구역이 있다.

12.3.2 지정보세구역과 특허보세구역

국가와 지방자치단체 또는 항만과 공항을 관리하는 법인의 공공시설이나 장소 등 일정 구역을 세관장이 보세구역으로 지정한 지역이 지정(指定)보세구역이다.

지정보세구역으로는 지정장치장과 세관검사장이 있다. 지정장치장은 통관을 하려는 물품을 일시 장치하기 위한 장소이고, 세관검사장은 통관하려는 물품을 검사하기 위한 장소로서 세관장이 지정하는 지역이다. 즉, 지정보세구역은 통관절차의 수행에 필요한 장소다.

특허(特許)보세구역은 일반 개인의 신청에 의해 그 토지, 시설 등에 대하여 관할지역 세관장이 보세구역으로 특별히 허가한 곳이다.

특허보세구역은 그 용도에 따라 항만과 공항의 터미널과 같은 보세장치장, 수출입화물을 보관하기 위한 보세창고, 재수출을 위해 외국의 원자재를 수입하여 가공하는 보세공장, 국제 박람회, 전시회를 위해 외국 물품을 일시 장치, 전시하는 보세전시장, 외국산 건설장비를 일시적으로 사용하려는 보세건설장, 해외여행자를 위한 면세점을 의미하는 보세판매장 등이 있다.

이처럼 특허보세제도는 외국물품을 취급하는 일반 사업자들에게 매우 편리한 제도이다. [도표 12-8]은 일반공장과 보세공장의 업무흐름을 비교한 것이다.

일반공장은 해외원재료를 조달할 때 수입신고를 하고 관세를 납부해야 한다. 이를 활용해서 제조하고 제조품을 수출할 때 수출신고를 필하고 관세환급절차를 진행해서 납부한 관세를 돌려받는다. 즉, 수입과 수출에 두 번의 통관절차가 필요한 것이다.

보세공장은 해외원재료 반입시 반입신고만 하고 관세를 납부하지 않는다. 또한 재수출시 수출신고만으로 끝난다. 관세유보로 자금부담을 완화할 수 있고, 통관절차가 간소화되는 효과를 누릴 수 있다. 다만 국내판매시에는 수입신고를 필하고 그 때 관세를 납부해야 한다.

[도표 12-8] 일반공장과 보세공장

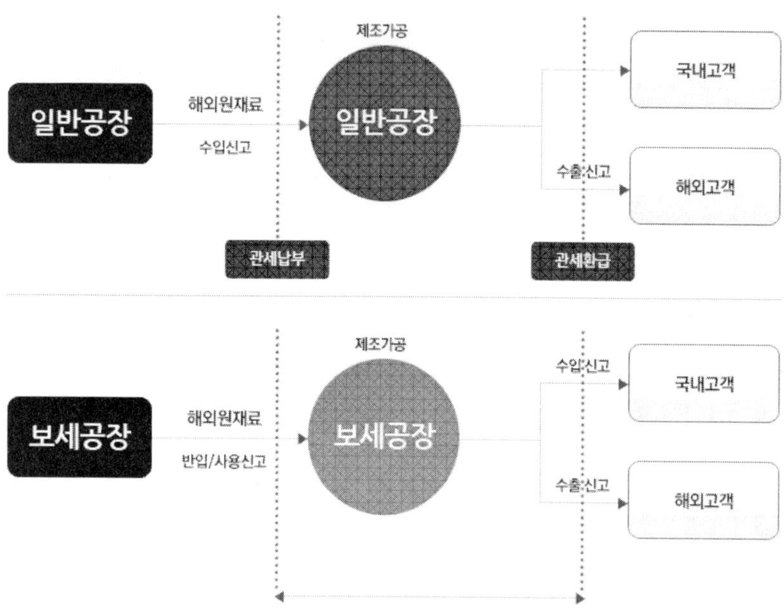

출처 : 세인관세법인, http://seinfta.com/_html/Project/project05.php

한편, 보세구역 간 물품의 이동에는 보세사업자로 허가받은 운송업자를 통해 보세운송을 해야 한다. 보세운송은 수입화물에 대한 관세가 유보된 상태에서 운송되는 것이므로 운송에 제약이 따른다.

즉, 보세운송 시 먼저 보세운송 신고를 해야한다. 신고는 화주, 보세운송업자, 관세사 등이 할 수 있다. 다만, 통관보류물품 등 특정 물품은 보세운송 승인신청이 필요하고, 세관장의 승인 하에서만 운송이 가능하다.

12.3.3 종합보세구역

종합보세구역은 1998년 관세법의 개정으로 새로 도입된 보세구역제도다. 특허보세구역은 특정한 용도로 제한되는 반면 종합보세구역은 지정된 장소에서 기존 특허보세구역의 여러 가지 기능을 복합적으로 수행할 수 있다. 외환위기로 국민경제적 곤란을 겪던 시절 외국인 투자유치를 촉진하고 무역을 진흥하기 위해 도입된 제도라 할 수 있다.

종합보세구역으로 지정되면 다음과 같은 혜택이 따른다.[1)]

먼저 제조, 가공 등 작업 시 원재료를 과세 보류상태로 사용이 가능하다. 둘째, 국내로 수입 통관 시 원료과세, 제품과세 중 유리한 쪽의 선택도 가능하다. 셋째, 보관물품에 대한 장치기간의 제한 없이 보관이 가능하다. 넷째, 특허기간의 제한 없이 지속적, 안정적으로 운영이 가능하다. 다섯째, 특허, 운영의 수수료가 없다. 여섯째, 보수작업 및 역외작업 등 절차가 간소하다. 마지막으로 동일 종합보세구역 내의 사업장 간 보세운송 신고의 필요 없이 반출입신고로 갈음된다.

[도표 12-9] 종합보세구역 지정절차

종합보세구역 지정요청	⇨	지 정	⇨	종합보세사업장 설치 · 운영신고	⇨	설치 · 운영
① 중앙행정기관, 지자체의 장 ② 개별업체 ③ 관세청장 직권		관세청장 (지정요건 심사)		종합보세기능을 수행하고자 하는 개별사업장		세관장(결격사유 없으면 신고필증 교부)

출처 : 관세청, 관세행정안내자료, 2023.

1) 관세청, 관세행정안내자료, 2023,

특허보세구역과는 달리 종합보세구역은 관세청장이 지정한다. 기업은 종합보세구역에 입주하여 세관장에게 종합보세사업장 설영신고를 해야 한다. 관세청에 따르면 2023년 현재 전국에 37개 종합보세구역이 지정되어 있고, 400여개 업체가 보세사업자로 활동하고 있다.

12.4 자유무역지역

12.4.1 자유무역지역의 의의

자유무역지역(Free Trade Zone)의 기본적 개념은 종합보세구역과 크게 다르지 않다. 지정된 지역에서는 통관절차가 간소화되고 관세가 유보된다. 지역 안에서 하역, 보관 등의 물류활동을 기본으로 제조활동과 판매활동이 가능하다. 대개 자유무역지역으로 반입된 외국물품은 일정기간 보관 후 환적되거나, 가공과정을 거쳐 재수출된다. 자유무역지역의 물품이 국내로 반출될 경우 세관의 통관절차가 시작되고, 또한 국내물품이 자유무역지역으로 반입될 때 수출로 간주된다.

종합보세구역과 다른 점은 면적의 확대이다. 종합보세구역까지는 특정한 시설을 가리키는 1차원적인 것이었던 것에 비해 자유무역지역을 상당히 넓은 구역을 포괄적으로 지정한다. 보세구역이 점에서 면으로 넓어진 것이다.

[도표 12-10] 자유무역지역의 개념

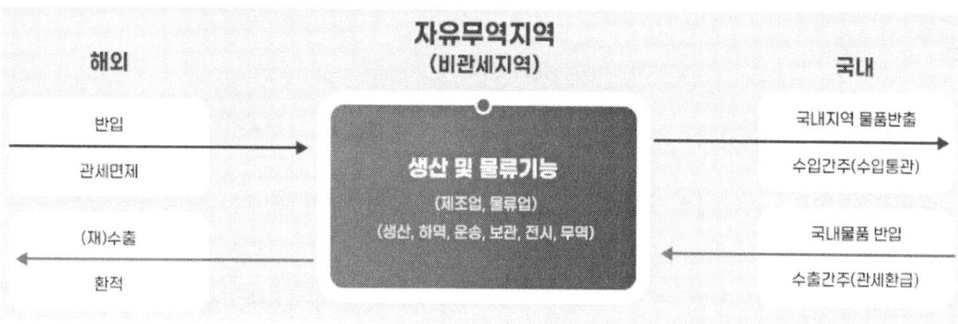

출처 : 산업통상자원부, https://www.motie.go.kr/kftz/fta/intro.do

자유무역지역은 우리나라 뿐 아니라 외국에서도 빈번히 관찰된다. 다만 그 이름은 자유항, 자유지역, 수출자유지역, 관세자유지역 등으로 다양하게 불리우고 있다.

자유항(Free port) 제도는 본래 국제조약에 의해 설정되었으며, 영유국의 관세권 밖에 위치하는 경제적 국제지역의 일종으로 설치되었다. 자유항 구역 내에서 일반시민의 거주와 생활을 허용하고 있는 자유항시(市)는 홍콩과 싱가포르뿐이며, 대개는 항구의 전부 또는 일부를 관세구역 외로 하여 화물의 수출입·보관·가공을 자유롭게 한 자유항구나, 이를 더욱 축소하여 화물의 적하와 창고보관만 허용하는 자유지구 형태를 취하고 있다.[2)]

국제무역에 기반한 홍콩과 싱가포르 자유항 도시의 번영이 현재 세계적으로 자유무역지역을 확대시키는 요인으로 작용하고 있는 것으로 보인다.

12.4.2 자유무역지역 제도의 변화

우리나라에서 자유무역지역과 관련한 제도는 1970년 수출자유지역이 도입되는 등 경제개발의 초기부터 시작되었다. 이후 관세자유지역이 설치되고, 또 수출자유지역과 통합되는 등 제도적으로 많은 변화를 거쳐 지금의 자유무역지역으로 일원화되었다.

가. 수출자유지역(Free Export Zone)

우리나라의 수출자유지역은 대외무역법, 관세법 등 관계 법률에 의한 규제를 완화하여 자유로운 제조, 유통, 무역활동이 보장되는 지역으로 1970년에 설치되었다. 설치의 목적은 일본 등 외국인 투자의 유치, 국제무역의 진흥 및 지역개발이었으며, 초기 마산과 익산지역에 조성되어 상당한 효과를 거둔 것으로 평가되고 있다. 2000년에 자유무역지역으로 명칭이 변경되었다.

나. 관세자유지역(Custom Free Zone)

관세자유지역은 국제물류기지의 육성을 위해 2002년 설치되었다. 관세자유지역은 수입물품에 대한 수량제약, 관세 및 물품세, 외항통제, 국내소비자 보호를 위한 규제 등을 면제받고 화물의 반출입 및 중계 등을 자유롭게 수행할 수 있는 경제활동 특구를 말한다.

---

2) 김학소, 세계항만개발의 기조변화와 우리나라 자유무역지대 도입방안에 관한 연구, 해양정책연구 제 13-1권, 113~142쪽, 1998.

제도의 도입으로 부산, 광양, 인천 등 항만지역과 인천국제공항이 관세자유지역으로 선정되었으며, 이는 주로 물류업자의 국제적 환적 활동의 편의를 위한 것이었다. 이 제도 역시 2004년 자유무역지역에 통합되었다.

다. 자유무역지역(Free Trade Zone)

우리나라에서 자유무역지역은 '자유무역지역의 지정 등에 관한 법률'을 통해 기존 수출자유지역을 확대하고 2004년 법개정을 통해 관세자유지역을 흡수했다. 자유무역지역은 관세법, 대외무역법 등 관계법률에 대한 특례와 지원을 통해 자유로운 제조, 물류, 유통 및 무역 활동 등을 보장하기 위한 지역이다.

지정의 절차로, 중앙행정기관의 장이나 도지사 등은 필요에 따라 통상산업자원부 장관에게 자유무역지역의 지정을 요청해 허가를 받아야 한다. 주요 지정요건은 지정요건은 산업단지, 공항 및 배후지, 항만 및 배후지, 물류단지 및 물류터미널 등이다.

12.4.3 자유무역지역 유형과 지정현황

앞서 살펴본 바와 같이 우리나라에서는 수출자유지역과 관세자유지역이 2004년 자유무역지역으로 통합되었다. 자유무역지역은 구 수출자유지역이던 산업단지형과 구 관세자유지역이던 항만형, 공항형으로 나뉘어 있다.

산업단지형은 산업통상자원부 산하 자유무역지역 관리원에서 관리하며, 2022년 마산, 군산, 대불, 동해, 울산, 율촌, 김제 등 7곳이 지정되어 있다.

항만형은 해양수산부 산하 지방해양항만청과 항만공사가 관리하며 부산, 광양, 인천, 포항, 평택당진 등 5곳이 지정되어 있다. 한편 공항형은 국토교통부 산하 지방항공청, 국제공항공사가 관리하며 인천국제공항 한 곳이 지정되어 있다.

[도표 12-11] 자유무역지역의 유형 분류

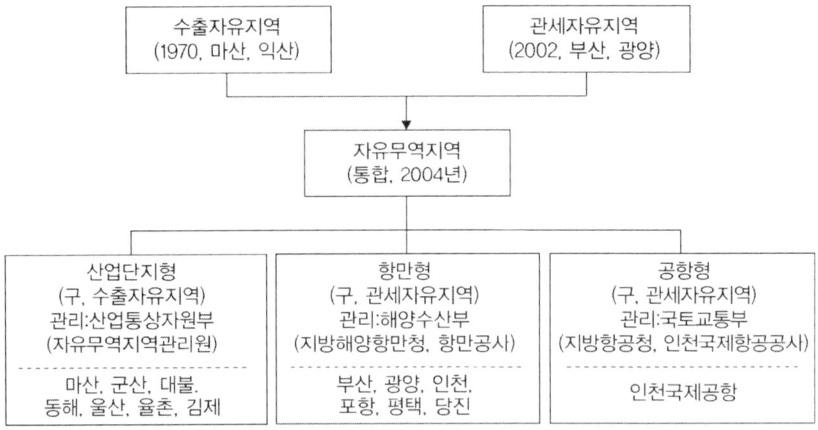

출처 : 산업통상자원부, 자유무역지역 관리체계 개선 및 효율적 운영방안 연구, 2015.

12.5 경제자유구역

12.5.1 경제자유구역의 의의

경제자유구역은 '경제자유구역 지정 및 운영에 관한 법률'에 의거하여 2003년에 도입된 제도이다. 자유무역지역의 제도적 확장판이라고 볼 수 있는 이 특별한 구역은 세계화의 진전에 따라 증대되고 있는 기업의 국제경영활동에 최적의 환경을 제공하기 위한 특별경제구역, 경제특구다.

정부는 이 제도를 통해 글로벌 기준을 선도하는 경제, 사회제도의 정착과 각종 인센티브의 제공을 통해 글로벌 기업의 집적을 직접 겨냥하고 있다. 또한 최첨단의 공항, 항만, 오피스 시설과 외국인을 위한 학교, 병원, 관광시설을 복합적으로 개발하여 외국인을 위한 경제적 유인 뿐 아니라 생활의 편의까지 제공하는 내용을 담고 있다.

경제자유구역의 지정 절차는 다음과 같다. 먼저 광역자치체의 장인 시도지사는 통상산업자원부 장관에게 경제자유구역의 지정을 요청한다. 통상산업자원부 장관은 경제자유구역의 개발이 필요하다고 인정되면 관할 시도지사의 동의를 받은 후 경제자유구역위원회의 심의, 의결한다. 또한 관할기관과 협의을 거쳐 경제자유구역 개발계획을 수립하고 경제자유구역을 지정, 고시한다.

[도표 12-12] 경제자유구역 현황

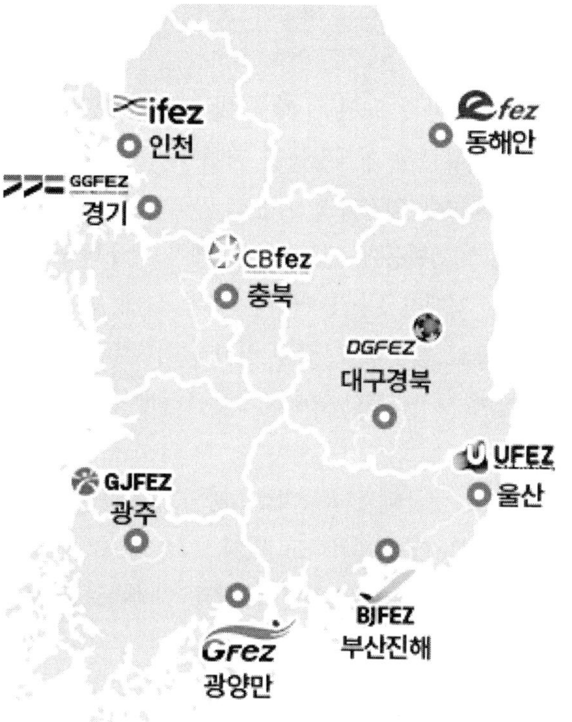

출처 : https://www.fez.go.kr/portal/introduction.do

12.5.2 외국인 투자 유인책

경제자유구역은 기본적으로 관세제도 뿐 아니라 국내에 적용되는 여러 법규의 규제를 완화하여 외국인들의 투자를 유인하려는 제도이다. 외국인 투자를 유인하기위한 대표적인 인센티브로는 조세감면, 경영활동지원, 규제완화, 행정절차 지원, 생활환경지원 등 5가지를 들 수 있다.[3)]

먼저 조세감면 인센티브로, 경제자유구역 입주 외국인 투자기업과 개발사업 시행자에 대해 관세, 취득세, 재산세를 감면하고 있다. 단, 지방세인 취득세와 재산세에 대해서는 자방자치단체 조례와 외국인 투자금액에 따라 달라질 수 있다.

둘째, 경영활동 지원책으로 외국인 투자기업에 대해 자금, 기반시설, 임대 등 비즈니스

3) 경제자유구역 홈페이지 참조, https://www.fez.go.kr/portal/incentive.do

운영을 위한 다양한 재정, 입지활동을 지원한다. 각종 기업활동에 대한 현금지원, 임대료 지원 및 감면과 더불어 기반시설을 지원하고, 외국의 교육, 연구기관에 대해서는 설립준비비, 초기운영비, 건축비까지 지원한다.

셋째, 규제완화 인센티브로, 각종 규제의 폐지 및 완화를 통해 기업의 행정적 부담을 완화하고, 외국인 투자기업의 자유로운 경제활동을 지원한다. 각종 노동규제가 완화되고, 수도권 정비계획법의 적용을 배제하며, 일정금액 이하의 외국환거래 무신고제도를 운용한다.

넷째, 행정절차 지원으로, 기업활동에 필요한 행정절차 간소화를 통해 신속하고 효율적인 의사결정 환경을 조성한다. 경제자유구역 지정은 관련 11개 법률에서 규정하는 구역 지정, 계획수립, 변경 등의 승인으로 간주되고, 각종 인허가 사항이 의제된다. 또한 경제자유구역청은 전담 매니저를 지정하여 투자검토단계에서 사후관리에 이르기까지 전 과정을 원스톱으로 지원한다.

마지막, 생활환경 지원으로, 외국의 교육, 의료기관의 설립을 허용하고, 쇼핑몰 및 복합관광, 레저시설을 조성하고, 카지노까지 허용하고 있다.

그러나, 이처럼 과하다고 할 정도의 외국인에 대한 인센티브로 인해 국내외의 논란이 끊이지 않고 있는 것도 사실이다.

12.5.3 지정 운영현황

경제자유구역은 초기에 공항과 컨테이너 항만의 배후지에 대한 외국인 투자의 유치를 겨냥해서 만들어졌다. 그래서 2003년 국제공항 배후의 인천과, 부산신항만 배후의 부산진해지역, 그리고 광양만권이 지정되었다. 국제물류의 거점화의 목적이 컸던 것이다.

그러나 초기 지정에서 소외된 지역에서도 경제자유구역 지정을 요구하여 차례차례 전국적으로 확대되었다. 2008년에 평택당진지역, 대구경북지역, 새만금군산지역이 지정받았고, 2013년에는 강원도와 충북지역에도 지정되었다. 그리고 2021년에는 광주와 울산이 새로 지정받았다.

새만금개발청의 신설로 2018년 경제자유구역 지정이 해제된 새만금지구까지 합하면, 계획된 지정면적은 우리나라 전 국토의 1% 가까이에 달한다. 이 광대한 지역에 국내법의 상당부분이 적용되지 않는 것이다. 국가가 글로벌 기업의 유치를 위해 너무 많이 양보를 한 감도 있다. 그렇게까지 했는데, 이 제도가 꼭 성공적이라고 평가받는 것도 아니라는 점에 문제가 있다.[4)]

[도표 12-13] 경제자유구역 지정 현황

구 분	개청일	면적(㎢)	공항, 항만	중점업종
인천	03.10	122.4	인천공항, 인천항	관광레저, 의료, 유통물류, 첨단산업, 금융
부산 · 진해	04.03	59.8	김해공항, 부산신항	첨단부품소재, 항만물류, 정보통신, 관광레저, 문화교육
광양만권	04.03	69.6	광양항, 여수공항	첨단소재, 철강금속, 신재생에너지, 관광레저
경기(평택)	08.07	5.2	평택항, 당진항	자동차, IT, 기계, 화학, 물류, 관광, 유통, 호텔
대구 · 경북	08.08	18.5	대구공항, 포항영일만항	자동차, 기계부품, 그린에너지, 바이오, 의료기기, IT, SW
동해안권	13.07	4.4	양양국제공항동해항	첨단소재산업, 해양복합관광
충북(청주)	13.04	5.0	청주국제공항	BT, IT, 항공산업
광주	21.1	4.4	광주공항	AI, 자동차, 에너지
울산	21.1	4.7	울산공항, 울산항	수소산업 (자동차부품, 연료전지)
합 계		293.3		

출처 : 경제자유구역청 참조(https://www.fez.go.kr/portal/introduction.do)

12.5.4 경제자유구역의 발전전략

정부는 2018년 제2차 경제자유구역 기본계획을 통해 향후 발전전략을 밝혔다.

기존의 '글로벌 경쟁력을 갖춘 성장 거점'에서 '혁신성장을 선도하는 글로벌 신산업 거점'으로 비전을 재정립하고, 다음과 같은 세가지 컨셉을 도입했다.

첫째, 해외 각국이 강력한 산업정책으로 경쟁하는 상황에서 정부의 규제개혁, 기술혁신을 이끌어갈 '국내외 혁신형기업 비즈니스 거점'. 둘째, 당초 경제자유구역 제도도입 취지를 복원하여 우수인재가 모이는 '일자리 친화적 산업생태계' 조성.

셋째, 그간 경쟁력을 갖춰온 경제자유구역의 인프라, 추진체계 등을 '지역경제의 새로운 성장동력'으로 활용이 그것이다.

이 새로운 컨셉으로 비전을 실현하기 위한 전략으로는 4차산업혁명에 대응하는 테스트베드의 구축, 교육 및 연구기관을 중심으로 하는 혁신 생태계 조성, 글로벌 특구로서의 경쟁력 강화 등을 내세우고, 국내외 투자유치 80조원 달성, 일자리 27만개 창출 등을 목표로 내걸었다.

4) 2018년 기준으로 경제자유구역 입주업체는 4,729개사이지만, 그 중 외국인 투자기업은 전체의 7%를 밑도는 331개사임. 산업통상자원부, 2018.

모쪼록 이 계획이 성공을 거두어서 글로벌 기업의 투자가 많아졌으면 한다. 거기에 우리 청년들의 미래가 있을 수 있기 때문이다.

[도표 12-14] 경제자유구역 모델 재정립안

기본 컨셉	개발 모습	발전 전략
국내외 혁신형기업 비즈니스 거점	**[복합도시]**	4차산업혁명 대응 테스트베드 구축
+	**산업, 물류 (첨단제조, R&D, 관광)**	+
일자리친화적 산업생태계	+ **비즈니스 서비스 (금융, 법률, 회계)**	혁신생태계조성
+	+	+
지역경제의 새로운 성장 동력	**쾌적한 정주환경 (교육, 의료, 주거)**	글로벌 특구로서 경쟁력 강화

출처 : 산업통상자원부, 제2차 경제자유구역 기본계획, 2018, 23쪽.

생각해봅시다

1. 부산신항배후지 주요 입주기업의 사업분야 및 비즈니스모델을 조사해보자.

2. 우리나라의 10개 경제자유구역(새만금개발청 포함)별 최근의 성과와 주요 이슈를 조사해보자.

3. 중국과 일본의 자유무역지역 또는 경제자유구역과 유사한 제도를 조사하고 우리나라의 제도와 비교해보자.

참고문헌

김정환, 이위식, [보관과 하역관리], 문영각, 2002.

김학소, "세계항만개발의 기조변화와 우리나라 자유무역지대 도입방안에 관한 연구", [해양정책연구], 제 13-1권, 113~142쪽, 1998.

관세청, [관세행정안내자료], 2023.

산업통상자원부, [자유무역지역 관리체계 개선 및 효율적 운영방안 연구], 2015.

산업통상자원부, [제2차 경제자유구역 기본계획], 2018.

KMI, KOTI, [참여정부 물류정책 백서], 국민경제자문회의, 2007.

경제자유구역청 (https://www.fez.go.kr/portal/introduction.do)

부산항만공사(https://www.busanpa.com/)

산업통상자원부, (https://www.motie.go.kr/kftz/fta/)

세인관세법인, (http://seinfta.com/)

인천국제공항공사(https://www.airport.kr/)

한국관세물류협회, (https://www.kcla.kr/)

한국학 디지털 아카이브 (http://yoksa.aks.ac.kr/)

서울신문, (https://go.seoul.co.kr/)

연합뉴스, (https://www.yna.co.kr/)

한국일보, (https://www.hankookilbo.com/)

찾아보기

[영 문]

저자 약력

오 용 식

現) 한국해양대학교 국제무역경제학부 교수

한국해양대학 항해학과 졸업(1991)
일본 神戸大学(Kobe Univ.) 대학원 경영학연구과 졸업(2002)

한국해양수산개발원, 동명정보대학교, 동의대학교에서 연구 및 강의
한국항만경제학회 부회장, 한국해운물류학회 상임이사 등 역임

김 태 균

現) 한국해양대학교 항해융합학부 교수

한국해양대학 해사수송과학부 졸업(1996)
미국 로드아일랜드대학 대학원 환경및자원경제학과 졸업(2007)

미국 Mississippi State University에서 연구 및 강의
한국항해항만학회 국제이사, 편집위원장 등 역임

국제물류론

초판 발행 2023년 6월 30일

지은이 오용식, 김태균
펴낸이 박노일

총괄기획 최준규
편 집 이상민

펴낸곳 pnc publishing and culture 피앤씨미디어
경기도 고양시 일산동구 강송로 153 310-1501
등록 제396-2012-000203호
전 화 070)7550-3758 팩 스 02)718-8554
홈페이지 www.pncmedia.co.kr 이메일 pnc@pncmedia.co.kr
ISBN 979-11-5730-894-1 93320

정 가 25,000원